中国省区经济增长论丛

城市化、区域一体化与经济增长

李 郇 徐现祥 著

科学出版社

北京

内 容 简 介

本书采用经济增长的理论框架,在城市是资源配置平台的假设下,以城市为研究对象,实证分析了中国城市化的机制与空间特点,探讨了中国区域一体化的过程、边界效应及动力机制。本书在尝试建立中国城市经济增长的微观基础,发现财政收入激励、产权激励和官员晋升激励等对城市化、区域一体化过程中微观主体行为选择有重要影响。

本书试图通过构建中国城市化、区域一体化与经济增长的分析逻辑,解释改革开放以后中国"经济增长奇迹"的现象,为可持续的经济增长政策的制定提供依据。

本书适合从事经济增长研究、城市发展与城市规划研究的科研人员使用,也可作为相关专业的教学参考书。

图书在版编目(CIP)数据

城市化、区域一体化与经济增长/李郇,徐现祥著.—北京:科学出版社,2011
　(中国省区经济增长论丛)
　ISBN 978-7-03-029862-1

　Ⅰ.①城… Ⅱ.①李…②徐… Ⅲ.①城乡结合-一体化-研究-中国②地区经济-经济一体化-研究-中国 Ⅳ.①F299.2②F127

中国版本图书馆 CIP 数据核字(2010)第 261173 号

责任编辑:马　跃 / 责任校对:纪振红
责任印制:张克忠 / 封面设计:耕者设计工作室

科学出版社出版
北京东黄城根北街 16 号
邮政编码:100717
http://www.sciencep.com

骏杰印刷厂印刷
科学出版社发行　各地新华书店经销

*

2011 年 1 月第　一　版　开本:B5(720×1000)
2011 年 1 月第一次印刷　印张:11
印数:1—2 000　　　字数:220 000

定价:33.00 元
(如有印装质量问题,我社负责调换)

总　　序

2009 年是新中国成立 60 周年的大庆之年。新中国成立 60 年来,特别是改革开放 30 多年来,中国经济获得了前所未有的增长,经济增长发展的成就令世人瞩目。在我国从计划经济体制向市场经济体制转变的时期,随着改革开放的深入和经济的持续增长,经济增长发展的问题不断出现。探索和研究中国经济增长发展的内在机制,把握未来经济增长的方向,已成为决策者和学者关注的热门话题。

中国已经成为世界经济大国,经历了和经历着一系列前所未有的变迁。这为经济学人提供了一个难得的经济科学实验场。中国在经济增长发展过程中遇到许多新问题,也不断产生创造性的解决方案,这为包括经济增长理论在内的经济理论与方法创新提供了大量的现实例证。中山大学岭南学院作为国内经济增长教学和科研的中坚力量,一直努力探索中国经济增长问题并服务于全国和地方的经济增长。在经济全球化的时代,岭南学院注重教学科研的国际交流与合作,国际化特色鲜明,可谓逢"天时";珠三角地区是中国改革开放的先行者,岭南学院依托珠三角城市群的发展环境,近距离地观察研究,为珠三角建设国际化都市群提供智力支持,可谓占"地利"。岭南学院在探索中国经济增长问题上具有"天时"、"地利",必将有所作为。

呈现在大家面前的这套《中国省区经济增长》丛书是中山大学"985 工程"产业与区域发展研究哲学社会科学创新基地项目"产业经济与区域发展研究"的部分成果。现代经济增长理论主要是探索经济增长的源泉和经济差距的成因,已经发现物质资本、人力资本、技术进步以及技术扩散等一个长长的相关因素清单。如果说,这些因素与经济体的经济增长绩效密切相关,那么又是什么决定了这些因素的高低呢? 更确切地说,设计什么样的激励,经济活动主体才会自发地积累资本,投资于人力资本和研发,从而把"蛋糕"做大呢? 到目前为止,有关经济增长的文献并没有为此提供明确的、具有共识性的答案。中国的经济增长实践,无疑是回答上述问题的最佳案例。《中国省区经济增长》丛书不奢求能够完全回答上述问题,旨在较系统地梳理中国经济增长故事,为回答上述问题提供有益的线索,同时力争提供部分有益的探索成果。

才国伟的《中国区域经济增长决定因素分析》主要是定量分析中国省区经济增长的决定因素。1978 年以来,我国东部沿海地区的经济增长速度明显快于中西部地区,区域差距不断拉大。是什么原因带来了我国区域经济增长的差距呢? 在这一论著中,作者结合增长经济学、制度经济学、产业经济学以及博弈论等相关理论和方法,对这一问题进行了比较深入、透彻的论述。论述过程贯穿经济增长理论的发展主线:从要素投入到制度安排,进一步阐述了国家为什么会实施这样的制度安排。我国市场化改革、教育融资体制改革、对外开放等制度安排,有利于东部地区优先发展;依赖于空间距离的区域相互作用机制又进一步拉大了区域差距;中央从全国经济福利考虑,采取了"两个大局"的发展战略;区域协调发展,一靠市场孕育,二靠政策调整,等等。

中国省区经济增长决定因素分析是一个重要的话题,黄新飞的《国际贸易与中国省区经济增长》和周吉梅的《技术进步与中国省区经济增长》则分别从国际贸易和技术进步的视角对中国省区经济增长决定因素进行了更加细致的梳理。这些研究工作,一方面是对现有理论的深化和扩展,另一方面也为我国当前或即将出台的区域政策提供了理论和实证依据。从论证方法来看,这些研究更加注重从微观主体的行为决策出发来分析宏观总量的运行规律,这一点鲜明地体现在理论模型的构建上。从典型事实到理论模型,再到实证分析,作者遵循了规范的学术研究模式。

在经济全球化的背景下,托马斯·弗里德曼"世界是平的"的判断已经成为共识。另外,皮特·霍尔发现世界出现越来越多"尖"的区域,也得到广泛的认同。"世界是平的"体现了经济区域一体化的过程,"世界是尖的"表现了经济高度集聚的过程。在当今世界,快速增长的城市、全球范围内的人口与货物流动,以及越来越多的区域一体化地区已经成为经济增长发展不可或缺的部分。经济不断向城市集聚,推进了城市化进程,城市基础设施得到改善,进一步加强了城市与城市之间的关系,促进了区域经济一体化,从而使经济得到持续增长。这是一种具有某种程度规模报酬递增性质的良性循环,在全球范围内,由城市发展形成的一体化区域正成为经济增长最为迅速的地区。城市化、区域一体化与经济增长存在着必然的联系。李郇、徐现祥的《城市化、区域一体化与经济增长》以中国的城市化、区域一体化和经济增长为研究对象,探讨中国区域经济增长的内在过程和动力机制,增进人们对如何实现区域经济持续增长的理解。

如果说制度、政策等是一个经济体经济增长发展更深层次的决定因素,那么作为这些制度、政策的执行者和落实者的地方官员将会在经济增长发展过程中起到什么样的作用呢?徐现祥、王贤彬的《地方官员与中国省区经济增长》对此作了初步回答。我国经济快速增长过程显示,中国地方官员在经济发展中扮演着一个非常积极、重要的角色。从地方官员入手寻找中国经济增长的动力乃至经济差距的源泉将是一个很好的新的研究视角。该书基于1978~2005年全国各省区市省长、市长、省委书记、市委书记样本,系统地识别、测评了地方官员对辖区经济发展的影响。主要回答如下问题:地方官员是否显著地影响了辖区经济发展?如果回答是肯定的,那么地方官员对辖区经济发展的影响有多大?这种影响的特征及其机制是什么？定量识别、理解地方政府官员对省区经济行为及其发展绩效的影响，将为理解中国经济奇迹和省区经济发展提供一个重要的新的研究视角，可以从更深层次上解释我国各省区经济行为、发展模式及其发展绩效的差异。另外，探索地方官员对省区经济行为及其发展绩效的影响还可以引申到更广泛的一些研究领域，如研究地方官员与中央政府在落实区域发展战略、宏观经济管理政策中的激励兼容问题，地方官员激励、考核、晋升等治理问题等。

王曦、舒元的《科技创新与循环经济——以广东为例》首先回顾了科技创新和循环经济的相关理论，并对广东省经济发展、能源消耗和环境保护的现状与政策进行了总结。广东经济结构正处于由轻工业、加工制造业向重工业、装备制造业转移的时期，钢铁、石化、汽车等重工业发展势头迅猛，带动了经济的高速增长。与此同时，广东省的资源能源消耗急剧攀升，环境保护形势严峻，经济社会可持续发展遭遇资源和环境的双重瓶颈。该书对科技创新系统和循环经济系统进行细分，利用主成分分析法分别选取有代表性的指标，构建了科技创新和循环经济评价指标体系，并利用其对广东省经济发展现状以及实行科技创新和循环经济的进程水平作出评价。在实证分析的基础上，该书提出了"构建科技创新的多元化融资体系，构建科技创新的人才支撑体系，完善鼓励循环经济发展的经济手段，加强法制建设，调整产业结构、产品结构和能源消费结构，建立配套的经济政策体系和激励制度，加快适合循环经济发展的制度创新"等有效推动广东省科技创新和发展循环经济的战略及措施。

通常而言，经济增长是治理贫困、提高生活水平、增进人民福祉的根本途径。蔡荣鑫的《"益贫式增长"模式研究》对此进行了深入系统的探讨。该书首先回顾人们对贫困认识的深化以及增长理念的演进过程，讨论二者间的联系。然后介绍和比较各种"益贫式增长"的定义和衡量方法，并阐述"包容性增长"的相关理论和政策体系。在此基础上，对越南、印度、印尼、巴西等四国是否以及如何实现"益贫式增长"模式进行案例研究，分析相关经验和教训，并总结"益贫式增长"模式的内涵及相关机制，讨论"益贫式增长"模式与比较优势发展战略的联系。最后分析我国经济中与"益贫式增长"模式相关的问题，并提出相关政策选择。该书强调指出，为实现"益贫式增长"模式，一国必须努力实现较高且可持续的经济增长率，增加贫困人口参与经济增长过程的机会，提高贫困人口参与经济增长的能力，使其成为经济增长的推动者，而非单纯依赖社会保障和救济的受助者。要使穷人能参与经济增长过程，经济增长本身必须能持续自发地形成大量劳动需求，这显然涉及经济增长模式的选择，即采取什么发展战略、依靠什么资源要素实现经济增长的问题。丰富的劳动力资源仍然是现阶段和今后相当长时期内我国比较优势的具体体现，劳动密集型产业在"益贫式增长"模式中具有重要战略地位，在扩大就业、促进经济增长、实现城乡经济社会发展一体化等方面意义重大。

作为新中国的同龄人,我曾有幸在改革开放初期留学英国伦敦经济学院系统学习现代经济增长理论,并由此开始了我对中国经济增长与发展的持续跟踪和研究。除了学术研究以外,传授现代经济增长理论、培养优秀研究生、培育理论研究队伍也是我长期以来的主要工作。令人欣慰的是,如今在岭南学院我们已形成一支从事经济增长与发展理论教学科研的优秀学术团队。在科学出版社的协助下,在中山大学"985 工程"、国家自然科学基金、全国优秀博士学位论文作者专项资金等项目的支持下,我们近期有关中国省区经济增长和发展研究成果的系列丛书得以顺利出版。在此,谨致以我们衷心的感谢。丛书中存在的不足之处,恳请各位经济学界同行和读者不吝赐教,批评指正。

愿丛书的出版,能够为中国经济增长发展提供某些有效的智力贡献,愿中国永远昂首屹立于世界民族之林。

中山大学岭南学院

舒元教授

2009 年 10 月

目　　录

第1章 前　言

在经济全球化的背景下，一方面，托马斯·弗里德曼的"世界是平的"的判断已经成为共识；另一方面，皮特·霍尔的"多中心城市"发现世界出现越来越多"尖"的区域，即多中心的现象，这一发现也得到广泛的认同。"世界是平的"体现了经济区域一体化的过程，"世界是尖的"表现了经济的高度集聚过程。在当今世界快速增长的城市、全球范围内的人口与货物流动以及越来越多的区域一体化地区已经成为发展不可或缺的部分。随着经济不断地向城市集聚，这推进了城市化的进程，使城市的基础设施得到改善，包括高速公路、港口、机场、铁路和通信设施，加强了城市与城市之间的关系，促进了区域的经济一体化进程，进而使经济得到持续的增长。在全球范围内，由城市发展而发展起来的一体化区域正成为经济增长最为迅速的地区，如英格兰的东南部（South East England）、兰塔斯德（The Randsad），还有中国的长江三角洲和珠江三角洲地区。无论是从全球还是从中国的视角看，经济发展存在三个典型的事实：城市成为经济增长的核心地区、区域一体化成为实现经济增长的政策以及城市化是区域一体化与经济增长的过程。

1.1　城市是经济增长的核心地区

第二次世界大战以后，世界各地的城市迅速发展，在 20 世纪上半叶，世界城市人口的比重增加了 15.6%，但在 1950~1996 年的 46 年间，整个世界的城市人口占总人口的比例从 29.2% 上升到 45.7%，上升了 16.5 个百分点。其中，发达国家的城市人口占世界城市总人口的比重达到 33.5%，发展中国家城市人口占世界城市总人口的比重达到 66.5%[①]。

在世界范围内，城市化已经成为大多数国家经济走向繁荣、稳定和福利水平不断提高的象征，也成为衡量一个国家或地区经济、社会发展程度的一个重要指标（图 1-1）。城市化水平的不断提高，不仅说明当地居民收入水平的不断增加，也表明更多的人享有城市提供的良好城市基础设施（如教育设施、娱乐设施、卫生保健设施）以及各种专业化的服务。

从世界城市发展的历史和经济增长的过程来看，城市是财富的集聚地。从 15 世纪到 18 世纪，在重商主义和早期殖民主义的条件下，欧洲的城市已经发展起来。

---

① 数据引自王放：中国城市化与可持续发展，北京：科学出版社，2000 年。

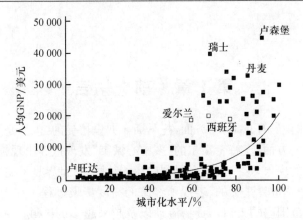

图 1-1　城市化与人均 GDP

资料来源:世界银行,2009

由于城市拥有良好的通信设施、贸易机会和金融资源,财富的积累和消费一般在城市中进行。像伦敦、巴黎、里斯本、阿姆斯特丹、罗马等已经是当时世界经济的中心城市。从 18 世纪末期到 19 世纪,产业资本成为主宰西方世界生产和交易的主要力量,财富积累来自于工业化和大规模的国际贸易,伦敦、纽约、巴黎、柏林、芝加哥和费城等城市都是当时工业化和城市化的中心。例如,英国是第一个工业化国家,1801～1891 年,与国家整体人口增长 32.6% 相比,英国城市人口增长达 94.6%,这一比率比同期的其他国家都高。

1950 年以后,城市发展已经成为全球化现象。在美国,大西洋、太平洋沿岸和其他交通沿线的城市迅猛发展。1950～1980 年,美国的大都市区由 169 个增加到318 个,人口增长 97.3%,城市人口占全国总人口的比重由 56.1% 增加到 74.8%,其中 18 个大都会区占了全国总人口的 34.7%,20 世纪 70 年代初美国制造业和第三产业四分之三的就业人数积聚在大都市区。日本在 1950～1980 年,由于工业的快速发展,城市人口增加了约 3000 万,其中 70% 集中在三大城市群中(东京、名古屋、大阪),30% 集中在其他地方城市中。在日本工业化鼎盛时期的 1960 年,这些大城市群虽然只占了国土总面积的 2%,但工业总产值却占全国的 30%。在发展中国家情况也是如此,泰国曼谷地区人口占全国总人口的 19%,但 GDP 占了全国的 37%;菲律宾的马尼拉地区人口占全国总人口的 13%,GDP 却占全国的 24%。

显然,城市在世界经济增长中起着重要的作用。根据 2000 年世界发展报告中数据显示,在高收入国家,城市地区的 GNP 占了本地生产总值的 85%;在中等收入国家,城市地区占了 73%;发展中国家城市地区占了 55%。经济增长的主要因素——制造业和服务业大部分都集中在城市中。经济增长从城市的集聚效应中受益,共同享受投入与产出、市场、劳动力市场以及技术的扩散。同样,集聚可以增加经济行为的生产率,假如城市的工业规模翻一番,生产率可以增加 5%～10%,这充分反映了城市集聚经济的高生产率(世界银行,2000)。

　　中国的城市在国民经济发展中同样占有突出的地位。我国经济最为发达的沿海地区已经形成长江三角洲、珠江三角洲、京津唐地区和辽中南地区四大城市密集地带,共集了 11 个特大城市、18 个中等城市和近 70 个小城市,大城市和特大城市数占全国的 50%,中小城市约占全国的 14%,集中了 1.4 亿人口,其中非农业人口约占全国非农业人口的 27%。

　　1998 年全国共有城市 666 个,以城市的市区范围计,总人口为 2.1 亿人,占全国总人口的 19.5%[①],但 GDP 占了全国的 45.8%。从 20 世纪 90 年代以来,这个比例保持着略微上升的趋势,2004 年全国市区的 GDP 占了全国的 67%(图 1-2)。城市在中国经济增长中的地位越来越重要。

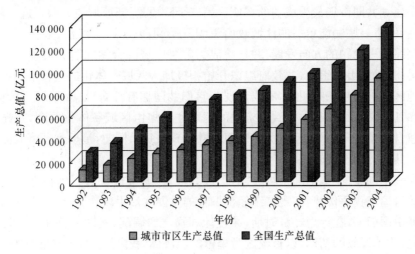

图 1-2　我国城市市区 GDP 占全国 GDP 的比例

资料来源:国家统计局城市社会经济调查司,第 199 页

1.2　区域一体化成为经济增长的政策

　　从 20 世纪 90 年代开始,区域一体化的趋势越来越强烈,表现为关税和贸易总协定/世界贸易组织(GATT/WTO)所承认的贸易协定迅速增加,截止到 1999 年初的 194 个协定中,87 个是成立于 1990 年之后(世界银行,2006)。例如,从 20 世界 80 年代开始不断扩大的欧洲经济一体化;1994 年形成的北美自由贸易协定(包括美国、加拿大、墨西哥);1991 年,南方共同市场形成;1995 年,三国集团(G3)形

　　① 城市统计上的人口关系见本章第二节,由于统计口径上的原因,市区总人口占总人口的比重低于城市化的水平。

成；1992年，东南亚国家联盟（ASEAN）形成了一个真正意义上的FTA（自由贸易协区），即东盟自由贸易区（AFTA）。即使在经济欠发达的非洲，经济一体化的努力也在不断地进行，如东南非共同市场（COMESA）、加勒比盆地计划（CBI）以及东非合作组织（EAC）等。

区域一体化的过程是通过国家之间的合作与整合驱动的经济进程，国外区域一体化大致经过了"区域主义"和"新区域主义"两个阶段。

第一个阶段是"区域主义"，着重于区域经济整合，如建立自由贸易区、共同市场。通过关税同盟建立自由贸易区，为成员国带来贸易创造效应、贸易转移效应和社会福利效应等静态效应，以及规模经济、竞争和投资扩大等动态效应；共同市场则是在关税同盟的基础上消除生产要素自由流动的障碍，使成员国获得经济效应，欧盟是建立共同市场最为成功的案例。第二个阶段是"新区域主义"，在这一阶段，一方面，原来一些功能单一的区域政府组织开始朝涉及政治、经济、社会、环境、文化等多纬度多议题的方向发展，并日益成为解决区域综合性问题的最重要力量之一。另一方面，市场组织、非政府组织开始积极加入区域一体化的过程中。区域一体化地区趋同性越来越明显，不仅表现为它们共同拥有综合性、开放性等特征，还表现在其发展道路的趋向一致。宏观的区域主义多由区域一体化驱动，并显示出从创建自由贸易区开始，经由关税同盟、共同市场、货币同盟，最后到经济共同体乃至政治共同体的发展轨迹。

在一个国家内部，消除市场分割，形成共同市场，促进区域一体化进程也成为地方政府追求竞争优势、实现持续经济增长的重要政治手段。

就中国而言，在计划经济时期，通过计划物质的调配，我国一直在谋求经济区的建立；改革开放的初期，以行政区为单位的经济体，我国形成了地方的市场分割，即各地方政府为了本地的利益，通过行政管制手段，限制外地资源进入本地市场或限制本地资源流向外地的行为（银温泉和才婉茹，2001），随着改革开放的深入，区域一体化的进程在市场化的促进下逐渐出现，从一定意义上说，建设全国统一开放市场的过程就是打破、消除地方市场分割的过程。其中，最为明显的实例就是沿海开放地区珠江三角洲和长江三角洲的区域一体化进程，空间集聚与扩散、产业趋同与产业空间重构、城市与区域合作、联动和产业结构调整已经成为长江三角洲区域一体化的重要特点，以城市为主体的合作与共同行动计划也成为长江三角洲一体化规划的核心。

区域一体化成为中国推动经济增长政策的典型案例是签署《香港与内地更紧密经贸关系的安排》（CEPA），这是在"一国两制"的原则及世界贸易组织的框架下做出的特殊安排。CEPA涉及了一系列香港与内地的货物贸易、服务贸易自由化和便利化的内容，直接地促进香港地区与内地经济的融合，提高了香港地区与内地的经贸合作的层次和水平。

1.3 城市化是区域一体化与经济增长的过程

区域一体化可以促进地区的经济增长。从生产的角度看,区域一体化过程通过加强竞争、扩大市场规模和重构区域贸易模式影响产业布局,增加企业间有效的经济联系,消除政策干预和减少市场分割,带来经济上的成本降低和收益增加;从福利的角度看,在区域一体化的过程中,产业越来越倾向于集中到某一个特定的地区,而且高收入国家之间和高收入与中等发达国家之间的一体化,由于国家或地区之间日益增长的相互贸易导致人均收入的趋同,如欧洲随着一体化的加快以及随之而来的贸易迅速增长,各国的人均 GDP 也快速趋于一致(Ben-David,1993,1994)。

那么,什么是区域经济一体化的过程载体?传统的观点认为国家或地区的经济发展与贸易关系推动了这个过程的发生,但在经济全球化的背景下,国家与地区在经济活动中的边界已经逐步消失,城市成为经济增长的载体和竞争中的基本单位,该观点与区域一体化过程中存在规模报酬递增和技术创新有密切关系。

著名的经济学家 Lucas 在 1988 年的经典文献《经济增长的机制》中强调了城市在经济增长中的作用,认为城市是人力资本的集中空间,城市经济中出现的规模报酬递增和技术创新是人力资本外部性的体现,可以把城市规模作为人力资本存量的一种度量形式(Lucas,1988)。2002 年,Lucas 把城市视为先进生产技术积聚的场所,进而把城市化视为劳动密集型技术向人力资本密集型技术转移的过程。这些观点都暗示了区域一体化必然会推动城市化的过程。

在现实中,城市的空间分布和区域一体化区域存在高度的关联。图 1-3 显示的是全世界在晚上 10 点时的灯光景色卫星影像图,灯光越亮,城市越大,灯光越密,城市越多。从中我们可以看出,沿海地区是城市最为密集的区域。美国、西欧

图 1-3 晚上 10 点时的世界灯光景色卫星影像

资料来源:作者下载. 2010 年 4 月 22 日. http://www.cpus.gov.cn/zlg/dq/images/images2/a3j.jpg

和温带地区的东亚,在距海岸线 100 公里的范围内,大约占世界上 3% 的可居住的土地面积,却集中了 13% 的世界人口和 32% 的世界 GDP 总值,全球的贸易中心、金融中心和制造业中心大部分在这些地区的城市中(Gallup,1998)。

比较图 1-3 和图 1-4,可以发现灯光最亮的地区不仅是人均 GDP 较高的区域,也是区域一体化进程较快的地区,如欧洲、加拿大-美国边界地区。

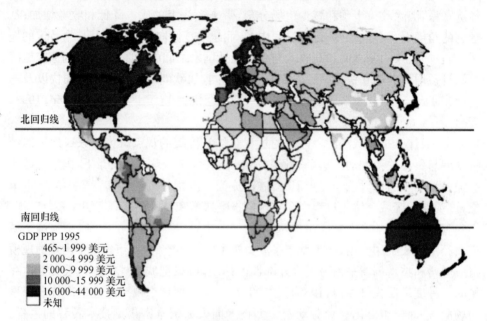

图 1-4　1995 年世界人均收入(GDP)分布(美元,购买力评价)

资料来源:Mellinger A D et al.,1999

进一步地,我们也可以从中国的城市化、区域一体化与经济增长的关系中看到三者关系的密切性。如长江三角洲和珠江三角洲是中国区域经济较发达的地区,同时也是世界上迅速崛起的两个城市群。

长江三角洲地区位于我国东部沿海中部,在自然地理上具有较强的一致性。改革开放后,经济全球化推动了该区域的一体化过程。2005 年,长江三角洲以仅占全国国土 1.2% 的面积,集聚了全国 21% 的 GDP,财政收入也占全国的 20%。同时,长江三角洲地区城市化过程发展迅速,城镇高密度分布,土地利用高度集约化,人口高度集聚,逐步成为世界六大城市群区之一。城市群区总人口超过 7500多万,总面积达 $9.93×10^4 km^2$,城市化程度高达 45% 左右,总共约有 43 个大中小城市以及 540 多个建制镇,每万平方公里约分布 100 个城镇,已经形成了包括特大城市(5 座)、大中城市和小城镇、乡集镇各具特色的城市群网络体系。

珠江三角洲地区位于广东南部、珠江下游,比邻港澳,面向南海,地理位置重要,自然条件优越,是我国经济最发达地区之一,已经成为全球最大的制造业生产基地。珠江三角洲土地面积为 $4.27 \times 10^4 km^2$，占国土总面积的 0.43%；2005 年，人口为 4900 万人（其中外来人口 2500 万），占全国的 3.84%，GDP 总量占了全国 10.3%，城镇化水平约为 72.7%，初步形成了连片的城市群。

　　总之，城市化、区域一体化与经济增长存在着必然的联系，本书以中国的城市化、区域一体化和经济增长为研究对象，探讨中国区域经济增长的内在过程和动力机制，从而为实现区域持续的经济增长指明道路。

第2章 中国城市化水平的宏观分析

2.1 引 言

党的十六届三中全会明确提出全面、协调、可持续的科学发展观,要实现统筹城乡发展、统筹区域发展等"5个统筹"。实现与经济增长相匹配的城市化,显然利于我国早日实现统筹城乡发展。但现有的大量研究发现,我国城市化水平与经济增长水平并不相匹配,出现了城市化水平滞后现象。因此,本文尝试从经济增长促进城市化的角度,探索造成我国城市化滞后的经济因素,并定量分析其影响程度,从而增加人们对如何实现统筹城乡协调发展的进一步理解。

近十多年,国内外学者对我国城市化水平滞后还是超前等问题进行了广泛的探讨。这些讨论大大加深了人们对我国城市化进程的理解,但从方法论的角度看,现有的相关文献还存在有待改进的地方。现有文献采用的方法大多是以世界各国某年的截面数据得出的世界城市化一般模型为基准进行比较。但遗憾的是,跨国实证分析文献已经发现,在跨国比较分析中采用截面分析,其结论是有偏的。Islam 明确指出,在跨国实证分析中,采用截面分析,隐含地假定各个经济体是同质的,从而忽视了各个经济体自身的"特色",实证结果显然是有偏的(Islam,1995)。基于此,Islam 建议,在跨国比较分析中采用具有固定效应的面板数据分析,以固定效应刻画各个经济体的"特色",从而得到一致的估计结果。在经济学文献中,面板数据分析现已成为跨国比较分析的标准方法。坦白地说,既然现有城市化文献几乎都以截面数据得出的世界城市化一般模型为比较基准,那么比较基准自身的精确度显然关系到最终比较结论的稳健性。

2.2 文 献 综 述

经济增长是指一个国家的人均收入和产出的增长,它不仅表现在人均收入和产出的增长速度上,还表现为结构性的变化上。城市化作为非农产业和非农人口向城市集聚的过程,是与经济增长相伴随的一种结构性变化过程。城市化与经济增长共同成为经济发展中的两个不可分割的部分(Bertinelli and Black,2004),两者存在相互对应的关系,但由于城市化的经济增长的过程和比率不同,一般需要把城市化作为一个单独的过程来考虑。

　　经济增长对城市化的影响,最早源于发展经济学对城市化的研究。20 世纪 80 年代,H. 钱纳里对 1965 年 90 个国家和地区的城市化水平及人均 GDP 的关系进行研究,通过散点图得出两者的正相关关系;通过分析 1950~1970 年 101 个国家的经济发展水平,得出在一定的人均 GDP 下存在一定的生产结构、劳动力分配结构和城市化水平的对应关系(钱纳里,1988)。Moomaw(1996)利用 90 个国家 1980 年的数据进行简单的对数回归得出两者的系数是 0.49,其拟合度为 0.71。这一方面的研究都利用经验模型进行相关分析,关注的是两者之间的回归系数和拟合度。由于大部分研究在方法上是采用截面数据和有限的时间序列,并在同方差的假设下进行的回归,不可能考虑时间的作用和忽略了不同收入国家的差异,因此这些关系仍然可以认为是一种较为粗略的程度,而且由于把世界作为一个整体,没有考虑不同经济增长水平的影响弹性。

　　城市规模与经济增长的关系是研究相对较多的一个方面。把城市规模作为城市经济增长带来的集聚规模的衡量指标,各方面的证据都显示一个国家的城市集聚随着经济发展水平的增长有一个先上升后下降的过程,与 Wiliamson's 的"U"形假设是一致的,他们检验了城市的首位度[①]的变化是符合这个规律的(Shishid and Wheaton,1981;Henderson,1988)。城市的最优规模是国外学者最为关注的内容,最有代表性的研究是 Hendonser(1999)利用 1960~1995 年 80~100 个国家的面版数据,通过 Mankiv-Romer-Weil 构建动态的估计模型,用 GMM 估计方法的研究,他发现一国首位城市[②]的最优规模变化是随人均收入变化的动态过程,在不同收入水平下,首位城市有不同的最优规模。整体来看,首位城市的最优规模在人均 2500 美元时达到最大,然后,随着人均收入的上升而下降。在此基础上,Henderson 对 1990 年 72 个国家的首位城市规模进行了分析,显示有 24 个国家的首位城市达到最优,如加拿大;24 个国家的首位城市规模过大,如韩国和日本;6 个国家的首位城市规模过小,如比利时。

　　在 20 世纪 50 年代以后,城市化已经成为世界各国经济繁荣和人民生活水平提高的一个重要标志,城市化水平的提高被视为经济不断向高级发展的象征。2000 年世界城市人口占总人口的比例与人均 GDP 呈现正的对数线性关系,在高收入的国家,如丹麦城市人口比重达到近 90%,几乎全部达到城市化;而收入水平很低的国家,如卢旺达却几乎没有城市化。事实上,发展中国家正在经历比发达国家在相应人均 GDP 水平下更快的城市化过程。

　　我国改革开放以后,通过一系列的变革,出现了市场经济的快速发育。国内投资结构的改善和外资的引进、对外贸易的扩大等现象,带动了资源在城乡间重新分

---

　　① 城市首位度是指在一个国家内,最大规模城市的总人口占全部城市人口的比例。

　　② 首位城市是指一个国家中人口规模最大的城市。

配的过程,城市化水平也迅速提高。1990～2000年的十年间,城市化水平由26.4%上升到36.1%①。但由于我国经济是处于转型时期,存在着大量的制度约束,如户籍制度、土地制度、社会保障制度等,这些约束不仅制约了生产要素的流动,而且使资源分配呈现自己独特的形式,并影响我国城市化的进程。

从20世纪90年代起,对我国城市化水平与经济增长相比是滞后还是超前的争论就未停止过(表2-1),有不少学者认为中国出现了滞后的城市化现象。为对我国城市化水平与经济增长是否相适应的关系做出科学的判断,有必要先确定世界经济增长中的城市化一般模式,然后对我国的城市化水平做出比较判断。

表 2-1　20世纪90年代以来对中国城市化发展水平评价的不同意见

研究者	时间	分析	基本理论
一、发展滞后论			
杜　辉	1992	工业化与城镇化的偏差	城镇化滞后于工业化
余立新	1994	钱纳里模型、经济计量模型	城镇化发展水平滞后约15个百分点
俞德鹏	1994	城市化发展经验数据的"大国模型"	城市化发展水平滞后约10个百分点
孙立平	1996	修正后的人均GDP及其城镇化水平的国际比较	中国城镇化发展水平落后于同等发达程度国家13～33个百分点
叶裕民	1999	中、日工业化与城市化发展比较	1997年中国的工业化和城市水平与1965年的日本相比,城市化发展的差距为38.2个百分点
周一星	1999	人均GDP与世界下中等国家及平均水平的比较	城镇化发展水平滞后12～14个百分点
孙永正	1999	中国城镇化率、农村人口与农业劳动力比重差异与世界中低收入国家组的比较	城镇化至少滞后于工业化水平10个百分点以上
王茂林	2000	工业人口比重与城市化比重国际比较	1990年,中国城市化水平应该达到43%左右,滞后约17个百分点
二、基本适度论			
刘连银	1997	与印、巴、泰等经济发展水平相当的发展中国家相比较	中国的城市化水平与这些国家基本相当,并没有滞后
刘　勇	1999	中国的发展水平与"世界平均模式"相比较	中国的城市化发展与经济发展基本相符,仅稍显滞后
郭克莎	2001	人均GNP与城市水平关系的国际比较、城市化与非农就业关系比较	中国的城市化并没有严重滞后,城市化与人均收入水平和非农就业比重基本相适

---

① 分别为1990年和2000年第四次人口普查和第五次人口普查数据。

续表

研究者	时　间	分　　析	基本理论
三、发展超前论			
陈阿江	1997	把已经城市化了的农村人口统计进城市人口	中国城市化率已经超过 50%
董黎明	1999	20 世纪 90 年代中国城市的"超常规"发展	中国的城市发展脱离了经济发展现实,城市发展过快
邓宇鹏	1999	把乡镇企业和乡城流动人口算入城市人口	1997 年中国的隐性城市化率加上公开的城市化,实际水平超过 60%

资料来源:钟水映,2002

2.3　基于面板数据的经济增长对城市化的影响模型

从跨国实证分析工具的发展历程看,1996 年以前,人们都采用跨国截面分析,1996 年后,随着 Islam 的建议逐步为跨国实证分析文献所接受,面板数据分析现已成为跨国比较分析的标准方法。考虑到计量经济学教材对面板数据分析有翔实的介绍,本节将重点探讨基于面板数据分析的影响城市化因素的世界模型,以及该世界模型在我国的具体运用。

2.3.1　经济增长对城市化影响的一般规律

城市化是与经济增长相伴随的产业和人口的空间结构变化,一般认为经济增长会引起市场规模的增长、劳动力的专业化和需求结构的变化(Evans,1972;Stigler,1951)。专业化和贸易的发展要求企业相互接近,交通方便和通信发达,这就导致了经济中的各产业在城乡的分布变化。大量的实证表明,一国的人均收入与城市化水平存在着正的相关关系。Moomaw(1996)利用 90 个国家 1980 年的数据进行简单的对数回归得出两者的回归系数是 0.49,拟合度为 0.71;在发展中国家,人均 GDP 对城市化水平的弹性是 0.85(Hendsonser,2000)(图 2-1);我国学者周一星 1982 年对 1977 年世界 157 个国家和地区的资料进行统计,分析得出城市人口比例与人均 GDP 对数的回归系数是 40。

在不同的收入水平下,由于经济增长过程中的产业发展特点不同,使经济具有不同的集聚和分散特点,因此对城市化的影响也会不同。著名的钱纳里世界模型通过分析 1950~1970 年 101 个国家的经济发展水平数据,得出在一定的人均 GDP 下存在着相应的生产结构和城市化水平对应关系的结论(钱纳里,1988)(表 2-2、图 2-2)。

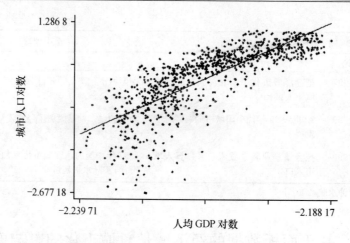

图 2-1 城市化水平与人均 GDP 的对数关系

资料来源：Henderson d V,2000

表 2-2 1970 年人均收入与城市化水平

人均 GNP/美元	城市化水平/%	人均 GNP/美元	城市化水平/%
280～560	<10	2 100～3 360	70～80
560～1 120	10～30	3 360～5 040	70～80
1 120～2 100	30～70		

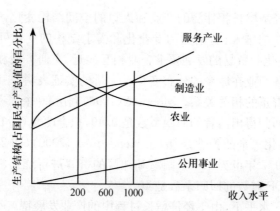

图 2-2 经济增长中产业结构的演进

资料来源：钱纳里,1988

因此，由于不同的产业类型有各自的发展特点，不同的收入阶段对城市化的影响程度也应该不一样。

以下将从经济增长的不同阶段①中工业、服务业、人力资本和国际贸易对城市人口集聚影响的程度着手,分析经济增长对城市化水平的影响。划分不同经济增长阶段的影响主要有以下原因。

1. 工业对城市化水平的影响

根据刘易斯的二元结构理论,工业作为现代生产部门,通过资本积累和技术进步吸引了大量农村剩余劳动力向城市集聚,工业部门所具有的较高生产率以及对农村地区产生的累积循环作用是城市化的动力。钱纳里在分析 1964 年各国经济结构转变趋势时,曾概括工业化与城市化的关系的一般变动模式,即随着人均收入水平的上升,工业化的演进带动城市化水平的提高(表 2-3)。

表 2-3　工业化与城市化关系的一般变动模式(1964 年)

级　次	人均 GNP/美元	制造业占 GNP 比重/%	制造业占就业比重/%	城市化水平/%
1	70	12.5	7.8	12.8
2	100	14.9	9.1	22.0
3	200	21.5	16.4	36.2
4	300	25.1	20.6	43.9
5	400	27.6	23.5	49.0
6	500	29.4	25.8	52.7
7	800	33.1	30.3	60.1
8	1 000	34.7	32.5	63.4
9	1 500	37.9	36.8	65.8

资料来源:钱纳里,1988

工业化主要是通过不同发展阶段和工业企业类型的集聚程度要求来影响城市化水平,工业化与城市化的相互作用关系按收入水平大致可分为以下几个阶段。

第一阶段:低收入阶段。低收入阶段的国家处于传统农业社会或处于向工业化初期阶段转型时期,在传统的农业社会中,工业以手工业为主,在这阶段虽然存在劳动力无限供给,但手工业的发展并不可能吸引较多的人口集中,这阶段的城市以小城镇为主,而且呈分散的状态。大城市往往是一个国家的首都,是消费性的城市。在工业化的初期,以现代工业为主的结构开始形成,工业以食品、纺织、烟草、采掘等初级产品为主。工业和农业之间的巨大生产率差距和收入差距,吸引大量农村剩余劳动力向工业集聚,在工业比较集中的区域出现以工业为主要职能的城

---

① 本文把经济增长阶段划分为低收入阶段、中低收入阶段、中高收入阶段、高收入阶段,世界银行每年都给出阶段划分的人均收入标准,本文具体采用 1990 年联合国对发展水平的划分标准,人均国民生产总值 545 美元为低收入国家,545~2200 美元为中下收入国家,2200~5999 美元为中上收入国家,6000 美元以上为高收入国家。

市,城市化的集聚特征开始出现。

第二阶段:中低收入阶段。中低收入国家进入工业化对城市化的影响明显阶段,初级产品生产的规模效应开始出现,同时,在经济全球化下,出口导向型的工业发展迅速。大量的劳动力需求带来了工业城市规模的扩大,城市的规模效应又促进了工业的进一步发展。这个阶段在劳动力无限供给的情况下,农业人口不断向城市集聚,城市人口快速膨胀。

第三阶段:中高收入阶段。工业化进入较平稳发展阶段,农村剩余劳动力的无限供给现象逐渐消失,劳动力开始成为稀缺的生产要素,该阶段中间产品的大量出现是促使工业对农业劳动力转移的主要动力。随着工业结构逐渐向资金密集型的重化工业化发展,技术出现资本偏向性的扩张,工业对劳动力的吸引力会相对减弱。

第四阶段:高收入阶段。在这个阶段,城市和农村地区的生产率较为接近,但工业内部结构发生明显变化。在过去以劳动密集为主的产业结构演进为以资本密集为主的产业结构的基础上,进一步发展成为以知识和技术要素密集的产业结构,人口的变动多数在城市间移动,工业化对城市化的影响一般在于城市体系结构的调整。

2. 服务业对城市化水平的影响

服务业的发展是社会分工不断深化的结果,与专业化和协作化程度相适应,由于城市人口的集中性,服务业从出现伊始就是城市中的主要产业,但在城市发展的不同阶段表现出明显的不同特点和作用。

第一阶段:低收入阶段。服务业仅仅是社会发展的一个必要行业,是一个人正常生活不可缺少的消费品供给部门,相互关系很松散,不具有规模效应,是简单的劳动分工,服务业为日常生活服务和简单的商品流通服务,但同样以集聚的形式出现。由于对服务商品的消费能力和欲望都不高,服务业规模不大。这个阶段,服务业的发展一方面解决城市内部就业问题,另一方面吸引了农村地区没有技术的劳动力的迁移。

第二阶段:中低收入阶段。随着经济增长,商品生产和交换必须用服务业来保证,自然分工转变为经济分工,服务业成为保证生产、流通、消费的重要部门,由于这种分工的技术要求仍然不太高,对农村剩余劳动力的吸引较大。

第三阶段:中高收入阶段。大中型企业左右服务业的趋势,服务业企业组织形式也开始多样化、复杂化,服务业的技术设备大为改进,传统的服务业和生产性服务业同时发展,城市对服务业的需求增加。

第四阶段:高收入阶段。生产性服务业是这个阶段主要的服务性行业,成为吸引资金、信息、技术创新的场所。生产性服务业具有较强的垄断性质(Markusen,

1989),而且发达国家具有发展生产性服务业的比较优势。但生产性服务业需要劳动力具备专业的劳动技能,劳动力对资本和技术的替代性较小,就业人口更多的是来自城市的内生增长和城市间的人口转移。

3. 人力资本对城市化的影响

人力资本通过对技术的进步来影响经济增长,进而影响城市化水平。对技术的要求越来越高时,城市化的水平也会相应提高(Glaeser,1997)。新增长理论认为,技术进步是长期经济增长的动力,人力资本的外部性影响了技术进步。由于城市集聚的作用,技术进步往往发生在人力资本密集的城市,城市成为人力资本集聚的空间。人力资本并不是随机地分布在城市间,而是与城市的工资水平、生活成本和高等教育程度密切相关。高等教育是人力资本培养的主要手段,高等教育的普及率、发育程度影响到人力资本的集聚和技术创新产生,故本文用高等教育水平来反映人力资本在城市的集聚水平。

高等教育作为一种准公共品,由国家和私人共同投资,经济发展水平决定了国家对高等教育和教育设施的投入。国家对高等教育设施这种准公共用品的投入都集中在城市,城市成为人力资源培养和需求最为集中的地区,而且城市大量的公共设施与图书馆、电影院、信息网络设施等成为教育传播的主要媒介。由于教育程度和收入是成正比的关系,因此,为获得良好教育而向城市移动是人口迁移的原因之一。

由于不同的经济发展水平对高等教育投入和需求的不同,在不同收入水平下,高等教育水平对城市化的影响是不同的。

第一阶段:低收入阶段。由于人均收入水平低,私人收入大都用于生活支出的资本积累,不可能对教育有大的投入。在简单的劳动分工的经济状态下,技术进步来自于对劳动技能的掌握,小学教育基本可以满足,而且国家对教育设施的投入也只能满足最基本的教育需求。高等教育水平本身就很低,只能为极少数人服务,对城市的集聚作用几乎没有。

第二阶段:中低收入阶段。高等教育的私人收益和社会收益较高,这吸引了部分人口向城市迁移,以获得良好的教育,这个阶段,经济增长的技术进步来自于模仿与学习,人力资本成为经济发展急需的资源。但政府对高等教育设施投资的缺乏和高等教育需要个人投入大量的机会成本和实物资本,只有个别的大城市具有较好的高等教育资源,高等教育的普及率不高。

第三阶段:中高收入阶段。高等教育对城市化的作用开始显现,劳动分工的深化,以及技术进步不仅仅停留在模仿与学习阶段,还上升到研究与开发阶段。社会对劳动力的教育水平要求越来越高,同时政府对高等教育设施投资增加,并向教育设施齐全的城市集中,高等教育开始普及。城市的新移民一般都希望能首先获得高等教育的机会。

第四阶段:高收入阶段。高等教育对城市化的影响应该最为突出,以知识和技术密集为主的产业出现,研究与开发成为经济增长的主要动力,对高等教育的追求成为企业、私人和政府的主动行为,高等教育水平决定了一个国家的技术创新能力,也决定了私人的收入水平。一国高等教育水平的提高,不仅能吸引本国农村地区的人口,还能吸引国际移民的迁入,增加一国的城市化水平。

4. 国际贸易对城市化的影响

新古典增长理论认为,贸易开放促进经济增长的主要渠道来源于贸易带来规模经济效应(Krugman and Helpman,1985)、促进资本的形成(Rodrik,1988)以及资源配置效率的提高,以罗默(1986)和卢卡斯(1988)为代表的新增长理论认为,贸易开放主要通过加快本国技术进步、提高生产要素的生产率来促进经济增长,开放国家有更强的吸收先进国家技术的能力(Barro and Sala-i-Martin,1995),Grossman 和 Helpman(1991)运用卢卡斯的两部门内生增长模型,发现贸易的开放促进了国内资源在物质生产部门和知识产品生产部门之间的要素优化分配,由于发展中国家通过贸易可以更好地利用发达国家已有知识存量,因此,发展中国家的贸易利益要高于发达国家。

国际贸易是国际间商品之间的交换,它是伴随着国际劳动分工的出现和世界市场发育而不断发展的,与城市形成与发展的原理是一致的。随着国际贸易的发展,不仅促进了贸易国的经济增长,而且促使一大批世界性的大城市迅速崛起,带动了世界新的城市化浪潮。

根据不平衡发展理论,发达国家构成了核心地区,发展中国家构成了边缘地区。在开放的条件下,发达国家是制成品的出口国,制成品的生产集中带动了人口的高度集中,对城市化水平提高的影响较大;发展中国家出口初级产品,初级产品的出口往往成为发展中国家经济发展的发动机(陈广汉,2000),在经济发展初期直接导致城市化水平的提高。但由于初级产品的生产大部分接近不具有移动性的资源地,因此相对较为分散,而且生产地的规模一旦形成,贸易增长对规模的弹性会有所下降。

从 20 世纪 50 年代开始,经济全球化改变了全球的劳动分工体系,发达国家企业的生产组织形式和产业链在全球展开,这使得运输成本在全球贸易中起着举足轻重的作用(Krugman,1995),并导致了沿海国家之间的贸易量增加。在对外开放度高并且参与国际制成品分工与贸易的国家里,城市化发展总是集中在该国的沿海地区,出现了沿海国家或地区城市的快速发展现象,而不是内陆地区城市的发展,如东南亚国家迅速城市化和美国太平洋城市的兴起。事实上,经济全球化带动了沿海发达国家和中低收入国家的城市化。

20 世纪下半叶,产业内贸易在国际贸易扮演了极其重要的角色,大约四分之一的世界贸易由产业内贸易组成。在发达国家,产业内贸易来源于规模经济,规模经济的存在要求产业集中度的提高,产业集中度的提高又会导致城市集中度的提高。国际贸易成为高收入国家(如欧洲、北美)的一些古老城市出现了"再城市化"现象的动力。

因此,贸易通过技术进步和要素分配促进经济增长,也带动地区城市化的发展,不同的贸易类型对不同的收入水平的国家城市化影响是不同的。国际贸易是低收入国家城市化的原因之一,但对城市化的弹性较小;新的国际劳动分工把发展中国家和发达国家纳入一个发展体系,促进一批沿海低收入国家和中等收入国家的城市化,高收入国家的产业内贸易形成了"再城市化[①]"现象。

2.3.2　模型的建立

根据以上经济增长对城市化水平影响的描述,先建立一个世界人均收入对城市化影响的对数估计方程:

$$\mathrm{lgurb}_{i,t} = \beta_1 + \beta_2 \mathrm{lggdp}_{i,t} + \beta_3 d\mathrm{lggdp}_{i,t} + \beta_4 dd\mathrm{lggdp}_{i,t} + \beta_5 ddd\mathrm{lggdp}_{i,t} + \varepsilon_{i,t}$$

$$(2\text{-}1)$$

式中,urb 为一国的城市化水平,gdp 为一国的人均收入水平,d、dd、ddd 分别为低收入国家、中低收入国家、中高收入国家的虚拟变量,β_2、β_3、β_4、β_5 分别为不同收入水平对城市化影响的弹性系数,ε 为残差,i、t 分别为国家和年。

为了进一步考察其他因素对城市化的影响,加入新的解释变量 $\mathrm{prod}_{i,t}$、$\mathrm{sever}_{i,t}$、$\mathrm{edu}_{i,t}$、$\mathrm{trad}_{i,t}$,分别表示 i 国在 t 年的工业、服务业、教育和国际贸易水平,得到估计方程(2-2):

$$\mathrm{lgurb}_{i,t} = \beta_1 + (\beta_2 + \beta_2^* D_j)\mathrm{lggdp}_{i,t} + (\beta_3 + \beta_3^* D_j)\mathrm{lgprod}_{i,t} + (\beta_4 + \beta_4^* D_j)\mathrm{lgsever}_{i,t}$$
$$+ (\beta_5 + \beta_5^* D_j)\mathrm{lgedu}_{i,t} + (\beta_6 + \beta_6^* D_j)\mathrm{lgtrad}_{i,t} + D_j + \varepsilon_{i,t} \qquad (2\text{-}2)$$

式中,D_j 为虚拟变量,j 分别为低收入国家、中低收入国家、中高收入国家。不同人均收入水平的虚拟变量划分,采用 1990 年联合国对发展水平的划分标准,人均国民生产总值 545 美元为低收入国家,545～2200 美元为中下收入国家,2200～5999 美元为中上收入国家,6000 美元以上为高收入国家。

为了能与世界城市化一般模式进行比较,在式(2-1)的基础上,建立以省区为单位的我国城市化面板分析估计方程,即

$$\mathrm{lgurb}_{i,t} = \beta_0 + \beta_1 + \beta_2 \mathrm{lggdp}_{i,t} + \beta_3 \mathrm{lgprod}_{i,t} + \beta_4 \mathrm{lgsever}_{i,t} + \beta_5 \mathrm{lgtrad}_{i,t} + \varepsilon_{i,t}$$

$$(2\text{-}3)$$

---

①　再城市化现象是指发达国家人口在经历了向郊区和农村分散发展后,又回到城市发展的过程。

式中,i 为我国大陆地区的 30 个省(自治区、直辖市),t 分别为 1990 年和 2000 年。$β_0$、$β_1$ 为固定效应,其他符号含义同式(2-1)。

　　为了稳健性起见[①],本文同时建立一个基于时间序列的我国城市化估计方程:

$$lgurb = β_1 + β_2 lggdp + β_3 lgprod + β_4 lgsever + β_5 lgtrad + β_6 lgedu + ε \quad (2-4)$$

式中,gdp、prod、sever、trad 含义同式(2-1)。

2.4　世界模型的面板分析结果

2.4.1　数据来源

　　世界城市化模型中的数据来源于 1982~1997 年世界银行《世界发展报告》,采用 70 个国家的样本,时间为 1981~1995 年,对每个样本中出现的少量数据缺失,采用内插或用上一年(或下一年)数据替代的方法补齐,构成平衡的面板数据。其中,人均收入 gdp 采用一国或地区的人均;城市化水平 urb 采用一国或地区的城市人口占总人口的比例;第二产业 prod 采用一国或地区的中第二产业的比例;第三产业 sever 采用一国或地区的中第三产业的比例;高等教育水平 edu 采用一国或地区受高等教育的人口占总人口的比例;国际贸易 trad 采用一国或地区进出口贸易总额占 GDP 的比例。

2.4.2　实证结果

　　由于面板分析中可能存在自相关现象,即各期的残差不相互独立,任何一个给定时期观察值的残差对未来时刻都有影响。虽然自相关并不影响普通最小二乘估计(ordinary least square,OLS)估计的无偏性和一致性,但影响它们的有效性,从而不可能正确推断真实的情况。为克服自相关,假设各期自相关是 AR(1)的形式,其中 $ρ$ 是自相关系数,对每一个时间序列数据进行广义差分得到新的回归方程,系数 $β$ 仍然为人均收入水平对城市化水平的弹性系数,与原方程的含义没有变化。为克服异方差对估计结果的影响,对新方程进行 White 的一致协方差估计和广义最小二乘法估计(feasible generalized least square,FGLS)估计,从而可以得到不同经济增长因素对城市化影响弹性的有效的估计量[②]。

　　分析经济增长水平对城市化水平的影响(表 2-4)。回归 1 是只包含人均 GDP 解释变量的对数线性方程,采用 70 个国家的样本数据(1981~1995)进行 OLS 估

---

　　①　由于在时间序列的数据中,城市化水平使用的是国家统计年鉴中的非农业人口数据,非农业人口数据是在户籍制度下人口分类,不完全体现市场的行为。时间序列的分析结果只能用于比较。

　　②　限于篇幅,面板分析的估计方法与统计检验量详见格林·H:经济计量分析,王明舰、王永宏译·中国社会科学出版社,1998 年,第 484~523 页。

计,弹性是 0.33,相关系数是 0.56,与截面数据的回归结果相差不大,但发现 D-W
指标只有 0.125,表现出严重的自相关。进行 White 一致协方差估计和可行的
FGLS 估计后(回归 2),相关系数大大提高,但 D-W 指标没有太大的改善。

表 2-4　经济增长水平对城市化水平的回归结果

变　量	回归 1 OLS	回归 2 FGLS	回归 3 广义差分 OLS	回归 4 广义差分 FGLS	回归 5 广义差分 OLS	回归 6 广义差分 FGLS
截距项	1.207*** (14.670)	2.293*** (268.384)	0.0373*** (2.921)	0.0100*** (3.378)	−0.045*** (−2.440)	−0.038*** (−16.542)
gdp	0.339*** (32.923)	0.216*** (205.758)	0.505*** (140.109)	0.517*** (288.451)	0.467*** (107.520)	0.466*** (222.718)
D_1					0.077*** (2.994)	0.114*** (17.603)
D_2					0.090*** (3.142)	0.037*** (7.212)
D_3					−0.158*** (−4.034)	−0.055*** (−4.368)
$D_1 \times$ gdp					0.088*** (10.949)	0.050*** (12.214)
$D_2 \times$ gdp					0.058*** (6.816)	0.084*** (25.481)
$D_3 \times$ gdp					0.038*** (3.954)	0.013*** (2.114)
R-squared	0.565	0.997	0.951	0.977	0.969	0.980
Durbin-Watson	0.125	0.228	0.687	1.061	1.115	1.516

注:括号内是 T 统计量;***表示显著水平 1%

回归 3、回归 4 是对广义差分后的方程进行 OLS 和 FGLS 估计,弹性系数提
高到 0.5 左右,D-W 指标达到 0.687 和 1.115,自相关情况有一定的改善。由于各
国经济发展差异较大,所有样本国家进行整体回归,在广义差分的情况下对自相关
的克服效果仍然不会太好。因此有必要对样本国家按人均收入情况进行分组,分
别考察人均收入水平对城市化的弹性系数。

回归 5、回归 6 是加入按不同收入水平划分的虚拟变量,进行广义差分后的
OLS 和 FGLS 估计,结果显示 D-W 指标大为改善,达到 1.516。更有意义的是,不
同发展阶段的虚拟变量系数和截距系数都是显著的,截距和弹性系数在不同收入
水平下是不同的。截距的不同说明不同收入组都有各自共同影响因素;弹性系数
的不同说明在不同经济增长水平下,人均收入水平对城市的作用程度是不一样的,

比用截面数据进行整体回归的结果更能说明问题。采用 FGLS 的估计结果，经济增长对城市化的弹性系数，对应低收入水平组、中低收入水平组、中高收入水平组和高收入水平组的弹性系数[①]分别是 0.516、0.55 和 0.477、0.466。在中低收入组人均收入对城市化的弹性为最大。该结果显然比基于横截面的估价结果更能反映出不同收入水平下，经济增长对城市化水平的影响程度。

为了进一步考虑经济结构性变化对城市化水平的影响，表 2-5 中的回归 7 是在式(2-1)中加入第二产业、高等教育、国际贸易解释变量，广义差分后的 FGLS 的回归结果；回归 8 是加入第三产业解释变量，广义差分后的 FGLS 估计结果，解释变量十分显著；回归 9 和回归 10 是分别再加入不同收入组虚拟变量后的估计结果，除低收入组的第三产业外，虚拟变量都显著。结果显示不同收入水平下，第二产业、第三产业、高等教育、国际贸易对城市化的影响是不一样的。

表 2-5　第二产业、第三产业、高等教育、国际贸易对城市化的影响

变　量	回归 7 广义差分 FGLS	回归 8 广义差分 FGLS	回归 9 广义差分 FGLS	回归 10 广义差分 FGLS
共同截距	−0.014*** (−9.106)	−0.025*** (−22.569)	0.008 (0.888)	−0.009*** (−7.243)
截距虚拟变量			显著	显著
Lggdp	0.300*** (70.986)	0.162*** (30.131)	0.358*** (66.023)	0.254*** (29.573)
Lgedu	0.117*** (24.403)	0.142*** (21.131)	0.522*** (22.082)	0.126*** (10.847)
Lgtrade	0.058*** (4.889)	0.022*** (3.635)	0.323*** (22.074)	0.115*** (10.723)
Lgprod	0.416*** (47.222)		0.065*** (2.878)	
Lgsever		0.637*** (67.925)		0.372*** (20.868)
$D_1 \times$ edu			−0.451*** (−15.870)	
$D_2 \times$ edu			−0.437*** (−19.122)	
$D_3 \times$ edu			−0.398*** (−19.794)	

---

① 当虚拟变量系数 β^* 显著的时候，β_2、$\beta_2 + \beta_2^* D_j (j=1,2,3)$ 分别为高收入组和低收入组、中低收入组和中高收入组国家变量 gdp 对变量 urb 的弹性，从而得到表(2-6)中不同收入组的具体弹性值；当 β^* 不显著时，不同收入组之间的弹性没有差异。

续表

变　量	回归 7 广义差分 FGLS	回归 8 广义差分 FGLS	回归 9 广义差分 FGLS	回归 10 广义差分 FGLS
$D_1 \times$ trade			−0.356*** (−15.909)	
$D_2 \times$ trade			−0.179*** (−10.456)	
$D_3 \times$ trade			−0.146*** (−8.192)	
$D_1 \times$ prod			0.179*** (6.556)	
$D_2 \times$ prod			0.283*** (10.082)	
$D_3 \times$ prod			0.113*** (4.031)	
$D_1 \times$ sever				0.001 (0.169)
$D_2 \times$ sever				0.077*** (11.258)
$D_3 \times$ sever				0.150*** (21.765)
R-squared	0.988	0.996	0.995	0.991
Durbin-Watson	1.198	1.198	1.263	1.228

注:括号内是 T 统计量;∗∗∗表示显著水平 1%

　　第二产业对城市化的影响在中低收入阶段最大,在高收入阶段最低,对城市化的影响弹性最小,约为中低收入阶段时的四分之一。中低收入阶段是工业快速发展阶段,大量的农村剩余劳动力向非农产业转移,城市的集聚效应明显,在高收入阶段,由于工业化过程已经完成,对城市化的影响也就较弱。第三产业对城市化的弹性在四个阶段都保持较高的弹性,说明第三产业一直是影响城市化的主要因素,在低收入阶段和在高收入阶段的弹性都是一样的,但从低收入到中低收入再到中高收入之间的跳跃较大。在中高收入阶段,由于生产性服务业的出现,第三产业的垄断竞争性质开始出现,对城市化的影响也最大。在高收入水平阶段,高等教育水平对城市化的弹性出现大幅度的增加,较低收入阶段的弹性系数高出 10 倍以上,显示高等教育对城市化作用在高收入阶段影响最大,在这个阶段,研究与开发对经济增长的重要作用,决定了高等教育对城市化的巨大影响;国际贸易在低收入阶段出现了负相关的影响,至少可以表明初级产品出口对城市化没有什么影响。国际贸易对城市化影响最大的阶段是在高收入阶段,产业内贸易所要求的规模经济比任何一个阶段都大。

　　综上所述,不同人均收入水平阶段,经济增长对城市化的影响差异较大。在中低收入阶段,人均 GDP 对城市化的影响最大,第三产业一直是影响城市发展的主

要因素;在低收入阶段和中低收入阶段,第二产业和第三产业对城市化影响最大,
说明第二产业化是城市化的初始动力;在中高收入阶段,第三产业的影响最大;在
高收入阶段高等教育和国际贸易的影响突出(表2-6)。

表 2-6　不同收入阶段经济增长对城市化的弹性

因　素	低收入阶段	中低收入阶段	中高收入阶段	高收入阶段
人均收入水平	0.516	0.550	0.477	0.466
第二产业	0.244	0.348	0.178	0.065
第三产业	0.372	0.449	0.522	0.372
高等教育	0.071	0.085	0.124	0.522
国际贸易	−0.033	0.144	0.177	0.323

以上估计了世界经济增长水平对城市化的影响因素的程度,为分析中国经济
增长对城市化水平的影响确定了一个比较的基准。

2.5　世界城市化模型在我国的实证分析

2.5.1　数据来源

基于面板分析估计方程的城市化水平数据来源于1990年和2000年第四次人
口普查和第五次人口普查的分省区数据[①],其他数据来源于《新中国50年统计资
料汇编》和2000年、2001年《中国统计年鉴》,时间跨度为1978～2000年,为具有
可比性,GDP 数据按 GDP 缩减指数进行平滑。

2.5.2　实证结果

对于基于面板分析的式(2-2)采用 FGLS 估计,回归结果如表 2-7 所示。回归
11 是含有固定效应的城市化水平与人均 GDP 的估计,人均 GDP 对城市化水平的
弹性显著,为 0.420;回归 12 和回归 13 分别是不含有固定效应和含有固定效应的
多解释变量的回归结果,显然存在时间固定效应,但回归 12 中的人均 GDP 系数不
显著,回归 13 人均 GDP 的系数通过 10% 显著水平检验,但未通过 5% 显著水平的
检验,第二产业、第三产业比重的系数也不显著。较为突出的是高等教育水平的弹
性特别大,考虑到可能存在多重共线性,在回归 14 中剔除了高等教育水平变量,回

---

① 1990 年和 2000 年两组数据的统计口径不完全一样,1990 年统计对象范围较 2000 年小,外来人口
的居住时间为 1 年,2000 年人口普查对外来人口的界定为半年。因此,1990 年的指标相对 2000 年的指标会
偏小。但在现有统计资料下,这是最接近实际的城市化水平指标。

归结果较为理想,第二产业比重、第三产业比重和国际贸易比重的系数都显著,对城市化水平的弹性分别为 0.196、0.197 和 0.103。

表 2-7　我国城市化进程影响因素的回归结果——面板分析

变　量	回归 11	回归 12	回归 13	回归 14
常数项		2.83*** (12.34)		
时间固定效应:$d1$	4.37*** (172.5)		2.74*** (17.309)	4.75*** (99.56)
$d2$	4.29*** (270.3)		2.50*** (14.298)	4.69*** (141.5)
Lggdp		0.018 (0.483)	0.037* (1.846 5)	0.32*** (23.62)
Lgpro	0.420 3 (53.00)	0.06 (1.149)	0.041 (1.33)	0.19*** (3.69)
Lgseve		−0.07** (−2.27)	0.030 (1.22)	0.19*** (3.71)
Lgtrad		0.15*** (7.73)	0.07*** (5.306)	0.10*** (5.714)
R-squared	0.997 8	0.998	0.999	0.999 3
Durbin-Watson	0.995 7	1.776	1.451	1.259 5

注:括号内为 T 统计量;*** 代表显著水平 1%,** 代表显著水平 5%,* 代表显著水平 10%

为了稳健性起见,进一步对式(2-3)进行估计。由于采用的是时间序列数据,先对数据进行布罗斯-戈德费尔德(Breusch-Goldfrey)自相关检验。检验发现,在 5% 的显著水平下,resid(−1)的系数显著,而 resid(−2)的系数不显著,说明存在 AR(1)过程,故在回归中用两阶段估计克服自相关。

表 2-8 显示了回归结果,回归 15 是城市化水平与人均 GDP 的对数回归,人均 GDP 的系数通过 1% 显著水平下的检验显示人均 GDP 对城市化的弹性是 0.233,D-W 落在无自相关结论区;回归 16 是加入第二产业的比重、第三产业的比重、高等教育水平、国际贸易等指标,除国际贸易的系数完全不显著外,其他系数都通过 1% 显著水平下的检验,贸易变量的回归结果不显著,这可能是由于贸易发展与第三产业之间存在多重共线性的问题。估计结果显示,第二产业的比重、第三产业的比重、高等教育水平对城市化的弹性分别是 0.163、0.187、0.048,较面板分析的估计弹性小,进一步说明了面板分析由于采用了人口普查数据,能较真实地反映人均 GDP 对城市化的影响。

表 2-8　我国城市化进程影响因素的回归结果——时间数据

变　量	回归 15	回归 16
常数项	−3.12/***	−2.21***
	(−20.67)	(−4.13)
Lggdp	0.23***	0.13**
	(10.53)	(2.16)
Lgpro		0.16**
		(2.19)
Lgseve		0.19**
		(2.15)
Lgtrad		0.01
		(0.03)
Lgedu		0.05***
		(2.99)
AR(1)	0.63	0.91***
	(4.10)	10.91
R-squared	0.99	0.97
Durbin-Watson	1.88	1.58

注:括号内为 T 统计量;*** 代表显著水平 1%,** 代表显著水平 5%

综合式(2-2)和式(2-3)的回归结果可知,我国人均 GDP、第二产业比重、第三产业比重和国际贸易比重对城市化水平的弹性采用板面回归中的结果分别为 0.420、0.196、0.197 和 0.103,高等教育水平的弹性采用时间序列回归中的弹性[①]为 0.048。

2.6　比　较　分　析

为判断中国经济增长对城市化的影响程度,本节把我国人均 GDP、第二产业比重、第三产业比重和国际贸易对城市化水平的弹性,与世界经济增长对城市化影响模型中的中低收入组的弹性进行比较(表 2-9)。从表中明显可以看出,各要素对城市化水平影响的相对程度总体上呈现出和世界一般模式相同的规律,一方面说明两个模式估计结果的稳健性,另一方面说明中国城市化基本遵循世界城市化的一般规律。但进一步发现中国经济增长对城市化的弹性小于世界城市化一般模式中的弹性,约相当于世界平均水平的 76.3%,其中,第三产业比重的弹性相差最

[①]　由于数据缺乏,在板面回归中没有加入高等教育变量,为了和世界模型比较,采用了时间序列中的高等教育弹性,从回归 14 和回归 16 的系数比较来看,存在一定的可比性,虽然该方法不甚严谨,但不失为一种较好的替代。

大,约相当于世界平均水平的 43.8%,第二产业比重、高等教育水平和国际贸易分别相当于世界平均水平的 56.3%、56.4% 和 71.5%。

表 2-9　经济增长对城市化影响的弹性比较

组　别	人均 GDP	第二产业比重	第三产业比重	高等教育水平	国际贸易
世界(中低收入组)	0.550	0.348	0.449	0.085	0.144
中国	0.420	0.196	0.197	0.048	0.103
差距比(中国/世界)	0.763	0.563	0.438	0.564	0.715

我国经济因素对城市化影响低于世界水平,这与我国独特的城市化模式有密切联系。改革开放以前,受到户籍制度的限制,我国的城市化水平滞后经济增长水平;改革开放以后,户籍制度仍然存在,并出现了以乡镇企业发展和外商直接投资为动力的"自下而上"的城市化模式,导致了非农产业的空间分散。

首先,"自下而上"模式影响了我国城乡人口移动的特点,制约了城市化水平的提高。在该模式下人口的地域转移多种多样,但总体来说,这些流动人口没有割断与土地的联系,往往在非农产业中从事劳动密集型工作和非正式的服务业工作,以临时工、合同工、自谋职业为主要工作形式,工作的流动性较大,大量在乡镇企业和外资企业工作的人口,不享受城市户籍居民享有的社会福利保障制度,不纳入传统的城市人口统计范围。"自下而上"模式移动的人口虽然数量庞大,但工资较低、生活方式单一、居住群落形态分散,没有真正融入城市化过程。

其次,"自下而上"模式带来的是产业布局的分散。乡镇企业的发展主要集中在乡镇本土,乡镇企业发展对我国经济增长贡献很大,但由于大部分的乡镇企业没有进入城市,产业工人固定在农村的土地上。在乡镇一级的投资带来的是农村非农产业的发展,对城市化水平提高的影响程度就有限;外商直接投资在空间上常常以"簇群"的形式存在,形成"地方化经济(localization economics)"而不是"城市化经济(urbanization economics)",实际上在全球经济一体化的背景下,有一大部分外商直接投资是在中国寻求低成本,以获得竞争优势。在对外交通设施不断完善和地方自主权下放的情况下,乡镇较城市更能提供低价的土地和更加优惠的税收,这就吸引了外商直接投资在地级市以下地区广泛分布[1],促进了农村工业化。

因此,在"自下而上"的模式下,非农产业和非农人口的增长形成了分散的空间格局,导致工业、服务业和国际贸易对人口的集聚能力较低。与此同时,我国高等教育尚处于精英教育阶段,毛入学率为 11%,不仅低于韩国、菲律宾、印度等国的30% 水平,也低于世界平均的 14% 水平,因此其对城市化的影响相对较低。

---

[1]　根据 2001 年《中国城市统计年鉴》,2000 年江苏省地级市市区以外地区的外商直接投资占全省外商直接投资总额的 53%,浙江则是 38%。

2.7　结论性评述

本书采用跨国经济实证分析中的标准分析工具——面板分析建立了经济增长对城市化影响的世界模型,度量了不同收入阶段经济增长对城市化的影响弹性,发现中低收入国家的影响弹性最大,较以往基于截面分析的估计结果更加有效,以此为基准,定量分析造成我国城市化滞后的经济因素,最后通过国际比较分析发现,在我国经济增长对城市化的弹性小于世界城市化一般模式中的弹性,约相当于世界平均水平的 76.3%,其中,第三产业比重、第二产业比重、高等教育水平和国际贸易,分别相当于世界平均水平的 43.8%、56.3%、56.4% 和 71.5%。第三产业、第二产业和高等教育对城市化影响较小,是造成我国城市化滞后的主要原因。

在我国体制约束和外商直接投资低成本扩张下,中国特色的"自下而上"城市化模式降低了第二产业、第三产业的集聚程度,带来了城市化水平的滞后。结果,造成了部分非农产业人口不能完全享受城市化带来的福利增加。因此,促进我国城市化水平与经济增长水平的协调发展,是落实十六届三中全会提出的科学发展观的重要途径。我国应该在消除城市化的体制和政策障碍的基础上,通过不断提高第二产业的集聚能力,促进第三产业结构升级和大力发展高等教育等措施,实现统筹城乡发展、统筹区域发展。

第3章 中国城市化的微观动力分析

3.1 引 言

1978 年改革开放以后,中国进入到一个快速城市化的阶段,城市化水平从 1978 年的 18% 上升到 2005 年的 43%。与此同时,中国出现了两种城市化的新现象(许学强和胡华颖,1988;宁越敏,1998;崔功豪和马润潮,1999;周一星和曹广忠,1999;张敏和顾朝林,2002;刘盛和等,2005;Yeh and Wu,1995;Wu,2000;Ma and Wu,2005),其中典型的事实有:①城市用地的快速扩展。1985～2000 年中国城市建成区用地年均扩展速度为 850 平方公里(谈明洪等,2003),出现了大量以新城区和开发区为主体的城市发展模式(Deng and Huang,2004)。②农村城市化。1978 年改革开放后,出现了一种"自下而上"的、以农村工业化和农村建设用地大量形成为特征的城市化过程,农村城市化对中国经济发展起了重要的作用(许学强和胡华颖,1988;崔功豪和马润潮,1999;张敏和顾朝林,2002)。

现有的相关文献对不同城市化现象的机制有不同的解释,具有代表性的有地方各级政府的利益驱动和经济发展需求促进了城市用地的快速扩展(邹德慈等,2004);农村乡镇企业的发展和外商直接投资是农村城市化的动力(许学强和胡华颖,1988;崔功豪和马润潮,1999;Sit and Yang,1997);城乡二元结构则是城中村现象产生的重要原因(田莉,1998)。也有学者从城市化的主体来考虑城市化的动力机制,强调政府、市场与个人在转型阶段对城市化的驱动力(宁越敏,1998;陈波翀等,2004)。我们的问题是在多种城市化机制中是否存在一个共同的因素,这个因素是各种城市化现象的动力。

在经济发展过程中,世界城市化过程不仅是农业人口向非农人口转移的过程,也是农业用地向城镇用地的转化过程。但与西方城市化过程不同的是,中国转型时期承袭了计划经济下的城乡二元结构,土地所有权性质表现为城市土地为国家所有,农村土地为集体所有。从产权角度看,城市化的用地转化过程就是农村集体用地产权向城镇国有土地产权的转化过程。

城市化作为经济增长的伴随现象,城市化过程中的主体行为不可避免地会受到转型阶段经济体制特点的影响。中国经济转型的基本特点包括价格改革和管理体制改革,与城市化直接相关的主要是土地有偿制度和财政分权。笔者认为,前者导致了城市化过程中的"土地租金剩余",后者使地方政府具有独立的利益主体特性（Qian and Roland,1998）。

随着经济的持续发展,中国仍将保持快速城市化的过程,城市化的驱动因素也趋于更加多样化,本章仅从政府的土地收益激励的角度进行探讨,为处理好城市化过程中的城乡矛盾和实现城乡统筹发展,提供一个有益的视角。

3.2　中国土地制度的特征

城市化过程不仅是农村人口与产业向非农人口与产业的转化过程,而且是农业用地向城镇建设用地的转化过程,也就是说,在城市化的过程伴随着一个重要的特征,那就是土地产权和使用性质的变化。可以认为,与中国城市化密切相关的土地制度主要由城市、农村地产权属性和城乡土地转化途径三个方面构成。

自中华人民共和国成立后,全国上下一致致力于建立以公有制为基础的土地制度,但随着经济发展的需求和经济组织形式的变化,在土地公有制的基础上,土地的产权性质也发生了相应的变迁,并影响到城市化的进程。根据中国经济体制变化的过程,大致可以把中国土地制度的变化分为计划时期和转型时期两个阶段。

3.2.1　计划时期的土地制度

计划时期的中国土地制度的最大特征就是通过不断地建立起以公有制为基础的土地产权体制,实现从土地私有制向土地公有制的转化过程。

1949 年中华人民共和国成立以后,国家参照苏联和其他社会主义国家的土地制度,同时根据我国的实际情况,开展了土地改革运动。根据 1949 年 6 月 29 日通过的《共同纲领》中的"三大经济纲领",即没收封建阶级的土地归农民所有、没收垄断资本归新民主主义国家所有、保护民族工商业,展开了城乡土地制度的建设。

1950～1953 年,全国以《中华人民共和国土地改革法》为依据开展了轰轰烈烈的土地改革运动,全国约 3 亿多无地或少地的农民,按照"当地平均标准"无偿地从人民政府手中分配到 7 亿多亩[①]土地,这实际上是在农村消灭了地主土地私有权,实现了人人都有土地的农民土地所有制。

与农村土地改革不同的是,城市土地的改革一开始就带有公有制的倾向,首先,通过没收外国资本、官僚资本、敌对势力所占有的土地并将其直接转为国有土地,由于这些土地基本上在城市中,因此,构成了城市国有土地的基础;其次,对市区民主资本的占地实现了保护、限制、赎买的政策,使其逐渐变为国有土地。这样,在城市中存在两种产权制度:国有土地和受到保护的民主资本家的私有土地。

显然,中国的土地制度的设计从一开始就把农村和城市分割开进行考虑,形成

---

① 1 亩＝0.0667 公顷。

了城乡土地产权的二元制度结构:农村土地是农民个人所有,城市土地基本上是国家所有,保留了部分私有土地。这种土地产权的结构设计保证了国家对工业化资源的掌握,并同时调动了农村生产的积极性,为中国工业化的进程奠定了基础。

但中国的土地制度仍然处于变化之中,主要表现在经济组织形式的变化带来的相应的土地产权性质的变化。如在农村地区实现了农村土地的农民个人所有制向集体所有制的变迁。1953 年土地改革完成以后,为提高农村生产的效率,鼓励成立生产互助社,并逐步向农村初级合作社发展,互助社和生产初级合作社本着自愿的原则,以生产资料和劳动力投入来合股组织,这种经济组织形式还保留了农民个人的财产权和土地权;但到 1956 年全国开始大规模的组建农村高级合作社的时候,农民个人的土地被合并,土地收归合作社所有,农民土地个人产权的特征被消灭。1958 年人民公社的成立标志着农村土地由个人所有变成集体所有,完成了以"规模大、公有制"为特点的经济组织和所有制建设,土地只是农民的生产资料,是农民的劳动对象;1962 年完成了"三级核算、队为基础"的调整,使生产队成为农村基本的生产单位和土地产权组织。至此,农村土地三级所有的形式构建了稳定的农村集体所有制,并延续至今。

在城乡土地产权性质确定的同时,中国建立了以计划配置为主体的土地使用制度和产权交换制度。

首先,确定城市土地的使用制度,1950 年 11 月通过的《城市郊区土地改革条例》规定了在城市和郊区实行新的国有土地申请制度,由政府部门对用地进行审批监督等。这一条例保证了国家按计划对城市土地进行配置,配置的方法是土地申请与土地划拨的结合。用地单位及其主管部门需要新增城市用地的时候,需要向政府的计划部门提交投资申请和用地申请,计划部门主要依据国民经济计划所确定的投资规模、各种建设的优先秩序,以及在计划年度中可以筹集到的投资资金来决定。一旦投资得到批准,用地申请就会得到认可,用地规模将根据投资项目与占有土地面积的某种技术比例确定。

其次,确定土地征用主体,如果申请的用地涉及到农业用地,就需要对农业用地进行征用。中央政府在 1950 年 6 月颁布的《中华人民共和国土地改革法》规定了土地征用的主体,即"县以上政府有权划出部分土地归国有",1953 年 12 月的《关于国家建设征用土地办法》规定了"凡征用之土地产权属于国家"。这些规定初步确定了政府对土地的征用制度,建立了农村用地向城市用地转化的途径。1958 年 1 月国务院颁布的《国家建设征用土地办法》确定了对农村用地的补偿标准,即按照所征用农地年产值的倍数来测算补偿的标准。可见,中国的土地征用从开始就排除对土地产权的补偿,并建立了一个低标准的补偿制度,因为,无论是城市还是乡村的土地,其所有者都是国家。

1949 年以后,国家出台一系列的法规,通过建立国有和集体所有的经济组织,实现土地的公有制,通过以城市政府为主体的土地征用制度,为经济发展和城市化过程提供保障。

3.2.2　改革开放以后的土地制度变迁

改革开放的含义就是对内进行经济体制的改革,对外吸引外商直接投资和进行国际贸易等。

在改革开放初期,为了摆脱"文化大革命"造成的政治经济体制的混乱状态,中央政府做了大量的拨乱反正工作。1982年颁布的《中华人民共和国宪法》,确定了中国的城乡土地产权性质和国家对土地市场配置的权利,"城市的土地属于国家所有。农村和城市郊区的土地,除法律规定属于国家所有的以外,属于集体所有";"任何组织或者个人不得侵占、买卖、出租或者以其他形式非法转让土地"。这种规定与计划时期实行的高度集中的计划经济模式及农村生产组织方式是相适应的,是国家意识的体现。但事实上,从1978年改革开放开始,随着经济组织形式的变化,国家的土地产权的制度经历了自下而上的变化,其中农村的家庭联产承包责任制和城市的收取外商投资企业的"场地使用费"正逐步改变城乡土地产权体制的内涵。

从1979年年初开始的家庭联产承包制是农村生产组织方式的一次重大的变化,在"交够国家的、留够集体的、剩下都是自己的"的激励下,农村的耕地和其他生产资料被平均分配到每个农户,人民公社的生产组织形式被打破。由于农民个人对土地的使用采用的是"承包"的形式,因此,只是确定了个人对土地投入的收益权,农村土地集体所有的性质并没有改变。尽管"家庭联产承包制"并没有使农村土地产权回到中华人民共和国建立初期的农民个人所有的状态,但农民个人在农村集体土地中的权利增加了。

以外商直接投资为标志的改革开放给中国的经济带来了新的经济组织形式,如"三来一补"企业、外商直接投资企业、中外合资企业等。这些新的经济组织是在传统的公有制体制以外的,它们的出现促使国家考虑公有制以外的经济组织如何使用国有土地。1979年7月全国人大通过的《中华人民共和国中外合资企业法》允许参加合营的中方国营企业以收取"场地使用费"投资入股,这是我国首次以间接的方式承认国有土地存在价值,也推进了城市国有土地的有偿使用的进程;1982年中国开始逐步按照城市土地等级收取不同标准的土地使用费,如抚顺1984年全面征收土地使用费,广州1984年7月颁发《广州城市征收城镇使用费试行办法》;但真正关于城市土地产权制度改革的是1987年国务院批准,确定在深圳、上海、天津、广州、厦门、福州进行土地使用权改革试点,其核心就是实施城市土地所有权和使用权的分离,通过对城市土地使用权的转让,实现土地的有偿使用。

城市土地的所有权和使用权的分离以及城市土地的有偿使用是城市土地制度

的革命性的变化,不仅建立了一个城市土地市场,使城市土地从无偿、无期限、不可流通向有偿、有期限、可流通的市场化转变,而且使得城市土地在进入市场以后有了明确的使用权人,而这个使用权人不仅具有了土地的使用权,而且具有了土地的收益权和处分权,土地作为资产的性质得到体现。至 1989 年《中华人民共和国宪法修正案》以及《中华人民共和国土地管理法》公布,真正从国家的最高法律层面确定了城市土地制度的变化。

尽管城市和农村的土地产权的制度都出现了变化,但土地征用制度仍然保留了计划时期的对地上物价值的补偿方法,农村集体土地仍然需要征用以后才能进入城市土地有偿使用的市场,也就是说,只有实现农村集体产权向城市国有产权转化以后才能实现土地的市场价值。一个城市土地市场存在两种土地产权性质是当前中国土地制度最显著的特点。

中国土地制度的变化对城市化过程中城乡土地产权的交换过程和城市土地的使用有着显著的影响,进而影响到城市化过程中城市土地的增长过程、利用结构和城市的空间结构。

3.3　土地产权、财政分权与租金剩余

3.3.1　土地产权二元结构

根据中国土地法的规定,中国土地所有制形式是社会主义公有制,实施国家所有和集体所有两种产权形式。城市市区的土地属于国家所有,农村和城市郊区的土地除由法律规定属于国家所有的以外,属于农民集体所有。

产权是一个结构性的概念,是由许多权利构成的一组权利束,如产权的排他性、可让渡性、可分割性等。如果产权所有者拥有完整的产权束,可视为完全产权;如果产权束的某些权能受到限制或禁止,就视为不完全产权。中国的土地产权的特点体现出经济体制转型阶段的特点,即两种产权形式具有不同的产权束。20 世纪 80 年代末,中国开始逐步形成城市土地有偿使用制度,这构成了城市国有土地和农村集体土地产权性质发生根本性变化的分水岭。

一方面,城市土地的所有权属于国家,但土地所有权和使用权分离。城市中除部分政府行政划拨土地外,城镇土地的使用权可以通过土地有偿使用进行交换,形成土地使用权的产权交易市场。也就是说,城镇土地可以通过产权市场实现土地使用权的排他性、流通性和可分割性,进而实现土地产权的价值。因此,经过城镇土地市场获得的土地具有完全产权的特性。另一方面,农村集体土地所有权属于农村集体组织,是集体产权,从权利的行使来看,对资源各种权利的决定就必须由一个集体做出,受到规则和规范的约束,不存在个人产权的让渡。农村集体土地不

能直接在土地市场上进行交换，只能通过土地产出的收益实现土地的价值。因此，农村集体土地所有权是不完全产权。完全的城镇国有土地产权和不完全的农村集体土地产权构成了中国城乡土地产权的二元结构。

中国对土地的使用和配置是建立在城乡土地产权二元结构的基础上，主要表现为城镇土地和农村集体土地在市场上实现土地价值的途径的不一致和交换的不平等。首先，城镇土地可以通过城镇土地产权按市场价格进行配置，而农村集体土地产权按计划手段进行配置，只能够从事生产活动，不能够在产权市场上实现土地价值。其次，在城镇土地产权与农村集体土地产权之间进行交换的时候，城市政府是沿用计划经济的办法低价征用集体土地，然后通过城市土地市场获得收益，而农村集体组织只能获得征地的补偿。

3.3.2　城市化过程的"土地租金剩余"

为了进一步地分析土地产权对城市化过程的影响，我们引入完全市场条件下的土地竞租曲线。土地竞租曲线是美国经济学家威廉·阿朗索在杜能《孤立国》中的土地利用模型基础上发展起来的、关于土地租金水平与区位关系的经典描述。如图 3-1 所示，城市区域 OQ_1 上的各类用地在完全竞争下出现空间均衡，形成一条向右下方倾斜的竞租曲线 P_2A，距市中心越远，土地租金水平越低；而在农村地区，农业耕作在各处区位的效益几乎一样，农村土地的租金曲线表现出一条水平的直线 AS。由于完全竞争包含了个人或企业在土地市场上具有完全产权的假设，因此，竞租曲线的形成实际上是不同类型经济行为主体在市场条件下进行区位选择的结果。

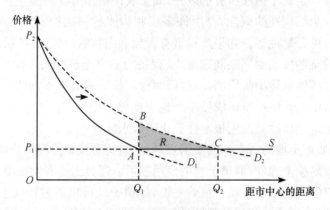

图 3-1　完全竞争下的土地竞租曲线

随着城市化水平的提高，城市土地资源的稀缺导致土地价格上升，地租曲线向右移，形成新的城市竞租曲线 P_2BC，Q_1Q_2 区域的农业用地转化为城镇用地。在市场条件下,农村土地产权所有者获得城市化带来的土地收益 ABC。

在经济转型阶段,由于存在城市土地的完全产权和农村土地的不完全产权的二元结构,在城市化过程中就出现"土地租金剩余"。

土地二元结构主要是对土地供给产生影响。Q_1Q_2 区域的农村集体土地转化为城镇用地是通过国家征收的形式实现,征收的价格是按规定的价格进行补偿,如果不考虑区位、土地肥沃程度和农产品品种,可以把征收价格视为农业用地的租金 P_1。城市政府按 P_1 的价格获得 Q_1Q_2 数量的农村集体土地,并转变为城镇国有土地产权,这样正是政府把 Q_1Q_2 数量的土地通过土地的产权交易或城市土地的有偿使用,按 BC 的价格与企业进行交易,并实现面积为 R 的收益。由于该收益是在土地市场中存在市场价格和计划的土地征收价格的条件下实现的,故定义为转型时期城市化过程中的"土地租金剩余"。

3.3.3　财政分权与"土地剩余租金"的激励

"土地租金剩余"对城市政府和农村集体组织的城市化行为具有激励作用。在土地公有制的基础上,城市政府是城市国有土地的代理者,农村集体组织是农村集体土地的代理者。在国家实施财政分权的模式下,代理者都具有最大化自身利益的激励。

中国进行了四次重大的财政体制变革。第一次是 1980 年中央提出的"划分收支、分级包干"的体制变革,主要在于改革中央与地方之间的财政收入划分关系。第二次是 1985 年实行的"划分税种、核定收支、分级包干"的财政管理体制,在于改变中央与地方之间的财政收入划分关系,按税种划分收入,按行政隶属关系划分支出。第三次是 1988 年中央在某些省、市实行"大包干"的财政体制。第四次是 1994 年开始的分税制改革,其基本做法是:一是根据中央和地方的事权,确定相应的财政支出范围;二是根据财权与事权基本一致的原则,按税种划分中央和地方收入;三是为了保持现有地方的既得利益格局;四是原有体制下中央对地方的补助继续按规定执行,地方上仍按不同体制类型进行,原中央拨给地方的各项专款该下拨的继续下拨。

财政分权的实质在于中央政府将部分财政权限下放给地方政府,使各级政府都有了相对独立的财权和事权,加强地方政府发展经济的积极性。在转型国家,财政分权通过赋予了地方政府独立的利益主体资格,激励政府行为与经济发展保持一致(Qian and Roland,1998)。在分税制的体制中,税收的地方所得和预算外收入是地方政府财政收入的重要来源,特别是预算外收入不需要上缴中央政府,这使地方政府更加愿意扩大预算外收入的来源(Jin and Qian,2005)。

"土地租金剩余"作为各级政府土地开发所得,大部分将各级政府的土地开发收益留存于地方,成为地方的预算外收入。在财政分权的背景下,无论是城市政府还是农村集体组织都具有获取"土地租金剩余"的动力,以增加政府财政收入,并进行基础设施,进一步促进城市化的进程。

3.4 "土地租金剩余"对城市化行为的激励分析

3.4.1 以城市政府为主导的城市新区建设

在中国城乡土地二元结构下,城市政府作为国有土地的代理者,在城市蔓延式的城市化过程中获得的土地租金剩余是一定的。如图 3-2 所示,随着城市用地的蔓延,城市用地范围从 Q_1 扩展到 Q_2,在城市中的土地价值出现 PBC 幅度的上升。PBC 可以分解为 PBA 和 ABC 两个部分,PBA 是城市原有土地的升值,如果城市政府基本完成了城市内部国有土地的有偿使用和转让,这部分收益直接由获得土地使用权的单位享有,在没有地产税的情况下,政府无法直接获得这部分收益。ABC 部分是农村集体所有土地在向城市国有土地转化过程中出现的价值,即"土地租金剩余",由城市政府代表国家对农村集体土地的征收,并在城市土地产权市场上获得。

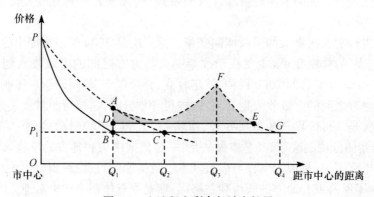

图 3-2　土地租金剩余与城市扩展

城市用地蔓延并不能实现"土地租金剩余"的最大化,新城建设是城市政府实现"土地租金剩余"最大化的有效途径。政府通过城市规划扩大征地范围为 Q_2Q_4,并规划为新区,Q_3 为新区中心,并实施新区开发。政府采取两种策略促进"土地租金剩余"的提高。首先,政府投入 $BDEG$ 成本,对征用土地进行基础设施建设,改善区域的交通条件和通达性后,提升征用土地的潜在区位价值。其次,政府通过在 Q_3 的大型公共设施项目建设引导市场对中心土地价值的预期租金上升。当基础设施和大型公共设施建设到一定程度时,根据竞租曲线的原理,Q_2Q_4 段地租曲线出现以 Q_3 为中心的上凸曲线。当"土地租金剩余"$ADEF$ 大于 ABC 时,政府就有开发新区的动力。政府这种通过"征用—投入—出让"而获得的"土地租金剩余"的方式也可视为土地经营。

　　在财政分权下,"土地租金剩余"作为预算外收入,往往成为财政支出(特别是城市基础设施建设资金)的重要来源。据平新乔在 2006 年的工作论文《中国地方预算体制的绩效评估和指标体系设计》中估计,2004 年全国约有超过 4 万亿元左右的 GDP 掌握在各级政府手里,其中,土地是地方政府获取预算外资金最主要的来源,这些资金更多地被使用在招商引资、发展地方工业化等方面。

　　"土地租金剩余"激励了各级城市政府对新区(特别是新城区)开发的热情。事实上,2000 年以来新区开发成为中国大城市发展的主要手段,如广州的琶州新区、上海的松江新城、杭州的钱江新城、天津海河新区等。例如,广州把琶州规划为城市新的中心区,并投入 113 亿元建设地铁二号线,投入 40 亿元建设广交会新会馆。这些建设完成以后琶州的土地价格快速上升,2006 年商品房的均价已经上升到 6000～8000 元/m²,写字楼的楼面地价上升到 12 000 元/m²,大大高于周边地区的房地产价格。

　　在快速城市化过程中,新区开发是成本较低、预期收益较好的一种模式。对政府而言,旧城区"土地租金剩余"的总量是一定的,即使在土地升值以后,旧城改造的成本,特别是产权交易的谈判成本(交易成本)也很高,政府更愿意通过新区"土地租金剩余"的获取与新区开发投入的资金形成的良性循环,减少政府的财政支出压力。

　　对"土地租金剩余"的获取,还可以解释中国城市行政区不断扩大的现象。当城市原有行政区范围内基本实现城市化后,城市政府便无法进一步的低成本获取土地资源,但可以通过行政区划调整,自上而下地增加管辖内集体土地产权的数量,从而增加可获得"土地租金剩余"的数量。

　　因此,从"土地租金剩余"的角度来看,不难理解中国现阶段以新城区开发为主的城市发展模式。新城区开发是以城市政府为主的国有土地产权强势扩展、并在城市土地产权市场上不断实现价值的过程。但需要指出的是新区开发需要与经济发展和城市发展方向一致,否则,不仅会造成城市的金融问题,还会使失地农民问题更加突出。

　　新城区的开发带来的是城市建成区面积的扩大,从表 3-1 可以看出从 2000 年以来,中国城市建成区的面积增长速度的排序分别是直辖市、省会城市和其他地级城市,这与不同行政等级城市在财政分权下所拥有的自主权程度直接相关;直辖市和省会城市具有比其他城市更高的财政自主权,可以从新城区的开发中获得更多的"土地租金剩余",因此也具有不断建设新城区的动力。从东中西部的城市来看,城市建成区面积的变化与国家区域开发的政策有关,东部沿海城市的开放和西部大开发战略同样赋予这些区域内城市更多财政自主权,激励了城市政府的城市化行为,使东、西部城市建成区面积的增长速度高于中部城市。

表 3-1　　中国不同类型城市建成区面积变化

年　份	直辖市	省会城市	其他地级市	东部城市	中部城市	西部城市
2000	1 659km²	3 544km²	8 655km²	7 810km²	5 132km²	3 279km²
2004	2 894km²	5 494km²	12 905km²	11 372km²	6 069km²	4 485km²
2000～2004 年均增长率	14.9%	11.5%	10%	13.3%	5.70%	10.9%

资料来源:国家统计局地方市社会经济调查司,2001,2005

3.4.2　以农村集体组织为主体的农村城市化

改革开放以后,在经济快速发展地区出现了大规模的农村城市化,从城市化的行为主体的角度看,农村城市化是农村集体产权主动实现土地租金剩余的过程。

经过十多年的实践,财政分权对调动地方经济发展的积极性和增加中央宏观经济调控的能力起了重要的作用。但财政分权也带来了一些问题,如出现了省以下政府层层向上集中资金、基本事权却有所下移的现象;同时,县乡两级政府仍然一直要提供义务教育、本区内基础设施、社会治安、环境保护、行政管理等多种地方公共品,同时还要在一定程度上支持地方经济发展。因此,县乡两级政府所需的财政支出基数大,增长快(贾康和白景明,2002)。在这种情况下,土地租金剩余对农村集体土地的代理人——农村集体组织的城市化行为同样构成了动力。

20 世纪 80 年代中期,国家鼓励发展乡镇企业和外商直接投资,这为农村集体组织获取“土地租金剩余”提供了机会。农村集体组织利用土地法的规定,在自己的农村集体建设用地上兴办乡镇企业或与外商合资兴办企业,导致农村非农产业化的出现,即农村城市化过程。在这个过程中,农村集体组织通过自身主动地对农村集体建设用地的使用,获取城市化过程中的“土地租金剩余”,但这种剩余不是通过土地市场的交换获得的,而是通过非农业产业的收入或土地使用费、工缴费其至税收来实现的。这些资金成为农村建设基础设施、发展经济和教育的主要资金来源。由于减轻了上一级政府的财政支出压力,具有农村建设用地审批权的县及以上政府也不断激励镇乡一级政府通过土地剩余自筹资金提供公共产品。如图 3-3 所示,在城市中心 O 的外围分布着 Q_2Q_3、Q_4Q_5 农村集体建设用地。农村集体组织通过发展非农经济,提升了农村集体建设用地的价值,获得 BCD、EFG 面积的“土地租金剩余”。

以佛山市的南海区为例,南海区是中国典型的农村城市化地区,从 1978 年到 2001 年,南海全区第二产业、第三产业就业人口比例从 34% 上升到 90.5%,形成建筑陶瓷、金属材料、电子等行业,这些行业 90% 分布在镇、村农村地区。第二产业、第三产业的发展为农村政府(镇、村)带来大量的财政收益,其中大沥镇 2001 年财政收入 18 373 万元,预算内收入占 62%,预算外收入占 38%。由于预算内收入的 67% 上缴国家和市政府,而预算外收入则全部为村镇一级政府支配,这实际上

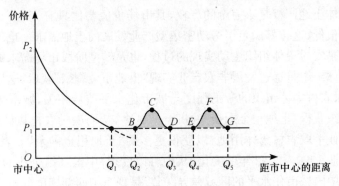

图 3-3　土地租金剩余与农村城市化

激励了村镇政府对预算外收入的征收,特别是对土地收益及与土地相关收益的征收,在大沥镇的预算外收入中 52% 来自于这部分收益,包括土地有偿使用费、市政建设费、管理费等。在村一级政府的财政收入中土地收益更是占有绝大部分的比重,大沥镇的下柏村 2001 年的财政收入为 626 万元,其中土地收入为 558.7 元,占了总收入的 89.25%,其主要来自于向企业出租土地的收入和企业支付的土地补偿费。实际上村镇一级的财政是以土地为中心的财政(蒋省三,2005)。

　　经过二十多年的发展,南海各村镇已经形成了以非农产业为主导的经济发展模式,农村集体建设用地产权的价值在不断地显现。以工业基准地价为例,南海的中心城区桂城比其附近的大沥、平州、盐步镇的地价要高,但比广州与南海交界的芳村区要低,南海各镇的基准地价则较为接近,相差不到 50 元/m²。地租曲线如图 3-4 所示,其形态与图 3-3 十分相似。

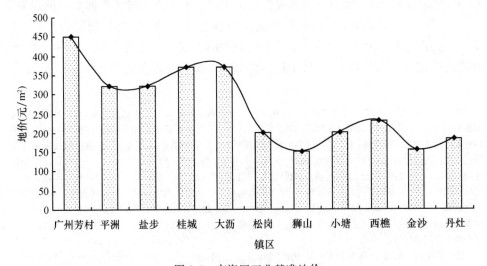

图 3-4　南海区工业基准地价

　　农村集体土地产权是不完全的产权,其市场价值要比具有完全产权的城市国有土地的价值低,这正好满足了劳动密集型产业发展的土地需求。也就是说,农村城市化不仅是农村集体组织主动实现的过程,也是转型阶段市场需求的结果。

　　农村集体组织是通过发展非农产业实现"土地租金剩余"获取,这导致了"土地租金剩余"对农村集体组织的激励程度与城市化水平差异相关,城市化水平越高,农村集体组织获得"土地租金剩余"的机会就越多,从而激励农村集体组织成立更多的乡镇企业争取农村集体用地,以获得更多的"土地租金剩余"。表 3-2 显示了中国乡镇企业 1990～2002 年的变化,从中可以发现,中国乡镇企业的增长程度的区域差异与中国城市化水平的区域差异一致,呈现东中西部梯度分布。

表 3-2　全国乡镇企业数量的增长率(1990～2002 年)　　　（单位:%）

时　间	全　国	东部地区	中部地区	西部区
1990～1996 年	2.95	4.46	2.11	1.58
1997～2002 年	4.94	7.31	3.82	2.69

数据来源:乔中林,2001

3.5　城中村:两个微观主体的行为的空间证据

　　城中村是 20 世纪 90 年代以后,我国快速城市化的过程出现的一种新城市空间,是指伴随城市扩展过程中出现的城市建设用地包围原有农村聚落,在城市建成区范围内出现了城市土地和农村集体土地共存的现象[①]。据调查,2005 年北京有城中村 231 个,西安有 187 个,广州有 139 个,郑州有 119 个,南京绕城公路以内有 71 个,太原有 83 个[②],城中村已经成为我国大城市的发展中较为普遍的一种现象。

　　21 世纪初,由于城中村长期存在的土地利用、建设景观、规划管理、社区文化等方面的强烈差异及矛盾,导致了城中村问题的出现。主要表现在:城中村高密度和混乱的建筑形态及其布局,城中村内部基础设施和公共设施严重缺乏,导致城中

---

　　① 有许多学者对城中村进行过定义。张建明(1998)把城中村定义为位于城乡边缘带,一方面具有城市的某些特征,也享有城市的某些基础设施和生活方式,另一方面还保留着乡村的某些景观,以及小农经济思想和价值观念的农村社区;李立勋(2001)对城中村进行两个方面的界定,①空间界定,城中村处于城市发展用地范围内,村建设用地被城市用地所包围或与城市用地互相交错;②区域类型界定,城中村是转型中的农村居民点,它在经济、社会、土地利用、建设景观等方面处于明显的乡—城转型过程之中,既具有较高程度的城市化特征,又保留深厚的农村社区特征;魏立华和阎小培(2005)认为城中村指伴随城市郊区化、产业分散化以及乡村城市化的迅猛发展,为城建用地所包围或纳入城建用地范围的原有农村聚落,是乡村—城市转型不完全的、具有明显城乡二元结构的地域实体;李培林(2002)把典型的城中村定义为处于繁华市区、已经完全没有农用地的村落。

　　② 杨曼,黄颖:全国部分城市"城中村"情况,人民网,http://society. people. com. cn//GB/1063/4279826. html,2006 年 4 月 6 日。

村内部居住环境出现日益恶化的倾向(李立勋,2001);大量的外来人口居住导致居住人口混杂、治安问题高发、地下非法经济猖獗等(张建明,1998;田莉,1998;敬东,1999);同时,由于城中村的农民依赖土地出租生存而成为"二世祖"(丘海雄等,1997)。一时间,城中村仿佛已经成为影响城市发展的"毒瘤",但从近几年城中村发展的现实情况看,一方面是舆论和城市政府急切地推进城中村改造,制订各种城中村的改造计划,而另一方面却是城中村空间的不断形成和城中村经济的持续繁荣。

为什么会出现这种矛盾的现象呢?本书认为城中村的出现是我国转型阶段城市化过程的必然结果,是城市政府和农村集体组织城市化行为的理性选择。

学术界对城中村问题的相关研究集中在城中村问题产生的机制和改造的策略两个方面。城中村是在快速城市化过程中出现的一种现象,由于城乡二元体制和政策的长期存在,导致了社会调节系统在城中村的失灵(李立勋,2001),其中土地问题是城中村问题产生的"焦点"(张建明,1998)。在城市扩展过程中,城市政府为规避巨额的土地补偿和村民安置方面支付巨额经济成本和社会成本,而选择了"获取农村耕(土)地、绕开村落居民点"的迂回发展思路(魏立华和闫小培,2005),同时,城中村建筑密度高,农村居民迁移成本大,使开发商进行城中村改造无利可图(杨培峰,2000)。因此,政府与市场的缺失导致了城中村的出现。

在这种情况下,城中村通过土地和房屋租金的收益产生了"单位制"的经济空间,进而引发各种社会问题(李培林,2002),而政府之所以容忍城中村的存在是因为在缺乏资源和远见的背景下,城市为获取发展空间而采取了妥协性的管理政策(吴晓,2003)。

面对城中村改造的困难,李培林(2002)通过对广州市城中村的调查发现城中村终结的艰难,并不仅仅在于生活环境的改善,也不仅仅是非农化和工业化的问题,甚至也不单纯是变更城乡分割的户籍制度问题,而在于它最终要伴随产权的重新界定和社会关系网络的重组;魏立华和闫小培等(2005)根据转型期社会特征认为,城中村已经演化为"为城市流动人口提供廉租房的低收入社区"。城中村是有序的、自组织的"单位制"的社会经济运行系统,这不同于以非法、无序、暂时性、社会职能缺失为基本特征的贫民窟,因而不能够采取类似于处理贫民窟的改造模式。

综合以上观点可以发现,城中村是快速城市化的结果,与城市政府和农村集体组织的行为密切相关,特别是李培林(2002)强调城中村的形成与城中村居民的理性选择有关,其核心问题在于土地的成本和收益。下面将在此基础上进一步提出,在财政分权的背景下,土地二元产权的"土地租金剩余"对城市政府和农村集体所有制组织的城市化行为产生的激励,是城中村形成及问题产生的微观机制。

3.5.1　城中村的形成

城中村的形成是城市政府以成本最小化为原则获得"土地租金剩余"的结果。在征地过程中,政府面临的首要问题是征地成本。征用农村用地的成本包括土地补偿费、青苗补偿费、附着物补偿费、安置补助费和因征地造成的农业剩余劳动力安置费[①]。其中由于农村居民点的安置补偿不仅需要补偿建筑物的重置成本,还需要征地重新安置,这使得农村居民点的安置补偿所需要的费用较土地补偿费、青苗补偿费、农作物的补偿费要大得多;而农业剩余劳动力安置具有很强的不确定性,而且政府无法控制,这是因为在转型时期,就业已经由劳动力市场所决定,政府计划安置就业既不能满足企业的用人需求,也不能满足农民的就业要求[②],因此,在被征地农民的安置问题上,往往需要花费政府大量的时间和精力,而且效果往往是企业不满意、农民也不满意。这实际上给征用农用地带来很大的困难,对城市快速发展的需求带来了阻碍。

面对这种情况,在快速城市化地区,政府征用农村用地时往往不征用农村居民点用地,同时出现了一种新的征地副产品——"留用地"。"留用地"是城市政府在征用农村土地的同时,按征用土地的一定比例,给予农村集体组织一定量的农村集体建设用地,由农村集体组织发展非农产业,安置被征地农民的生产与生活。这种征地方法对城市政府来说成本是最小的,因为,只要在还存在农用地的情况下,城市政府实际上就不用承担具有较高安置成本的农村居民点用地安置费用和不确定性较强的农业剩余劳动力安置工作,而且征地的速度加快了,征地过程的交易成本减少了。"留用地"和农村居民点的保留使城市政府征地的成本最小化,也使政府获得"土地租金剩余"最大的收益,因此是城市政府的理性选择。

"留用地"对被征地农民而言也是理性的选择。农用地不断被征用意味着农民发展资源的不断减少,但"留用地"的出现和农村居民点的保存,使被征地农民不仅可以生活在他们原来的熟悉环境中,而且始终留在城市发展空间中,农民可以通过在"留用地"发展非农产业获得比农业生产更高的收入[③]。

在城市政府和农村集体组织的理性选择下,城中村产生了。如图 3-5 所示,在 Q_1Q_2 农村区域存在一个农村居民点 Q_1X,随着城市建设用地的不断扩展,大量的留用地 XY 和村居民点用地被城市建设用地包围。由于农村集体用地是不完全产

---

①　在 2004 年以前,征地是按《国家建设征用土地条例》(1982 年)的规定实施,到 2004 国家颁布了《国务院关于深化改革严格土地管理的决定》后,被征地农民安置成本包括农业生产安置、重新择业安置、入股分红安置、异地移民安置等,政府更多的是组织和社会保障工作。

②　由于受到能力的限制,被征地农民在企业安置的工作往往是一些低技术含量的工作。

③　从制度变迁的角度看,留用地是诱制性制度变迁,广州最早的留用地是由农民提出,而被政府认可和推广的。

权,不能在城市土地市场上实现土地价值,因此,城市土地竞租曲线在 Q_1Y 处形成一个缺口,该缺口被城市土地包围,土地保留原农村地区的价值,城市政府没有获得城中村这部分的"土地租金剩余"。

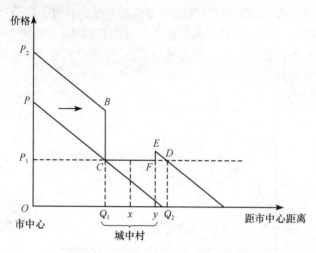

图 3-5 城市化与城中村的形成

3.5.2 城中村的问题的形成

城中村问题的形成是农村集体所有制组织最大程度获取城中村"土地租金剩余"的结果,其产生的原因同样与财政分权和农村集体土地产权的不完全性有关。

现有的财政分权并没有解决我国四级政府的财政划分问题,财政收入存在从县、乡政府转移到上一级政府,同时基本事权却又下移的现象。

农村集体所有制组织是农村最基层的管理单位,具有三大基本职能:①政府代理人,承担政府所要求完成的所有行政工作;②集体财产法定代理人,履行包括土地资源在内的所有村庄集体财产的管理职能和保护农民财产;③公共事务管理者(陈剑波,2006)。但它不是独立的财政单位,在县乡财政紧张的情况下,其获得上一级政府的财政支持是十分有限的,农村集体所有制组织需要通过自身集体的收入获得支出的费用,这使得城中村成为一个相对独立的经济社会体。

在以农业生产为主的时期,农村集体所有制组织主要是通过征收各种费用增加集体收入。但转变为城中村以后,农村集体所有制组织发现周边地区城市化给城中村带来了外部性,一是自己所拥有的土地的价值越来越高了,二是周边地区的城市化进程为自身的非农产业的发展带来了机会,使农村集体所有制组织和个人获取城中村的"土地租金剩余"产生了可能性。由于农村土地不能直接进入城市土地市场,农村集体所有制组织是通过在集体建设用地上物业出租的租金、非农产业的收入或土地使用费、工缴费和外来工的管理费等实现"土地租金剩余",而农村居民个人通过出租自用的住宅享有了宅基地的收益权①。其结果是农村居民一定程度上可以享有周边地区城市化的外部性。

由于历次的土地管理法禁止土地流转的规定实际上排除了农村集体建设用地使用权可以转让的内容，即农村集体建设用地和宅基地具有不完全产权的性质，这样城中村获得的"土地租金剩余"必然会小于城市获得的"土地租金剩余"，不可能达到 BE，这使城中村的地价低于周边城市地价，在城市土地竞租曲线中，城中村部分出现一段下凹的部分(图 3-6)。

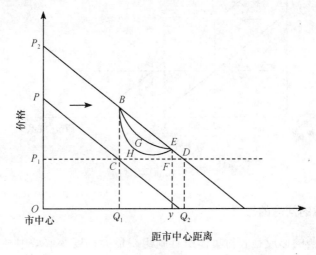

图 3-6　城中村的演化过程

正是由于城中村的土地价值低于周边城市的土地价值，城中村通过办工厂、出租集体建设用地或物业及宅基地住宅等可以吸引到周边地区的非农产业，而且出租的收益比自己兴办产业稳定得多，因此，城中村最终选择了以出租为主的获取土地租金剩余的经济形态。城中村低于周边土地的租金吸引了城市产业中对地价特别敏感的产业和个人，如大型批发企业和外来务工人员。大量的产业需求和外来人口需求使城中村实现了由"耕地"向"耕屋"的转变，获得的"土地租金剩余"成为城中村建设基础设施、进一步发展物业、教育和农村居民福利的主要资金来源。

城中村中出现的违章建设是城中村最大化土地租金剩余的直接诉求。尽管城中村已经在城市建成区范围内，但仍然保留着农村的规划建设管理体制。城市快速扩展时期，城市政府对规划建设的管理主要放在城市部分，而农村基本上处于自

---

① 宅基地是国家给予农村居民自用的住宅用地，历次《土地法》都规定了"一户一宅"的政策，同时《土地法》也没有排除农村居民可以出租自有住房的可能，只是禁止了多次申请宅基地的可能。1988 年《土地法》第 38 条，1998 年《土地法》第 62 条，2004 年《土地法》第 62 条都规定：农村村民出卖、出租住房后，再申请宅基地的，不予批准。

我管理的状况。在追求"土地租金剩余"最大化的激励下,城中村不满足于低容积率为主的农村建设标准,加建、搭建等违章行为就成为城中村居民扩大物业面积的主要手段[①]。那么城中村的违章建设为什么屡禁不止呢? 除执法不严和政策不配套外,还存在"以罚代拆"现象,由于城中村处在农村管理体制中,每一个违章建设的农村居民都与管理干部有千丝万缕的联系,当需要违章查处的时候,往往会选择罚款使违章建筑得以继续存在。实际上,村干部是有罚款动力的,因为罚款的收入大部分留在村集体作为预算外的收入。

在土地租金剩余最大化的驱动下,城中村的建设密度和容积率越来越高,集体和个人的物业面积越来越大,非农产业和居住的外来人口也越来越多,但城中村的环境越来越差,公共空间越来越小,人口混杂导致的社会问题越来越多,最终城中村发展到成熟阶段,并成为城市发展中的问题。

3.5.3　城中村的改造

当城中村问题对城市发展产生了负的外部性的时候,许多学者提出城中村的改造策略,如"拆迁—补偿—重新安置"(张建明,1998;敬东,1999;李立勋,2001)、"撤村改制"模式(房庆方等,1999;郑静,2002)、局部性改造模式(吴晓,2003)等,各城市政府也纷纷推出了城中村改造计划。按照城中村的规划,经过改造以后的城中村问题将会得到有效的解决。但为什么各城市的城中村改造总是"雷声大、雨点小"呢?

从以上分析可以看出,城中村问题的形成是城中村最大程度获取"土地租金剩余"的过程,如图 3-7 所示,城中村部分的竞租曲线从 BHE 达到 BGE,尽管不能达到城市土地市场的地租,但在城中村的"土地租金剩余"最大化的时候,两者之间的差距已经达到最小。

无论采用何种改造模式,城中村的改造成本均包括城中村的土地收益补偿、拆迁补偿和开发建设成本。首先,在村民自治的情况下,只有改造后的城中村保证村民居住条件得到改善,集体和村民的土地收益至少不减少,也就是说改造后的城中村获得的"土地租金剩余"不能减少,村民才可能同意进行改造。其次,对改造者来说,城中村原有的"土地租金剩余"就构成了改造的成本。如果城中村改造后获得完全的产权,那么改造主体将只获得图 3-7 阴影部分的土地收益,如果城中村产权

---

　　① 据深圳福田区组织的《福田区城中村调查研究报告》,深圳福田区的城中村经历了四次加建、抢建过程,1986~1993 年第一次抢建,出现宅基地超过农村红线范围,楼层在 5 层左右,1994~1998 年,大规模抢建,由于当时关于农村建房的政策不配套、不连续,导致宅基地建房基本处于无序状态,楼层开始达 7~8 层,公共用地等被大量占用;1999~2001 年,在严处违章建筑后续政策不到位的情况下,村民抱着搭上最后一班车的心态,以惊人的速度抢建,普遍在 8 层以上;2001 年以后是恶性抢建,主要表现在高层(15 层)、超大面积(5000m²)的农民住房开始出现。

性质不发生变化的话,改造主体就没有土地收益。

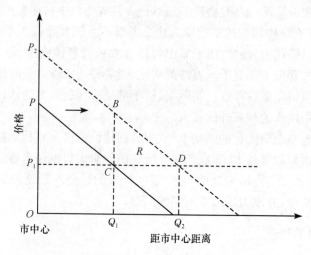

图 3-7　土地产权二元结构与"土地租金剩余"

　　即使把城中村转变为具有完全产权的国有土地,对已经形成高建筑密度、高容积率的成熟的城中村而言,阴影部分的利润很难获得高于一般的房地产开发项目的利润,因为,直接征用农地的开放利润就是图 3-7 中的 R。还有一点值得注意的是,如果充分尊重城中村是一个农村集体产权组织,由于集体产权具有共有产权的特性,那么,改造者需要和每一个村民进行谈判,并满足村民的要求,才能实施拆迁改造,不可能出现强制拆迁情况,因此,改造者将付出高昂的谈判费用。

　　要使改造者具有改造的动力,就必须提高容积率,降低单位改造成本。由于城中村改造的总成本比一般房地产项目要高,由村民推进或改造者提出的城中村改造方案中的容积率,往往大大高于政府的城市容积率管制要求,因此,会对城中村周边地区的景观、交通产生负面的影响。

　　基于此,我们可以认为,如果把一个成熟的城中村改造作为一个需要财务平衡的开发项目的话,缺少经济方面的激励。

　　但是,当以下两种情况出现的时候,成熟了的城中村具有自我改造的动力:①城市化进一步推进,城市土地的竞租曲线向右移动,产生进一步获得"土地租金剩余"的机会,但同时高密度、高容积率的建筑环境已经不能进一步扩大租金收入;②由于城中村环境质量的下降,或建筑质量的下降,物业的出租收益相应也会下降,城中村的土地收益曲线会下降到 BHE。这两种情况都增加了与城市竞租曲线的差距,城中村的集体组织和个人就会对局部的建筑环境进行整理和重建,以提高"土地租金剩余"的获取。

3.5.4　广州石牌村的案例分析①

石牌村位于广州市天河区,从 20 世纪 80 年代中期开始,石牌村的农用地就不断地被城市征用,1984 年天河体育中心奠基以及 1985 年天河区的成立,促进了天河区的城市化过程。1985～1991 年年均被征地 156.1 亩,20 世纪 90 年代,天河区成为广州城市发展的重点地区,1992～1996 年年均被征地 736.8 亩,特别是政府提出珠江新城建设计划,天河区约 6394 亩的土地被征用,其中石牌村为 914.3 亩。到 2000 年,天河区发展成为广州繁华的城市中心区,石牌村的农用地也完全被征用完毕(表 3-3),剩下的集体建设用地(留用地)为 458.2 亩,农村人口 9314 人,整个村被城市发展用地包围,成为广州市一个典型的城中村。

表 3-3　广州石牌村征地情况表

年　份	征地面积/亩	年均征地面积/亩	备　注
1959～1984	446.2	27.8	主要为行政事业单位划拨用地
1985～1991	936.7	156.1	其中国营房产开发公司共征地 460 亩
1992～1996	2 947.2	736.8	其中珠江新城征地 914.3 亩
1996～2000	119	29.7	主要为扩建道路征地

注:被征地合计 4 469.1 亩,留用地 458.2 亩(包括落实侨房政策用地)
数据来源:广州市天河区石牌村居委员会,2003

留用地的出现对政府能够实现成本最小化、对被征地的农村集体可以实现利益最大化的影响,可以通过以下两个事例进行说明。

第一个事例是 1985～1987 年,广州市政府下属的广州市城市开发公司要在石牌村征地 394.8 亩,按政策应安排 592 个农民就业,但当时只能招收百余人,征地不能继续下去。经双方协商,征地单位给回村一栋 9278m² 建筑面积的酒店作为不招工的补偿,由村自主经营。这样双方都获得利益,市开发公司的房地产项目顺利进行,石牌村也拥有了价值 2550 万元的物业,并吸纳了 400 多居民就业。

第二件事例是珠江新城的征地,珠江新城在石牌村征用 914.3 亩土地后,石牌村就没有耕地了,那么,为什么没有征用村民的居住用地呢?比较一下两种征地的成本就会发现,不征用居住用地可以使成本最小化。当时广州市征地补偿(含土地补偿、劳动力安置、青苗补偿等)的标准是每亩 15 万元,总征地费用约 1.37 亿元,而要拆迁补偿宅基地上的房屋,按补偿费用 800 元/平方米,总宅基地建筑面积按90 万平方米计,需要资金 7.2 亿元,相当于珠江新城总征地款的 75%。对于石牌村而言,在被征地过程中获得农村建设用地是最大的收益,按被征地面积的 12%

———————

① 本案例的数据来源于《石牌村志》、郑孟煊主编的《城市化中的石牌村》、中山大学编制的《石牌村改造规划》和石牌村的实地调查。

计,石牌村获得留用地约7.6公顷(114亩,不含道路分摊),在土地市场中至少值30亿元①。在这个过程中,政府只是改变了部分农村用地的使用性质,对珠江新城进行了开发,为留用地的使用创造了机会。

留用地成为石牌村发展集体经济的主要资源。如图3-8所示,石牌村集体经济的收入从1981年的240万元增加到2002年的21 421万元。村集体经济的收入主要来自于物业的租金收入,随着天河区成为广州新的商业中心,石牌村利用征地款和留用地建成多种形式高档次的物业,如太平洋电脑城、石牌渔港、龙苑大厦、科工贸大厦等,而每次物业的建成都使村集体经济的收入上一个新的台阶。从图3-8中可以看到在1985年,集体经济收入有一次快速增长,年增长率达91%,主要是当年岗顶饭店和石牌农贸市场开业所带来的租金收入增加;1993年收入的快速增长主要来自于石牌酒店和太平洋电脑城的开业;1994～1996年集体收入保持了30%以上的增长率,主要是原有物业经营收入的增加。1996年以后,珠江新城的留用地由于手续问题停止开发,收入的增长下降到年增长2%～5%,达到物业收入的一般增长率。

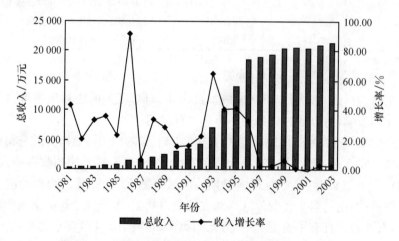

图3-8　石牌村集体经济收入及增长率(1981～2003年)

村集体收入被用于村民股份分红、公益性固定资产投资和社会性福利开支。表3-4显示了石牌村集体经济股份有限公司的经济收入的支出情况。1997～2002年,村民股份分红约占总支出的70%～80%,公益性固定资产投资约占5%～10%,而社会性福利支出占15%～20%。其中社会性福利支出包括村镇建设费

---

①　为了缓解征地中的矛盾,广州市政府对珠江新城预留地的使用给出了较优惠的条件,留用地可以和开发商合作开发房地产项目,当时较为流行的合作方式是农民出地,发展商出钱,按当时最低的村集体占30%楼面、发展商占70%楼面,以及市场价格最低的商住项目,容积率2、市场售价6000元/m²计,村集体可以获得收益30多亿元。

用、医疗、卫生、计生费用、老人福利费用、行政性费用、学校幼儿园开支、文体活动费用、民兵与治安费用,也就是说,村集体经济企业需要承担石牌村大部分日常的事务性费用支出,在这种情况下,广州市政府实际上没有也不需要对石牌村的建设、管理和村民的生活投入资金。

表 3-4　石牌村集体经济收入的支出情况　　　（单位:万元）

项　目	1997 年	1998 年	1999 年	2000 年	2001 年	2002 年
股份分红(社员生活费)	4 205	4 595	4 768	4 117	4 289	5 549
公益性固定资产投资	222	379	295	626	712	406
社会性福利性开支	967	1200	1 384	857	967	1 386
村镇建设	283	408	461	146	172	224
医疗、卫生、计生	380	447	527	445	308	459
老人福利	55	77	76	29	16	10
行政性费用	30	45	49	35	134	104
学校幼儿园	116	101	69	49	77	159
文体活动	29	40	58	39	37	60
民兵、治安	74	82	144	114	223	370

注:根据《城市化过程中的石牌村》中表 4-3、表 4-4、表 4-6 综合编制

　　石牌村农村居民的个人收入除了集体经济的分红以外,主要是来自于宅基地的住宅出租收入。石牌村住宅出租的价格一般在 $10\sim20$ 元/m²,比周边商品房出租价格 $30\sim40$ 元/m² 要低 50% 以上。较低的价格吸引了大量低收入的外来务工人员,据 2000 年第五次人口普查显示,石牌村有 4.2 万外来暂住人口。他们的职业有公司文员、信息行业的业主与员工、服务业的员工、小商贩、保安队员、编外记者、短途人力运输工、村内环卫清洁工和出租屋清洁工等。其职业遍布各行各业,已成体系,成为一个暂住在石牌村的社会群体。

　　村民是通过违章建设获得的建筑面积和宅基地来争取利益最大化的。石牌村现有私人住宅 3477 栋,建筑面积合计 79.3 万 m²,全村共 2994 户,也就是说按国家"一户一宅"的政策,全村有 483 栋住宅是违章建设的;全村住宅的建筑层数有一个不断增加的过程,20 世纪 80 年代多数住宅是 3 层,符合国家对宅基地建筑的层数要求,随着需求的增加,村民通过改建和加建不断增加层数,到 20 世纪 90 年代普遍达到 $4\sim6$ 层,到 2000 年以后,新改建的房屋有的已经达到 $7\sim8$ 层。政府对于违章建筑的处罚是"以罚代拆",而罚款又成为村和街道的额外收入,实际上这也促进了违章的不断出现。大量低收入的人群和高密度的建设,导致了类似西方低收入居住区出现的犯罪、环境恶化、火灾等城市问题。

　　面对城中村出现的问题,广州市政府提出了对石牌村的改造设想,要求改造项目的财务要自身平衡,还要保证村民现有的利益不减少,但从可行性的分析看,改造方

案很难既满足政府的要求，又满足村的要求。石牌村现有建筑面积 1 019 719m²，其中住宅面积 876 579m²，公共建筑 26 130m²，商业建筑 117 010m²，如果基本保证现有的建筑面积，按城市规划管理的要求进行重建，预计重置成本为 38.9 亿元，其中拆迁补偿、安置补偿、三通一平等费用为 6.96 亿元。如果要实现该改造项目的财务平衡，同时村保留原有的商业面积作为经济收入，那么，经计算需要增加 17.46 万 m² 的商场，或 85.91 万 m² 的写字楼，若按新增商场和写字楼以 1∶5 的面积比例组合的话至少需要增加 8.46 万 m² 的商业面积和 43.23 万 m² 的写字楼面积，总建筑面积达到 157.93 万 m²，容积率达到 5.35，大大高于规划局对石牌村改造提出的 3.6 的容积率要求①。

　　我国城乡土地二元产权结构，为财政分权下各级政府寻求预算外收入提供了"土地租金剩余"，城市政府以成本最小化为原则，获取最大化的"土地租金剩余"。通过土地产权性质转化的方式，赋予被征地农民一定数量的农村建设用地，导致城市扩展过程中农村居民点和农村建设用地被城市建设用地包围的城中村现象的出现。城中村的农村集体组织通过在农村建设用地上发展非农经济，争取自有土地上的"土地租金剩余"，并用于城中村居民收入的增加和城中村公共社会服务的支出，使城中村成为一个自我生产与服务的独立经济社会体。农村居民最大限度地争取宅基地的数量和面积，出租经营收入成为居民重要的收入来源，并导致城中村问题的形成。从成本收益核算的角度看，要维持城中村的现有经济形态又要实现改造项目的财务平衡是不可行的，但城市地价不断提高和城中村建筑出现衰落时，城中村存在着自我改造的动力。

3.6　结论性评述

　　改革开放以后，随着经济体制转型的深入，传统的城乡二元结构正逐渐被打破，形成了城乡土地产权的二元结构。土地二元产权结构导致了"土地租金剩余"的产生，在财政分权和政府官员考核体制下，"土地租金剩余"对城市政府建设新城区、快速推进自上而下的城市化产生了激励，同时也推动了农村集体组织扩大农村集体建设用地、自我实现"土地租金剩余"的积极性，形成自下而上的农村城市化；当这两种激励在城市中同时出现的时候，就导致了城中村问题的出现。

　　最大化"土地租金剩余"的获取，促进了城市化的进程，也产生了不少城市问题。如城市政府低效率的圈地运动，2004 年国家开发区清理共撤销各类开发区 4735 个，占开发区总数的 70.2%；核减开发区规划用地面积 2.41 万 km²，占原有规划面积的 64.4%；农村城市化的分散空间布局导致农田的快速流失、环境污染

---

① 　数据来源于中山大学编制的《石牌村改造规划》。

(叶嘉安和黎夏,1999)和用地的不经济;城中村经济只是短期解决了农民的生存问题,农民只是从"耕田"走向了"耕屋",其负的外部性还影响到整体的城市化质量等。

在科学发展观的背景下,要持续地推动城市化的进程,不仅要解决"土地租金剩余"带来的问题,而且要保持对城市主体行为的激励。因此,仍然需要进行新的体制创新。首先,通过开征物业税,使城市政府有稳定的土地收益来源,并且能够得到城市基础设施投入带来的地价升值的好处,减少城市政府对"土地租金剩余"的过分依赖;其次,逐步改变城乡土地产权二元结构,通过赋予集体土地产权按市场价格进行交易的权利,使农民分享城市化带来的土地收益,促进农村非农产业的集聚和耕地的保护。

可以预计,随着征地补偿费用的市场化和农村社会保障体制的建立,城市化成本会不断提高。相应的城市经济发展类型面临转型的压力,发展高附加值产业和推动紧凑型的城市结构的形成,有利于防止城市盲目蔓延和提高土地效率。

第4章　中国城市经济增长的趋同分析

4.1　引　　言

Lucas 在其 1988 年的经典文献中早已强调了城市在经济增长中的作用,认为城市是人力资本的集中地,城市的存在与发展是人力资本外部性的体现,可以作为人力资本存量的一种度量形式(Lucas,1988)。2002 年,Lucas 把城市视为先进生产技术积聚的场所,进而把城市化视为劳动密集型技术向人力资本密集新技术转移的过程,构建了城市化模型(Lucas,2002)。Lucas 对城市在经济增长中作用的理解,暗示了可能存在着不同于以国家或省为单位的经济增长特性,但均为现有趋同文献所忽视。

基于此,本章采用趋同分析的标准方法,就我国 216 个地级及其以上城市经济增长的趋同情况展开讨论,结果发现,在 20 世纪 90 年代城市间的经济增长存在 δ 趋同和绝对 β 趋同,这与我国省区间的趋同模式明显相左。我们进而探索其背后的趋同机制,发现不仅存在新古典增长理论所强调的趋同机制(资本边际报酬递减),而且还存在新增长理论所强调的趋同机制(技术扩散、转移),这也有别于省区趋同机制。

以下部分的结构安排是,4.2 节是文献综述;4.3 节是数据来源;4.4 节是实证分析部分;4.5 节是对实证结果的进一步讨论;4.6 节是结论性评述。

4.2　趋同文献综述

Sala-i-Martin(1996)在《趋同分析的经典方法》中阐述了趋同研究的这段发展历程,该阶段最重要的贡献是提出了趋同分析的经典方法。之所以称之为经典方法,是因为该方法在趋同文献中第一次被运用;计量分析采用的是经典的最小二乘法,现已成为趋同研究的起点。

趋同研究始于 Baumol(1986)和 Abramovitz(1986)。Baumol(1986)采用 Maddison 数据,发现工业化国家存在趋同。但不幸的是,Abramovitz(1986)同样采用 Maddison 数据发现,工业化国家只是在二战后存在趋同,而在 1870~1950 年间是趋异。Baumol 的发现被认为是建立在样本选择有偏的基础上(Delong, 1986),如果把样本扩展到工业化国家以外的国家,采用 Heston-Summers 数据,我们看到不是趋同,而是趋异。可以说,如早期的 AK 类型经济增长理论所强调的,正是存在世界范围的经济增长绩效的差异,促使他们提出新增长理论解释这种差异。

面对新增长理论的挑战,新古典增长理论的拥护者做了更加细致的研究,在趋同概念上,进一步细化为 δ 趋同、绝对 β 趋同和条件 β 趋同[①]。

δ 趋同是指,一组经济体人均或劳均实际 GDP 的标准差具有下降的趋势,即 $\delta_{t+T}<\delta_t$,其中 δ_t 是 $\ln(y_{ti})$ 的标准差,y_{ti} 是 t 时期经济体 i 的实际人均或者劳均 GDP。

绝对 β 趋同是指,穷国比富国增长更快,即在回归方程 $\gamma_{i,t,t+T}=\alpha+\beta\ln(y_{it})+\varepsilon_{i,t}$ 中,β 为负。其中,$\gamma_{i,t,t+T}$ 是经济体 i 在 t 到 $(t+T)$ 期的平均增长速度。

条件 β 趋同是指,一个经济体的增长率和其初始劳均 GDP 与其稳定状态劳均 GDP 的差大致成正比,即在回归方程 $\gamma_{i,t,t+T}=\alpha+\beta\ln(y_{it})+\Psi X_{i,t}+\varepsilon_{i,t}$ 中,β 为负。其中,$X_{i,t}$ 是刻画经济体 i 在稳定状态 t 的一组变量。这个回归方程就是著名的 Barro 回归方程(Barro regressions),是趋同研究的经典方法。

显然,绝对 β 趋同和条件 β 趋同是既有区别又有联系的两个概念。前者比较的基准是其他经济体,后者的比较基准是自身的稳定状态;当一组经济体具有相同的稳定状态时,绝对 β 趋同和条件 β 趋同是一致的。

在趋同概念细分的基础上,新古典增长理论的拥护者通过大量的实证分析发现,从世界范围看,不存在绝对 β 趋同,但确实存在条件 β 趋同。具有代表性的人物是 Barro 和 Sala-i-Martin(1992)以及 Mankiw 等(1992)(以后简称 MRW)。他们发现,从世界 100 多个国家的经验看,确实存在条件 β 趋同,趋同速度大致为 2%。而且 Barro 等人通过对 OECD 国家、美国各州、日本各县等样本进行实证分析,结果验证,当一组经济体具有相同的稳定状态时,绝对 β 趋同和条件 β 趋同是一致的。这里有两点值得注意。

一是存在条件 β 趋同并不意味着穷国能够赶超富国。如条件 β 趋同速度为 2%,这仅仅是说,一个经济体的初始劳均 GDP 如果只有其稳定状态的 50%,那么该经济体大致要用 35 年的时间才能够收敛到其稳定状态。显然,如果穷国稳定状态的劳均 GDP 低于富国的劳均 GDP,那么即使存在条件 β 趋同,穷国也不能够赶超富国。

二是条件 β 趋同能够得到大样本跨国数据的支持,但仍然面临着诸多的挑战,如控制变量的独立性问题,或者说控制变量的稳健性问题。验证条件 β 趋同的关键是,有一组刻画经济体稳定状态的变量 $X_{i,t}$。在实证分析中,考虑到这组变量主要是反映一个经济体投资率、人口增长率、货币政策、财政政策、开放程度以及政局

---

① 值得一提的是,δ 趋同和 β 趋同这两个概念是由 Sala-i-Martin 在其博士论文中提出的。

稳定等,人们往往在一个回归方程添加相当多的控制变量,有时竟然多达 50 多个。但是 Levine 和 Renelt(1992)采用 EBA(extreme-bounds-analysis)发现,除了少数如储蓄率外,控制变量大都不稳健。在趋同文献中,这被称为是 Levine-Renelt 批判。

Levine-Renelt 批判虽然不影响条件 β 趋同的结论(他们发现初始劳均 GDP 是稳健的),但确实指出了趋同分析中的一个通病:控制变量的独立性问题,即政策变量之间往往高度相关,难免会存在多重共线性。

4.3　趋同研究的拓展阶段

趋同研究的拓展主要表现在趋同研究工具箱的拓展和趋同机制的拓展。

4.3.1　工具箱的拓展

从研究工具上看,趋同研究的拓展主要是从跨国截面分析(cross-section)到面板分析(panel data)。[①]

无论是 Barro 的分析框架还是 MRW 的分析框架,都是假定各个经济体具有相同的生产函数,因此,把反映各个经济体"特色"的变量视为误差变量(ε),并假定误差变量满足最小二乘法的经典假定。Islam(1995)明确指出,这种做法从方法论的角度看,存在两个问题:一是在多元回归分析中忽视各个经济体的"特色",难免有遗漏重要解释变量的嫌疑;二是简单地把各个经济体的"特色"视为 ε,不可避免会造成 ε 和回归方程中的解释变量相关。因此,经典方法的估计结果是有偏的。

为了克服跨国截面分析的有偏问题,Islam(1995)建议采用面板分析。因为面板分析既能保持与新古典增长理论的结论一致(每个经济体的长期增长率相等,为外生的技术进步率),又能够反映各个经济体的"特色";而且 Islam(1995)发现 MRW 的分析框架可以自然推导出面板分析的表达式。

采用面板分析仍然支持,从世界范围看,存在条件 β 趋同;但与经典法的结果相比,趋同速度明显提高,大致为 5%～10%。

Lee 等(1998)则把面板分析进一步推广,认为面板分析不仅可以反映各个经济体稳定状态 GDP 的不同,还可以反映各个经济体长期增长率的不同。显然后者突破了新古典增长理论所强调的各个经济体具有相同增长速度的结论。

但值得强调的是,Lee 等(1998)的实证分析结果仍然支持,从世界范围看,存在条件 β 趋同;但与经典分析法的结论相比,趋同速度进一步提高,为 23%。

---

① 在趋同文献,已有部分学者采用时间序列方法来分析趋同。

4.3.2　趋同机制的拓展

从研究内容上看,趋同研究的拓展主要是从关注资本积累在趋同的作用到关注技术进步、扩散以及产业结构调整在趋同中的作用。

1. 从技术扩散的角度研究趋同

从一定意义上说,趋同研究源于资本边际报酬递减还是不变的争论。众所周知,新古典增长理论的基本假定是资本边际报酬递减;与此相对应,新增长理论的初始面貌是 AK 类型的,强调资本社会边际报酬不变。从理论上说,资本边际报酬递减则存在趋同;反之则不存在趋同。因此,是否存在趋同就成为实证检验新古典增长理论和 AK 类型新增长理论的试金石。另外,在新古典增长理论中,技术进步被视为公共产品,每个经济体可以免费获得。因此早期的趋同研究主要是探索资本积累在趋同中的作用。

Bernard 和 Jones(1996)指出,在忽视技术进步的情况下,经济体的水平差异和增长速度差异只能仅仅取决于资本,尽管资本包括物质资本和人力资本,这是一个误导。因为无论是经济史学家、技术专家,还是新增长理论的拥护者都强调技术进步在经济增长、发展、趋同中的重要作用。经济史学家所强调的"后发优势"显然与技术转移有关(Abramovitz,1986)。其实,Baumol(1986)在其经典趋同论中也是从创新贡献(innovation-sharing)的角度解释工业化国家为什么存在趋同。

从经济学说史溯源,技术缺口分析方法(the technology-gap approach)几乎与新古典增长理论的历史一样悠久。技术缺口分析方法的开创者是 Gerschenkron,它强调技术领先国家与落后国家的异同,并指出技术缺口不会自动消失,而是取决于技术落后国家的引进、吸收、消化先进技术的能力。在文献中该能力通常被称为社会能力(social capability)或者国家创新体系(national system of innovation)。

因此,随着 R&D 类型新增长理论的发展,人们开始从内生技术进步的角度探索长期经济增长,强调技术而不是资本积累在长期经济增长中的引擎作用。在这种情况下,人们尝试从技术转移的角度研究趋同,就成为水到渠成的事。可以说,技术进步在趋同研究中的历程,其实就是人们对"什么是技术"认识不断深入的结果。在经济增长文献中,技术进步先后被视为"免费产品"(free good or manna from heaven)、"副产品"(by-product or externality)和 R&D 的结果。

真正在趋同分析框架内,研究技术进步、扩散在趋同中作用的应该说是始于 Abramovitz(1986)和 Baumol(1986)。

从发达国家的经验看,技术存在趋同。Fagerberg(1994)采用 Maddison 数据,发现 16 个工业化国家的技术缺口在 1870～1950 年是扩大的,在 1950～1987 年是缩小的。这表明第二次世界大战后发达国家存在技术趋同。分产业看,Bernard

和 Jones(1996)采用经济增长核算的方法测算了 OECD 国家 1970～1988 年三次产业的 TFP,在此基础上实证分析各个产业的 TFP 是否趋同(δ 趋同),发现整体而言存在趋同,但分产业看,第一产业、第三产业的 TFP 趋同,制造业的 TFP 趋异。

从全球范围看,存在发达国家向发展中国的技术扩散。全球的 R&D 几乎都集中在发达国家,如在 1990 年工业化国家的 R&D 支出占全球 R&D 总支出的 96%(Coe et al. ,1997)。那么,发达国家的 R&D 支出是否存在溢出效应,或者说是否存在发达国家向发展中国家的技术扩散呢? Coe 等(1997)基于发展中国家的 TFP 做了实证分析,其样本是 1971～1990 年的 77 个发展中国家,发现发达国家 R&D 资本存量越多,发展中国家的 TFP 越高。从技术扩散规模上看,平均而言,工业化国家 R&D 资本存在每增加 1%,发展中国家的 TFP 就提高 0.06%;具体到每个工业化国家而言,美国的技术扩散弹性是 0.03%,而日本、法国、英国的技术扩散弹性是 0.004%～0.008%。从技术扩散方向上看,拉美国家主要是受美国 R&D 的影响;非洲国家主要是受欧洲国家 R&D 的影响;亚洲国家主要是受日本 R&D 的影响。

2. 从产业结构转变的角度研究趋同

目前人们还考察产业结构转变在趋同中的作用。其实,研究产业结构转变的经济绩效并不是什么新的研究课题,从相关文献看 Clark、Kuznets 和 Williamson 等早已研究了产业结构调整以及相应的劳动力流动对区域收入差距的影响。当然,现在的研究是在趋同的框架下进行的,从某种意义上说,是对产业结构转变效应的一种重新考察。具有代表性的研究成果是 Caselli 和 Coleman(2001)。

Caselli 和 Coleman 通过一个简单的巧妙分解,把劳均收入的趋同分解为劳动力的再配置效应、工资收入在产业内的趋同和工资收入在产业间的趋同。从实证结果看,他们采用美国 1880～1950 年的数据,分析发现在该期间美国南北收入差异下降了 44 个百分点,劳动力再配置效应、工资收入在产业内的趋同和工资收入在产业间的趋同的贡献份额分别是 35.5%、45.5%和 19.1%。

3. 综合考察资本积累、技术转移和产业结构转变在趋同中的贡献

通过以上分析,我们发现趋同的机制大致有三个:资本边际报酬递减、技术扩散和产业结构转变。一个有意思的问题是,我们能否综合考察三者在趋同中的作用呢? 这是人们目前正在探索的问题,分析框架大致有两个。

一是扩展的趋同经典分析框架。Dowrick 和 Rogers(2002)发现,虽然经典趋同分析和技术转移趋同分析的理论基础截然不同,但二者实证分析的表达式却有共同之处,即解释变量都有初始劳均 GDP。只不过在前者的分析框架中,该变量表示经济体到其稳定状态的距离;而在后者的分析框架中,该变量表示经济体的技

术缺口。

因此,Dowrick 和 Rogers(2002)在 MWR 的分析框架中引入资本变量,用以直接刻画资本积累在趋同中的作用,而把初始劳均 GDP 解释为技术缺口,从而实现了在一个分析框架内综合考察资本积累和技术转移在趋同中的作用。他们通过面板分析发现,源于资本边际报酬递减的趋同速度大致为 5%;而源于技术转移的趋同速度大致为 3%,在 OECD 国家源于技术转移的趋同速度更快些,大致为 10%。

二是数据包络法(data envelopment analysis,DEA)。DEA 尝试把趋同文献与生产函数边界文献(the frontier production function literature)整合起来,从而在一个分析框架内考察技术创新、转移、资本积累等在趋同中的作用。所谓 DEA 是一种非参数估计方法,旨在寻找一个包含所有数据的一个最小凸锥(the smallest convex cone)。

最早从这个方面综合考察技术转移、资本积累等在趋同中作用的是 Räre 等(1994)。他们采用的样本是 OECD 国家 1979~1988 年的数据,采用 DEA 方法把 Malmquist 生产率指数分解为技术创新和技术转移(效率提高),重点突出美国和日本的异同,并发现美国的技术进步主要是技术创新,而日本的技术进步主要是技术转移。Kumar 和 Russell(2002)则把样本扩大到 1965~1990 年的 57 个国家,发现平均而言,在该期间劳均 GDP 上升了 75.06 个百分点,其中资本积累、技术创新和技术扩散的贡献分别为 58.54、6.14 和 5.23 个百分点。就东亚增长奇迹经济体而言,日本、韩国、中国台湾主要是靠资本积累;而中国香港则主要是靠技术扩散(效率提高)。

在关于是否存在趋同的争论中,新古典增长理论的拥护者从绝对 β 趋同,退守到条件 β 趋同。由以上分析可知,条件 β 趋同不仅与新古典增长理论一致,而且能够得到大样本跨国数据的支持。因此,表面看来,这一退守策略可谓精妙绝伦。

Quah(1996)指出,条件 β 趋同偏离了研究经济增长和趋同的初衷。[①] 毕竟,趋同研究真正应该关注的是穷国能否赶超富国;对趋同而言,重要的是,经济体间经济绩效的比较,而不是像 β 条件趋同那样,强调每个经济体与其自身稳定状态比较。另外,也许是更重要的,当新增长理论发展到 R&D 类型新增长理论阶段时,是否存在趋同已经不再是实证检验新古典增长理论和新增长理论的"分水岭"。原因很简单,技术扩散模型同样预言经济体间存在趋同,而且这一点已有大量实证分析的证据。

目前,随着 Quah(1996)批判不断为人们所接受,从增长分布的角度研究趋同已逐渐成为一个新的发展方向。沿着这条主线,现有研究主要在三个层次上展开:即提炼全球增长分布演进的典型事实、探索全球增长分布演进的机制和展望全球

---

① Quah D. 1996. Twin Peaks:Growth and Convergence in Models of Distribution Dynamics. The Economic Journal,106:1045~1055.

未来增长分布的演进(Quah,1996;Jones,1997;Kumar and Russell,2002;Henderson et al.,2002)。

纵观现有趋同文献,人们研究的对象大都是国家、地区(省区),忽视了研究对象内部的情况。Lucas一直强调城市在经济增长中的作用,但人们还没有从实证的角度分析,城市是否存在不同于国家或省区层面的经济增长特性。因此,本章拟采用Barro回归方程和Dowrick和Rogers框架分析我国城市经济增长的趋同情况。

4.4　数　据

4.4.1　研究对象

本章研究的对象是我国地级及其以上城市的市区,暂不包括县级城市。

我国城市建制分为直辖市、地级市(其中省会城市为副省级)、县级市和镇。从现有的统计数据来看,《中国城市统计年鉴》对地级市分别列出"地区"和"市区"两项,县级城市只有"地区"一项。"地区"包括市区和下辖县、县级市,包含了农村地区的数据,因此,不能真实地反映城市的经济活动;"市区"则仅包括城区和郊区,行政界线相对稳定,可以体现城市中的经济活动。

为了避免样本选择有偏问题,我们初步选定了统计年鉴中有相关数据的216个样本,[①]其中8个城市没有提供完整的固定资产投资数据,在必要时又剔除了这8个样本。

4.4.2　数据来源

本文采用的数据全部来源于《中国城市统计年鉴》(1989～2000年)。其中GDP分别按各自省区的GDP缩减指数进行平滑,[②]GDP缩减指数来源于《新中国50年统计资料汇编》和《中国统计年鉴》(2000);人口是样本的总人口数;资本存量是采用永续盘存法模拟的,首先根据固定资产投资流量模拟出名义资本存量,其次按各省GDP缩减指数进行平滑,最后得到实际资本存量。

4.5　中国城市经济增长的趋同分析

4.5.1　δ趋同分析

刻画δ趋同的常用指标有变异系数和Theil指数等。因此,本小节主要采用

---

① 具体城市名称见附录。
② 在统计年鉴中,1992年和1993年的数据缺失,利用内插模拟补足。

这两个指标考察中国城市人均 GDP 的趋同情况。考虑到 Theil 指数可以把总体差异分解为组内、组间差异，我们分组考察中国城市经济增长趋同时，主要采用 Theil 指数。

首先，采用变异系数和 Theil 指数对 1990～1999 年中国 216 个地级及以上城市的人均 GDP（对数形式）进行分析，计算结果如图 4-1 所示。从图形上看，在 20世纪 90 年代，中国 216 个城市人均 GDP 的 Theil 指数和变异系数均呈现出明显的下降态势，即存在 δ 趋同。

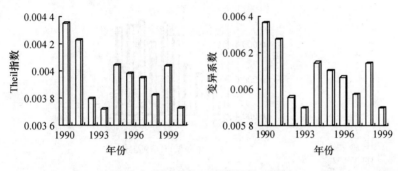

图 4-1　中国城市经济增长的 δ 趋同

其次，为了更加细致地刻画我国城市的 δ 趋同，我们把 216 个城市分为东部城市和中西部城市两组，其中东部城市有 92 个、中西部城市有 114 个。采用 Theil 指数把城市间的差距分解为组内、组间差距，结果如图 4-2 所示。从图形上看，东部城市内的差距在 20 世纪 90 年代初期迅速缩小，进入 20 世纪 90 年代中后期大致稳定下来；如果我们忽略了 1996 年和 1998 年这两年，中西部城市内的差距一直呈现出下降的态势；东部和中西部城市间的差距在 20 世纪 90 年代初期迅速扩大，进入 20 世纪 90 年代中后期大致稳定下来。但需要强调指出的是，与组内差距相比，组间差距下降了一个数量级，这表明东西部城市间的差距相对而言比较小。

考虑到城市级别可能会影响到城市间的增长差距，进而把全国 216 个城市分为 30 个省会城市（包括直辖市在内）和 186 个非省会城市，同样采用 Theil 指数把城市间的差距分解组内、组间差距，结果如图 4-3 所示。从图形上看，省会城市内的差距主要是集中在 0.0017～0.0020，相对而言，增长差距不是很大；从变动态势上，整体而言呈现下降的态势。非省会城市内的增长差距明显呈现下降态势；而省会城市与非省会城市间的差距不大，整整下降了一个数量级，而且稳定在 0.0002～0.0003。

通过以上分析可知，在 20 世纪 90 年代，我国城市间存在 δ 趋同，而且大致不受城市地理位置和级别的影响。

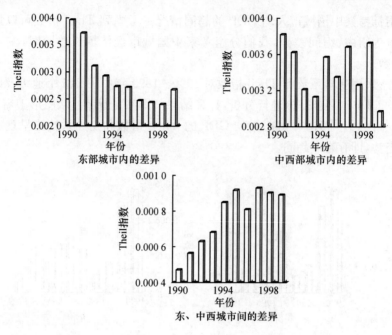

图 4-2　东部与中西部城市内和城市间的 Theil 指数

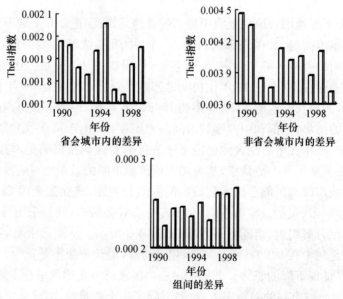

图 4-3　我国城市经济增长差异的分解:按行政级别

4.5.2　绝对 β 趋同分析

在本小节,我们主要是基于 Barro 回归方程考察我国城市经济增长的绝对 β

趋同情况,计量结果如表 4-1 所示。

表 4-1　城市绝对趋同分析

项　　目	回归 1	回归 2	回归 3
固定效应	无	无	有
LnRY	−0.014 4*** (−3.3)	−0.031 4*** (−7.0)	−0.040 7*** (−5.2)
DEAST×LnRY		0.004 7*** (6.0)	0.005 4*** (5.6)
DCAP×Ln(RY)		0.002 8*** (2.8)	0.003 1*** (3.6)
DOPEN×Ln(RY)		0.003 4*** (2.7)	0.003 9*** (3.1)
$A_{dj}\_R^2$	0.04	0.253	0.243
F	10.6	18.6	27.6
$D\text{-}W$	1.5	1.8	1.8
N	208	208	416
趋同速度	1.55		
东部城市		2.86	3.89
省会城市		3.09	4.16
沿海城市		3.01	4.07
其他城市		3.77	5.24

注:括号内为统计统计量;***表示通过显著水平为 1% 的检验,模型 1、2 的样本区间是 1989～1999,分析方法是截面分析;模型 3 的样本区间是 1989～1994 年、1994～1999 年,采用的是 Panel 分析;DEAST、DCAP 和 DOPEN 分别是刻画东部、省会和沿海城市的虚拟变量

　　表 4-1 报告了全国 216 个城市绝对 β 趋同的计量分析结果。回归方程 1 是标准的 Barro 回归方程。从回归结果看,初始人均 GDP 的回归系数为负,而且能够通过显著水平为 1% 的统计检验。这表明,在 20 世纪 90 年代,我国城市间存在绝对 β 趋同,即初始人均 GDP 水平越低,增长得越快。我们根据回归系数计算了我国城市间的绝对 β 趋同速度,大致为 2%。[①] 这意味着,在我国如果落后城市的人均 GDP 水平只有发达城市的一半,那么落后城市大致需要 35 年的时间来弥补该差距。回归 2 是在估计方程 1 的基础上引入虚拟变量,把全国 216 个城市分为沿海开放城市[②]、东部城市、省会城市和其他城市等四种类型,考察每种类型城市的绝对 β 趋同情况。

　　从回归的估计结果看,引入反映城市类型的虚拟变量,回归方程的拟合度从 4% 提高到 25.3%,而且回归变量都通过显著水平为 1% 的统计检验。这表明,

①　趋同速度为 2%,是跨国或者地区趋同分析中的一个典型特征。

②　沿海开放城市包括 4 个特区和 15 个沿海开放城市,包括威海。

1989～1999 年,我国城市间存在绝对 β 趋同,但每类城市的趋同速度并不相同。从城市间绝对趋同速度上看,东部城市、沿海城市、省会城市和其他城市的趋同速度依次递增,分别为 2.86%、3.01%、3.09% 和 3.77%。

由前面的文献综述可知,采用截面分析的结果可能是有偏差的。为了稳健起见,本文进而采用 Panel 分析,回归 3 是有固定效应的 Panel 分析,采用克服异方差的 White 一致协方差估计。从回归结果看,Panel 分析仍然支持本文的结论,即在 1998～1999 年,我国城市间存在绝对 β 趋同,每类城市的趋同速度并不相同。在 Panel 分析中,回归变量都通过显著水平为 1% 的统计检验,回归系数的符号与方程 2 的相同,但估计值的大小发生了变化,从而每类城市的收敛速度几乎都上升 1 个百分点。

需要强调指出的是,即使采用 Panel 分析,各类城市的速度大小次序保持不变,仍然是东部城市、沿海城市、省会城市和其他城市依次递增,分别为 3.89%、4.07%、4.16% 和 5.24%。这与跨国趋同文献的发现一致,跨国趋同文献大都揭示采用 Panel 分析,趋同速度一般会提高,即截面分析的结果是有偏的。

以上分析表明,在 20 世纪 90 年代,我国城市经济增长存在绝对 β 趋同,而且该结论是比较稳健的。中国城市经济增长在 20 世纪 90 年代存在 δ 趋同和绝对 β 趋同,自然又引出一个有趣的问题,即为什么会趋同或者说中国城市经济增长的趋同机制是什么?下面,我们将就这个问题展开讨论。

4.5.3　中国城市趋同机制分析

由前面的文献综述可知,人们所发现的趋同机制主要有两个,而 Dowrick 和 Rogers 的分析框架能够同时考察这两个机制在趋同中的作用。因此,我们采用该框架分析中国城市趋同的机制。

Dowrick 和 Rogers 的分析框架是 $g_{i,t}=c+\beta\ln(y_{i,o})+\alpha(\dot{k}/k)_{i,t}+\varepsilon_{i,t}$,其中 g、y 和 $\dot{k}/k$ 分别为平均增长速度、初始人均 GDP 和人均资本存量的增长速度。这个分析框架的经济含义非常直观,即在 MWR 的分析框架中引入资本变量,用以直接刻画资本积累在趋同中的作用,而把初始人均 GDP 解释为技术缺口,从而实现了在一个分析框架内综合考察资本积累和技术转移在趋同中的作用。具体而言,实证分析中,如果 α 显著,且 $\alpha<1$,则存在新古典增长理论的趋同机制;如果 β 显著,且 $\beta<0$,则存在新增长理论的趋同机制。其中,二者所带来的趋同速度分别为 $\lambda_k=(1-\alpha)(n+g+\delta)$ 和 $\lambda_l=-[\ln(1+t\beta)]/t$。

表 4-2 报告了两种机制在城市趋同中的作用。回归方程 4 是在回归方程 2 的基础上引入资本控制变量,从而初始人均 GDP 水平就可以用来反映技术扩散在城市趋同的作用。从估计结果看,回归方程的拟合度明显提高,从 25% 提高到 42%,α 和 β 显著,且 $\alpha<1$,$\beta<0$,这表明城市趋同中同时存在新古典增长的趋同机制和

新增长理论的趋同机制。

表 4-2　技术和资本积累在城市趋同中的作用

项　目	回归 4	回归 5	回归 6	回归 7
固定效应	无	无	有	有
LnRY	−0.018 4***	−0.018 4***	−0.021 8***	−0.021 7***
	(−4.2)	(−4.3)	(−4.4)	(−2.8)
DEAST×LnRY	0.002 64***	0.002 71***	0.002 3***	0.002 4***
	(3.5)	(3.6)	(2.8)	(2.8)
DCAP×LnRY	0.002 03**		0.002 2**	
	(2.3)		(2.2)	
DOPEN×LnRY	0.003 67***	0.003 66***	0.003 77***	0.003 8***
	(3.3)	(3.3)	(3.1)	(4.0)
GK	0.209 7***	0.207 5***	0.235 8***	0.234***
	(7.7)	(7.6)	(10.4)	(8.0)
DCAP×GK		0.061 4**		0.066***
		(2.5)		(3.1)
$A_{dj}\_R^2$	0.421	0.424	0.329	0.329
F	31.1	31.5	34.9	34.9
D-W	2	2	1.9	1.9
N	208	208	416	416
技术趋同速度				
沿海城市	1.57	1.6	1.89	1.86
东部城市	1.69	1.71	2.05	2.03
省会城市	1.76	2.04	2.07	2.45
其他城市	2.01	2.04	2.31	2.45
资本趋同速度	4.74/2.77		4.59/2.67	
东部城市		4.75/2.77		4.59/2.68
省会城市		4.39/2.45		4.20/2.43
沿海城市		4.75/2.77		4.59/2.68
其他城市		4.75/2.77		4.59/2.68

注:括号内为统计统计量;***、**和*分别表示通过显著水平为 1%、5% 和 10%,模型 4 和 5 是截面回归分析;模型 6 和 7 是 Panel 分析;在资本趋同速度栏中"/右边"是按照 $(n+d+g)=0.035$ 计算;其他同表 4-1,在固定效应分析中,共同截距为 0.177,显著水平 1%

从相应的趋同速度上看,新古典增长理论的趋同机制所产生的趋同速度达到 4.77%,接近于 Dowrick 和 Rogers(2002) 的 5% 的资本趋同速度。就新增长理论的趋同机制所贡献的趋同速度而言,我们发现,沿海开放城市、东部城市、省会城市和其他城市的技术扩散趋同速度依次递增,分别为 1.57%、1.69%、1.76% 和 2.01%。这可能反映了我国的现实。作为发展中国家,我国是技术进步的积极接纳者[1]，技术进步来自于对先进国家的学习与模仿。在经济全球化的背景下，城市作为人力资本的高度集中地（Lucas，1988，2002），成为技术学习的主体。李郇（2003）认为，在我国实施梯度发展战略的过程中，城市存在不同的技术学习模式，沿海城市等通过不断"试错"寻求适合我国国情的技术、制度等，是"干中学"的模式；其他地区城市可以直接学习沿海城市已经探索成功的经验，是"看中学"的模式。因此，反映在技术扩散所贡献的趋同速度上，沿海城市应该低于其他城市。

表 4-2 中的回归方程 5 引入城市类型控制变量，进一步考察新古典增长理论的趋同机制在城市中趋同的作用。[2] 从计量结果看，新增长理论的趋同机制仍然存在，其所贡献的趋同速度的大小略微有点变化，沿海开放城市、东部城市、省会城市和其他城市的趋同速度分别为 1.60%、1.71%、2.04% 和 2.04%，仍然大致依次递增。

考虑到截面分析是有偏的，我们同样采用 Panel 数据分析两个机制在我国城市趋同中的作用，即表 4-2 中回归方程 6 和回归方程 7，二者分别与回归方程 4 和回归方程 5 相对应。从估计结果看，即使采用 Panel 分析，新古典增长理论和新增长理论的趋同机制仍然存在，而且就后者所贡献的趋同速度而言，沿海开放城市、东部城市、省会城市和其他城市仍然大致依次递增。

需要强调指出的是，新古典增长理论的趋同机制不容忽视。对比表 4-1 和表 4-2，我们清楚地看到，只有在模型中引入资本变量后，沿海开放城市、东部城市、省会城市和其他城市的技术趋同速度才呈现出大致依次递增的态势，从而与我国梯度发展战略相吻合。另外，如果我们仔细观察表 4-2 中的技术趋同速度栏和资本趋同速度栏，就会发现，即使假定全国 208 个城市稳定状态增长速度非常低，如为文献中通常假定的一半（3.5%），新古典增长理论的趋同机制所贡献的趋同速度仍然比技术转移所贡献的速度略高些。

4.6　进一步讨论

在本部分，我们将进一步讨论我国城市在 20 世纪 90 年代的趋同情况，如城市 δ 趋同与绝对 β 趋同的关系、城市趋同与省际趋同的异同，从而进一步凸显 Lucas（1988，2002）在理论上所强调的城市具有不同于国家或省区层面的经济增长特性。

4.6.1　δ 趋同与绝对 β 趋同

在前面的分析中，我们发现，我国城市经济增长中存在 δ 趋同和绝对 β 趋同，

---

[1]　世界银行报告把我国定为积极的技术接纳国（世界银行，2001）。

[2]　在实证分析过程中，我们尝试采用其他虚拟变量刻画资本边际报酬递减在不同类型城市中的作用，但显著的只有表 4-2 中的回归方程 5。

而且该结论是稳健的。一个有意思的问题是,二者之间的关系如何?

Barro 等(2002)在理论上证明了,β 趋同是 δ 趋同的必要但不充分条件,即如果存在 δ 趋同,则一定存在 β 趋同。笔者发现,在 20 世纪 90 年代我国城市经济增长中同时存在 δ 趋同与绝对 β 趋同的现象,显然与 Barro 等人的理论分析相吻合。

4.6.2　城市趋同与省区趋同

我国城市趋同明显不同于省区间的趋同,主要表现在以下三点:

第一,城市间存在 δ 趋同,而省区间不存在。改革开放后,我国省区间人均 GDP 的差距呈现出"V"字形变动,如图 4-4 所示。[①]

第二,城市间存在绝对 β 趋同,而省区间不存在。大量研究我国省区趋同的文献已发现,改革开放后,省区间几乎不存在绝对 β 趋同,但存在条件 β 趋同(Jian 等,1996;蔡昉等,2002;林毅夫和刘培林,2003)。

第三,趋同机制上,二者也可能存在差异。在城市趋同中,两大趋同机制同时存在;在研究我国省区趋同的文献中,如刘强(2001)发现,我国不存在新古典经济增长理论所强调的趋同机制。

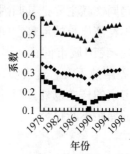

图 4-4　中国地区差距变动态势
数据来源:蔡昉,2002

以上分析表明,城市趋同与省区趋同的结果完全不同,那么两者之间的关系究竟如何? 能否加深我们对经济增长的理解? 本章以城市为研究对象实际上是对我国经济增长的地理空间进一步分解。经济地理学家认为,城市是区域经济增长的核心,区域是城市经济增长的基础,由于城市的"核心"性质,城市经济增长往往表现出领先于区域经济增长的现象。

一方面,城市的绝对 β 趋同与省区的条件 β 趋同并不矛盾,具有内在的一致性。从方法论的角度看,省区的条件趋同,是在对省区经济增长施加一系列控制变量(如制度条件、地理条件、产业结构等)后得出趋同的现象,即每个省区所面临的为控制变量所反映的条件一致时,省区间存在 β 趋同。就城市而言,自 1985 年以来,我国经济体制改革大部分集中在城市,沿海城市、省会城市、大部分边境城市都是开放城市,而且以开放经济为代表的各层次经济开发区遍布不同等级的城市中,因此,各类城市经济增长的制度条件十分相似。从地理条件看,地级及其以上城市

---

① 更加细致的研究发现,我国省区间存在双峰趋同(徐现祥和舒元,2004),甚至三俱乐部趋同(沈坤荣和马俊,2002)。本章没有明确考察我国城市俱乐部趋同的情况,但发现,按地理位置和行政级别对我国城市分组后,组间差异整整下降了一个数量级。这从一个侧面反映了我国城市间可能不存在俱乐部趋同。

都是历史上或现代交通的枢纽,且集中于冲击平原或盆地。从生产要素配置的角度看,各级城市是其所在地区的资源配置平台,往往优先考虑城市自身的发展(李郇,2003)。总之,城市间的经济增长比省区间的经济增长表现出较强的条件一致性,从而表现为绝对(无条件)β 趋同。但需要特别指出的是,城市间增长条件的相对一致性,不是我们在估计方程中人为控制的,而是在增长过程中城市本身所具有的。

另一方面,我国城市经济增长 δ 趋同,进一步指出了我国省区增长差距的空间分布。由图 4-1 可知,进入 20 世纪 90 年代,我国省区的增长差距确实不断拉大,现有趋同文献主要把其归因于沿海与内地省区间的增长差距不断拉大。而本节未把我国经济增长的地理空间进一步分解为地级及以上城市(市区)和其他地区。结果发现,我国城市间的人均 GDP 差距越来越小,而且沿海、内地城市间的人均 GDP 差距并不大。这表明,我国省区间人均 GDP 差距的拉大可能主要归因于本节所考察的样本以外,即归因于其他地区内部差距或者其他地区与本节所考察样本间的差距不断拉大。

4.7　结论性评述

Lucas(1988,2002)在理论上一直强调城市具有不同于国家或省区层面的经济增长特性,但为现有的趋同文献所忽视。本章采用趋同分析的标准方法,就我国216 个地级以及城市经济增长的趋同情况展开讨论,结果发现:

(1) 与现有省区间的趋同模式不同,我国城市经济增长存在 δ 趋同和绝对 β 趋同,而且该发现是稳健的。

(2) 从趋同机制上看,在我国城市层面上同时存在新古典增长理论所强调的趋同机制(资本边际报酬递减)和新增长理论所强调的趋同机制(技术转移、扩散)。

另外,本章的发现有助于人们对我国省区差距在 20 世纪 90 年代重新拉大的进一步理解。目前,相关文献把省区差距进入 20 世纪 90 年代重新拉大归因于沿海与内地省区间的差距不断拉大,而本章发现,沿海、内地城市间的差距不大,也没有呈现出不断拉大的态势。这意味着把我国省区差距的重新扩大归因于沿海与内地省区间的差距不断拉大,可能有失偏颇。

由于数据的原因,本章并没有涉及县级城市和农村的经济增长,但从本章所发现的地级及其以上城市所具有的不同于国家或省区层面的经济增长特性来看,这显然值得我们进一步研究,也许能够发现我国省区差距重新拉大的真正原因。

附　　录

本文所采用的 216 个样本分别是北京;天津;石家庄,唐山,秦皇岛,邯郸,邢台,保定,张家口,承德,沧州,廊坊,衡水;太原,大同,阳泉,长治,晋城,朔州;呼和浩特,包头,乌海,赤峰,通辽;沈阳,大连,鞍山,抚顺,本溪,丹东,锦州,营口,阜新,盘锦,铁岭,朝阳;长春,吉林,四平,辽源,通化,白城;哈尔滨,齐齐哈尔,鸡西,鹤岗,双鸭山,大庆,伊春,佳木斯,七台河,牡丹江,黑河;上海;南京,无锡,徐州,常州,苏州,南通,连云港,淮阴,盐城,扬州,镇江,泰州,宿迁;杭州,宁波,温州,嘉兴,湖州,绍兴,金华,衢州,舟山;合肥,芜湖,蚌埠,淮南,马鞍山,淮北,铜陵,安庆,黄山,阜阳,宿州,滁州;福州,厦门,莆田,三明,泉州,漳州,南平,龙岩;南昌,景德镇,萍乡,九江,新余,鹰潭,赣州;济南,青岛,淄博,枣庄,东营,烟台,潍坊,济宁,泰安,德州,威海,聊城,临沂,莱芜,日照;郑州,开封,洛阳,平顶山,安阳,鹤壁,新乡,焦作,濮阳,许昌,漯河,三门峡,商丘,南阳,信阳;武汉,黄石,十堰,宜昌,襄樊,鄂州,孝感;长沙,株洲,湘潭,衡阳,邵阳,岳阳,益阳,常德,郴州,永州,怀化;广州,韶关,深圳,珠海,汕头,佛山,江门,湛江,茂名,惠州,肇庆,潮州,梅州,中山,东莞,汕尾,河源,阳江,清远;南宁,柳州,桂林,梧州,北海,钦州,贵港;海口,三亚;重庆;成都,自贡,攀枝花,泸州,德阳,绵阳,广元,遂宁,内江,乐山,宜宾,南充;贵阳,六盘水,遵义;昆明,玉溪,曲靖,西安,铜川,宝鸡,咸阳,延安,汉中,渭南;兰州,嘉峪关,金昌,白银,天水;西宁;银川,石嘴山,吴忠;乌鲁木齐,克拉玛依。

第5章　中国城市经济增长效率的时空变化

5.1　引　言

对任何一个经济体来说,效率是指产出和投入的比例关系,效率的不断提高是经济体走向繁荣和持续发展的一个必要条件。城市是一个国家经济增长的核心,城市应该以追求效率为目标(周一星,1988),因此,本章尝试研究中国城市效率在经济增长过程中的时空变化。

研究效率的方法有好多种,但 Charnes 等(1989)明确指出,数据包络法(data envelopment analysis,DEA)采用最优化方法内生确定了各种投入要素的权重,避免了投入与产出关系的具体表达关系,排除了很多主观因素,而且具有与市场价格无关等优点,特别适合城市这个复杂经济体的效率评价(秦宪顺和欧阳俊,2001)。

Charnes 等(1989)选取 3 个投入指标(劳动力、年流动资金、用于扩大再生产的投资额)和 3 个产出指标(年工业产出、年利税总额和商品零售总额),利用 DEA 模型对我国 28 个典型城市的效率进行了测算,发现 1983～1984 年,我国城市效率由于市场化的推进出现了明显提高的现象。他们系统地演示了如何用 DEA 法估计与评价省市效率,找出无效投入资源和无效投入水平,从而指出这些城市发展的方向。

Sueyoshi(1992)分析了中国城市的工业技术效率,Zhu(1998)则通过对 DEA 法和主成分分析法(PCA)作比较来评价中国城市效率,DEA 主要是通过线性规划来获得加权的产出和投入之间的比率,而 PCA 则是用从特征值获得的信息结合每个受评单元投入和产出的不同比率来分析,经过比较,他得出前者的评价结果更为合理的结论。

Chang 等(1993)利用扩展的 DEA 模型,分析了中国台湾 23 个行政区的发展情况,他们采用能体现地区发展的人口、收入、财政、医疗等多重指标,来测量这些地区的相对效率和效率值的变化。结果发现 1983～1990 年 8 年间,各地区相对效率的变化及其基年(1983)的效率值负相关,也就是说 1983 年效率值越小的地区在 8 年间的效率变化越大。

Kim Sung-Jong(1991)年利用 DEA 测量了韩国 50 个大型城市的效率,发现韩国的城市效率和城市规模呈现倒"U"形的关系,在制造业占主导地位的城市,人口规模超过 100 万的城市效率比人口在 50 万～100 万的低 20%,比人口在 20 万～50 万的低 11%。这是韩国特大规模城市趋于无效率的有力证据,也说明韩国政府将工业从首尔迁移到中等规模城市是基于效率背景的。另外通过回归分析,他还发现城市劳动力质量、商业服务的实用性、当地税收收入等是影响城市效率的主要因素。

21 世纪初,国内学者才开始采用 DEA 对我国城市效率进行尝试性研究,其内容主要涉及省会城市投入产出效率(杨开忠和谢燮,2002)、城市土地利用结构效率(郑新奇和王筱明,2004)、不同规模等级城市的效率(马树才和宋丽敏,2003)和特区城市的投入利用效率(叶世绮和莫剑芳,2002)几个方面。

朱乔等(1994)采用 DEA 模型对中国 18 个省会城市 1984 年的经济状况进行了有效性分析,他们先测算出这 18 个城市的总效率,进而将其分解为规模效率、利用效率和纯技术效率,结果发现上海、杭州等 5 个城市达到了总体有效,城市的工业经济管理水平良好,劳动力和资金利用都比较好,但有一些城市由于基建过快,投资过热,反而带来了低经济效益,导致产出减少。

杨开忠和谢燮(2002)采用 DEA 对我国直辖市和省会城市的投入产出效率进行了初步测算,计算结果显示,在城市的 DEA 有效性方面,我国东部城市要远高于西部城市,从而定量地说明了西部地区投入产出方面与东部地区的差距,这种差距也解释了西部地区资本不能形成有效性的原因。他们认为西部地区的发展不但要注入大量资金,而且也要从改善西部地区的投资环境、提高西部地区投入产出效率方面入手。

叶世绮和莫剑芳(2002)应用 DEA 理论和技术,特别是投入冗余率和产出不足率等概念,对深圳、厦门、珠海、汕头 4 个经济特区的宏观经济投入产出状况进行了深入分析,指出了它们建设发展经历的相似历程,即"DEA 有效—DEA 无效—DEA 有效"。经过测算还发现深圳的资源利用效率日益提高,但还存在较大的投入冗余率;厦门在 1992 年后资源利用率下降,建设速度放缓,而珠海和汕头投入冗余率一直居高不下,同时产出不足率也相当高。

由于城市系统的指数模型一般与系统的熵最大化与趋势有关,马树才和宋丽敏(2003)对 DEA 方法加以改进,采用熵—DEA 法对我国不同等级城市的规模效率进行了综合分析评价,结果发现人口规模在 100 万~200 万和 50 万~100 万的特大型和大型城市为最高,其余皆次之。这表明我国城市的城市化进程仍然处于中前期阶段,聚集优势仍是城市规模发展的本质特征。

基于此,本章采用 DEA 测评全国 202 个地级以上城市 1990~2000 年的效率,进而探索中国城市效率的时空变化模式。本章之所以选择 202 个地级及以上城市是因为地级及其以上城市的行政界线相对稳定,数据在时间上具有可比性,另外,1990~2000 年只有这 202 个城市具有较为完整的统计数据。但需要说明的是,在 2000 年,这 202 个城市的人口占了全国总人口的 18.7%,GDP 占了全国的 40%，具有相当的代表性。选择 1990～2000 年是因为可以采用人口普查数据以保证城市人口数据的真实性，而且 1990～2000 年也是中国明确向市场经济转轨的 10 年。

　　以下部分的结构安排是：5.2 节是方法；5.3 节是数据；5.4 节、5.5 是本章的重点，采用 DEA 测评全国 202 个城市的效率，进而揭示中国城市效率的时空演进模式；5.6 节是本章的最后一节，主要是结论性评述。

5.2　城市效率的评价方法：DEA

　　城市是一个复杂的经济综合体，由于城市生产活动的多样性，生产函数形式很难确定，以及城市生产产品的多样性和市场的不确定性，城市产出的市场价格不易获得等原因，传统生产函数的经济计量评价和指数的生产率评价方法不适合对城市效率的评价，但 DEA 却能够对城市效率进行合理的评价。

　　利用 DEA 对城市经济效率进行评价，旨在寻找一个包含 202 个城市生产集的最小凸锥，该凸锥的边界就是中国城市的最佳实际生产前沿面，把每一个城市的生产可能性集同这个最佳前沿面进行比较，得到对城市效率的测度。在实际测评过程中，DEA 就是使用数学规划模型，比较具有投入和产出的生产决策单元（decision making unit，简称 DMU）之间的相对效率，即 DEA 把分析结果分成两类——效率有效和无效，并计算出效率无效 DMU 的相对有效性的程度（Färe et al.，1994）。具体来说，在基于凸性、锥性、无效性和最小性的公理假设下，可以得到满足规模报酬不变的 DEA 模型，即

$$\min\theta$$

$$\begin{cases} \text{s. t.} \quad x_{ij_0}\theta \geqslant \sum_{j=1}^{n} x_{ij}\lambda_j & i = 1,\cdots,m \\ y_{rj_0} \leqslant \sum_{j=1}^{n} y_{rj}\lambda_j & j = 1,\cdots,n \\ \lambda_j \geqslant 0 & r = 1,\cdots,t \end{cases} \tag{5-1}$$

式中，n 为同类 DMU 数量，m 和 t 分别为输入和输出的个数，x_{ij_0} 和 y_{ij_0} 为其中第 j_0 个 DMU 第 i 项输入和第 r 项输出，λ_j 为权重，θ 为效率指数，当存在最优解 $\theta^* = 1$ 时，DMU_{j_0} 为效率有效，$\theta^* < 1$ 时，DMU_{j_0} 为效率无效，越接近 1，说明城市效率越接近有效。因此，效率有效是指在比较的 DMU 中，DMU_{j_0} 的产出相对投入而言已经达到最大。

　　根据 DEA 文献的通常做法，我们可以把城市效率分解为规模效率（scale efficiency）、利用效率（congestion measure，也可以直译为拥挤度）和纯技术效率（pure technical efficiency)等,具体分解如下。

首先,对式(5-1)加入约束条件 $\sum \lambda_j = 1$,即基于凸性、无效性和最小性公理假设时,可得到满足规模收益可变的 DEA 模型,求得最优值 θ_1。令 $se = \theta/\theta_1$,即

$$\theta = se\theta_1 \tag{5-2}$$

DEA 文献把 se 称为规模效率。一般来说 se=1 表示规模效率有效,说明城市规模处于最佳状态;se<1 则规模效率无效,说明城市规模抑制了城市产出的增加。当规模无效时,我们可以进一步测评城市是处于规模报酬递增还是递减阶段。具体而言,第一步加入约束条件 $\sum \lambda_j \leqslant 1$,得到满足非递增规模收益的 DEA,求得最优值 θ_2。第二步计算 θ/θ_2 的大小。第三步根据 θ/θ_2 的大小确定城市规模处于何种阶段:若 $\theta/\theta_2 = 1$ 则表示城市处于规模报酬递增阶段,即城市规模效应没有充分发挥,城市具有较大的发展潜力;若 $\theta/\theta_2 < 1$ 则表示城市处于规模报酬递减阶段,即城市规模偏大,控制城市规模,城市的效率会进一步提高。

其次,进一步把 θ_1 分净为利用效率和纯技术效率。如果在式(5-1)中进一步把 $x_{ij}\theta \geqslant \sum_{j=1}^{K} x_{ij}\lambda_j$ 改为 $x_{ij}\theta = \sum_{j=1}^{K} x_{ij}\lambda_j$,得到可变规模报酬和投入弱可处置假设下的纯技术效率 θ_3,纯技术效率是指剔除了规模和投入处置能力变化后的生产效率。当 $\theta_3 = 1$ 时表示纯技术有效,即生产技术在城市的产出中得到充分的发挥;当 $\theta_3 < 1$ 时表示纯技术效率无效;越接近 1,说明城市纯技术效率越接近有效。既然 θ_3 是指剔除了规模和投入处置能力变化后的生产效率,而 θ_2 是指剔除了规模变化后的生产效率,则 $ge = \theta_1/\theta_3$ 为投入的利用效率,即

$$\theta_1 = ge\theta_3 \tag{5-3}$$

当 ge=1 时,表示利用效率有效,即城市的各种投入完全被利用,不存在多余或冗员等;当 ge<1 时,表示利用效率无效,即城市存在多余的投入,比如冗员和重复建设投资。过多的投入影响到资源配置的效率,利用效率越接近 1,表示投入利用的程度越高。

把式(5-3)代入式(5-2),得

$$\theta = segege\theta_3 \tag{5-4}$$

式(5-4)揭示了城市效率可以分解为规模效率、利用效率和纯技术效率三项的积。我们把城市效率分解为这三项,对城市效率的判断和城市发展政策的制定,具有实际的应用背景。首先,对不同等级城市发展策略的制定一直是中国政府对城市发展的宏观调控手段。政府追求的目标是充分发挥城市的规模效应,但从传统技术手段上来看,规模效益很难度量。因此,基于 DEA 的规模效率就可以成为对规模合理性的一个判断指标。其次,改革开放后,随着地方财政自主

权的增加,各级地方政府加大了对城市的投入、吸引外商直接投资和鼓励民营经济发展的力度,城市宏观经济建设的投入产出迅速增加,简单地通过产出绝对值的增加和减少的对比,不能够准确地反映投入的效率,利用效率指数则可以判断城市的投入是否出现多余甚至无效的投入。最后,技术进步是生产率提高的主要动力,纯技术效率指标可以反映出城市在发展过程中的技术水平对效率的影响程度。

5.3　变量与数据来源

本章的研究对象或决策单元(DMU)是中国地级及其以上城市的市区,暂不包括县级城市。这主要是考虑到地级及其以上城市的市区行政界线相对稳定,数据在时间上具有可比性。

决策单元的产出要素采用城市的实际国内生产总值作为城市的产出要素;投入要素采用反映城市经济活动的物质资本、人力资本、土地和人口。特别需要指出的是,城市经济活动是以土地为载体,在中国土地资源稀缺的情况下,本章把土地作为投入要素,可以充分反映城市经济活动中独特的约束条件。

国内生产总值和市区土地面积来自于《中国城市统计年鉴》(1991~2001)。由于无法获得各城市 GDP 的缩减指数,我们分别按各自省区的 GDP 缩减指数进行平滑,得到实际 GDP,使各城市的 GDP 数据具有可比性,GDP 缩减指数来源于《新中国 50 年统计资料汇编》和《中国统计年鉴》(2000)。人力资本是采用 6 岁以上人口的平均受教育年限,为了较真实体现城市规模状况,人口数据采用 1990 年和 2000 年第四次和第五次人口普查中的市区人口。

需要强调的是,城市的产出水平并不直接取决于当期的投资,而是基于以往投资所形成的资本存量。我们采用经济增长文献中最常用的永续盘存法模拟全国202 个城市的资本存量。具体步骤如下:首先估计全国 202 个城市在 1990 年的资本存量,即 $K^i_{90} = I^i_{90}/(g^i + \delta)$,其中 I^i_{90} 是 1990 年 i 城市的固定资产投资额,固定资本投资来源于《中国城市统计年鉴》(1991~2001),g^i 是 i 城市 1990~2000 年的人均 GDP 增长率,δ 取 Hall 和 Jones(1999)模拟世界 127 个国家资本存量时采用的6%的折旧率;其次采用 $K(t) = K(t-1) + I(t) - \delta K(t-1)$ 模拟出 1991~2000 年间所有年份的名义资本存量;再次按各省 GDP 缩减指数进行平滑;最后得到 1990和 2000 年的实际资本存量。

另外需要说明的是,由于中国城市等级在 20 世纪 90 年代不断有县级市升格为地级市,为了避免样本选择带来的有偏性,我们最终选定了统计年鉴中在 1990~1999 年具有较稳定市区范围的 202 个地级及其以上城市作为样本。

5.4　中国城市效率现状

5.4.1　城市效率的空间分布

1. 中国城市效率的总体特点

我们对 2000 年全国 202 个地级以上城市的效率进行测算（图 5-1），发现中国城市效率普遍较低。其主要表现为，平均而言，城市效率为 60%；具体而言，达到技术有效的城市有 12 个，只占全部样本城市的 6%，而 94% 的城市效率都为非有效性；从非有效性的排序来看，达到有效性 99%~90% 的城市比重是 5%，达到有效性 89%~80% 的城市比重是 8%，达到有效性 79%~70% 的城市比重是 7%，达到有效性 69%~60% 的城市比重是 16%，而在 60% 以下的比重是 58%。这充分显示中国城市的生产效率普遍未达到理想状态。

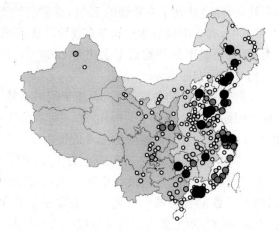

城市效率：　● 1　●0.9~0.99　●0.8~0.9　○0.7~0.8　○0.6~0.7　○<0.6
三大地带：　□ 东部地带　　□ 中部地带　　□ 西部地带

图 5-1　2000 年全国城市效率的空间分布

注：本图是根据国家基础地理信息中心所提供的地图，利用 GIS 软件（ArcGIS）分析而成，此图为工作简图

2. 按三大地带的城市效率特点

从中国三大经济地带（陆大道等，1999）来看，城市效率的分布与三大地带的经济发展格局相一致，呈现东高西低的格局。主要表现为以下几个方面。

整体而言，东部城市的平均效率为有效性的 67%，中部为 55%，西部为 52%；从实现有效城市的分布看，2000 年，全国共有 12 个城市实现了技术有效，其中 9

个集中在东部,3个集中在中部,西部则没有;从技术效率低于60%的城市分布看,东部占44%,而中部和西部分别高到70%和65%。以上分析表明,城市效率的空间分布格局与中国三大地带的经济发展水平相一致,效率较高的城市都集中在经济最为发达的东部。

但我们同时发现,三大地带城市效率间的差距并不大。就本书的样本而言,即使在经济最发达的东部地区,城市平均效率也不高,只有67%,从而三大地带间城市平均效率之比为1.29∶1.06∶1.00,远低于三大地带间城市收入差距。

3. 按城市行政级别的城市效率特点

从中国城市行政级别来看,城市效率的分布与城市行政级别格局相一致,呈现按行政级别等级分布,而且城市行政级别间的效率差距较大。

从不同行政级别城市效率的大小来看,直辖市、省会城市、地级市的平均效率分别达到有效性的93%、68.4%和58.2%。具体而言,在三个直辖市中,北京、上海达到了技术效率有效,天津也达到了有效性的79%;在省会城市中,只有沈阳达到效率有效性;在地级市中,有9个城市达到效率有效性。从不同城市级别间效率差距看,直辖市、省会城市、地级市的平均效率之比为1.60∶1.18∶1.00,显然高于三大地带间城市平均效率的差距。

从行政级别与三大地带相结合的角度看,三大地带间城市效率差距主要表现为三大地带间省会城市间的差距。由表5-1可知,东、中、西部省会城市的平均效率分别达到有效性的81%、69%、56%,相应的三者的比为1.45∶1.23∶1.00;地级市分别达到63%、53%和51%,相应的三者的比为1.24∶1.04∶1.00。这表明,省会城市在三大地带间的差距大于地级城市在三大地带间的差距。另外,表5-1的最后一行同时揭示了西部省会城市与地级市的效率在低水平下相差不大。因此,三大地带间城市效率的差距主要表现为省会城市间的差距。

表5-1　2000年城市平均效率的比较(相当于有效性的百分比)　(单位:%)

地　区	省会城市	地级城市
东部城市	81	63
中部城市	69	53
西部城市	56	51

4. 按城市规模等级和城市职能的城市效率特点

从中国城市规模等级来看,城市效率的分布与城市规模等级格局相一致,即城市规模越大,城市效率越高。对202个城市按人口规模小于50万人、50万～100万人、100万～200万人、200万～500万人和大于500万人进行分类,平均效率分别达到有效性的 0.48、057、0.62、0.76 和 0.91,说明中国城市规模越大,城市效率越高。

按照城市职能划分,中国城市效率之间差异主要表现为综合性城市和专业型城市间的差异。按周一星对中国城市的职能的分类(周一星,1997),我们把 202 个城市分为全国最重要的超大型综合性城市、大区省区级大型特大型综合性城市、中小型规模为主的专业化或综合性城市、小型的高度专业化为主的城市四大类,其平均城市效率分别达到有效性的 0.93、0.69、0.57、0.55。这说明,综合性城市的平均效率高于专业型城市的平均效率,而且在综合性城市中,规模等级越高,城市效率越高。显然,这与按城市规模等级分布的城市效率是一致的。

另外,在专业型城市中,城市职能的效率差异不明显。按照周一星的城市职能亚类进行分类,我们进一步把中小型规模为主的专业化或综合性城市分为建筑业占重要地位的城市、商业城市、中小型综合城市、工业城市、采掘业占重要地位的城市、高度专业化的采掘业城市,其平均效率分别达到有效性的 0.50、0.61、0.60、0.59、0.47、0.59,城市职能的效率差异不明显;把小型的高度专业化为主的城市分为高度专业化的旅游城市、高度专业化的旅游城市、边境或边远行政中心、高度专业化的商业城市和专业部门不突出的城市,其平均城市效率分别达到有效性的 0.60、0.61、0.34、0.38、0.53,大部分类型的城市效率的差异同样不十分明显。总之,中国城市效率间的差异表现出综合性城市和专业型城市的差异。

由于中国城市的规模、职能与城市行政级别密切相关,我们将主要围绕着行政级别和三大地带的效率特点做进一步分析。

5.4.2　影响城市效率空间分布特征的因素分析

按照式(5-4),我们把城市效率分解为利用效率、纯技术效率和规模效率三个部分,通过对这三个效率因素空间分布特点的分析,探讨影响城市效率空间分布的主要因素。

1. 利用效率和纯技术效率的空间分布

由图 5-2(a)可知,全部样本的利用效率较高,而且在空间上均匀分布。全国 202 个城市的平均利用效率达到有效性的 98%,其中 59%的城市都达到有效性。具体到三大地带和行政级别而言,东、中、西部城市的平均利用效率分别为 98.9%、97.6%、97.5%,直辖市、省会城市和地级市的平均利用效率分别为 96%、95.4%和 98.6%。这表明,三大地带城市间和不同行政级别城市间的利用效率相差都不大,在空间上分布较为均匀。显然与城市效率的空间分布存在较大差异,在图 5-3(a)中表现为,二者在 45 度线上的拟合程度较低,即利用效率并不能够决定城市效率的空间变动模式。原因很简单,如果利用效率起决定性的作用,那么中国城市效率将普遍较高,而且在空间较均匀分布。

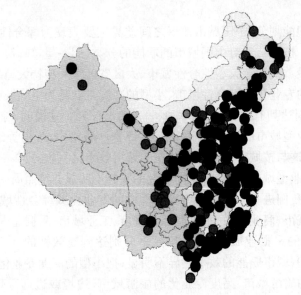

城市效率:　● 1　●0.9~0.99●0.8~0.9●0.7~0.8●0.6~0.7●<0.6
三大地带:　☐东部地带　☐中部地带　☐西部地带

(a) 利用效率

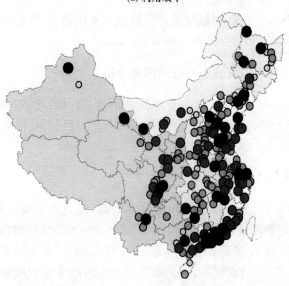

城市效率:　● 1　●0.9~0.99●0.8~0.9●0.7~0.8●0.6~0.7●<0.6
三大地带:　☐东部地带　☐中部地带　☐西部地带

(b) 纯技术效率

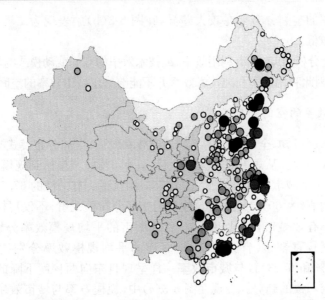

城市效率: ● 1 ● 0.9~0.99 ● 0.8~0.9 ● 0.7~0.8 ● 0.6~0.7 ○ <0.6

三大地带: □ 东部地带 □ 中部地带 ▨ 西部地带

(c) 规模效率

图 5-2 中国 2000 年城市效率分解

注:此图为工作简图

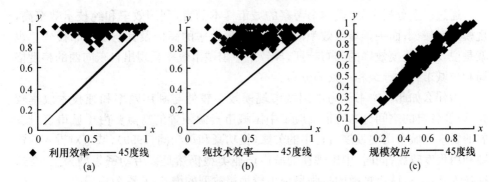

图 5-3 各效率影响因素与城市效率的关系

注:在每幅图中,x 轴是城市效率,而 y 轴分别是利用效率、纯技术效率和规模效率。由城市效率的分
解可知,如果散点图越集中于 45 度线,则某分解因素对城市效率的解释能力越强;反之,则越弱

同理,纯技术效率也不能够决定中国城市效率的空间分布模式。由图 5-2(b)
可知,全部样本的纯技术效率较高,而且在空间上较均匀分布。全部样本的平均纯
技术效率为有效性的 89.5%,东、中、西部城市的平均纯技术效率分别为有效性的
90.9%、87.3%、90.6%,直辖市、省会城市和地级市的平均纯技术效率分别为有效
性的 100%、86.8%、89.7%。其中,三个直辖市的纯技术效率都具有有效性。同

样与城市效率的空间分布存在较大差异,在图 5-3(b)中表现为二者在 45 度线上的拟合程度较低。

通过以上分析可知,城市利用效率、纯技术效率的空间变动模式与城市效率的变动模式相左,因此利用效率和纯技术效率并不能够决定城市效率的空间分布模式。

2. 规模效率的空间分布

由图 5-2(c)可知,全部样本的平均规模效率较低,空间分布模式与城市效率的空间分布模式一致。从规模效率大小上看,只有 6% 的城市达到规模有效性;平均而言,全国 202 个城市的规模效率为 67.7%,即仅达到有效性的 67.7%,略高于城市效率的平均值(为 60%)。从规模效率的空间分布模式看,不仅规模有效城市正好是城市效率有效城市,而且,东、中、西部城市的平均规模效率分别为 74.8%、64.4%、59.8%,直辖市、省会城市、地级市的平均规模效率分别达到有效性的 96.5%、81.4% 和 65.3%,与城市效率一样呈现自东向西梯度下降的趋势和与城市行政等级相一致的趋势。表现在图 5-3(c)中,规模效率与城市效率较好地拟合在 45 度线上,即城市规模效率决定了中国城市效率的空间分布模式。

另外,为确定城市规模是处于规模报酬递增阶段还是递减阶段,我们进一步计算了城市的规模指数,发现所有城市的规模指数都等于 1,即说明中国城市都处于规模报酬递增阶段。这意味着,城市现有规模普遍偏小,如果进一步扩大城市现有规模,城市产出效率会进一步提高。

通过以上分析可知,就本书考察的城市样本而言,利用效率和纯技术效率高,规模效率较低;而中国城市效率恰取决于规模效率的高低及其空间分布模式。也就是说,城市规模效率的分布特征,导致了中国城市效率呈现出自东向西的梯度格局和与城市行政等级相一致的分布。

为什么如此?本书认为中国城市规模效率较低与利用效率和纯技术效率较高,以及各自的空间分布特征反应了中国城市资源配置的特点。由于城市自身发展的要求和城市历史发展过程中的欠账(崔功豪和马润潮,1999),城市对投入的资源利用程度较高;同时,中国现在的城市产业类型仍然是以劳动密集型为主,在这种技术条件下,城市规模的扩张呈现出较为粗放型的增长,集聚效应没有得到充分发挥,甚至不具有集聚效应。但从另一个角度看,如果能够有效提高规模效率,中国城市在现有的投入水平下,仍然具有很大的发展潜力。

5.5　中国城市效率的时空变化

5.5.1　中国城市效率的时空变化

为反映中国 1990~2000 年城市效率的时空变化模式,我们对 1990 年 202 个城市效率进行了评价(图5-4),并与2000年的城市效率空间分布特征进行比较,进而分析这10年城市效率变化的时空模式以及各影响因素。

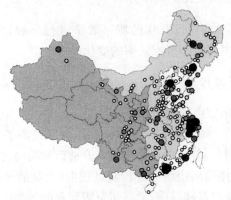

城市效率:　● 1　●0.9~0.99●0.8~0.9●0.7~0.8●0.6~0.7●<0.6
三大地带:　□ 东部地带　□ 中部地带　■ 西部地带

图5-4　1990年全国城市效率的空间分布
本图采用国家基础地理信息系统提供的SHP国家地图,在ArcGis系统下构造而成
注:此图为工作简图

1. 三大地带城市效率的时空变化

经过10年的发展,全国城市效率明显提高。对比1990年和2000年城市效率的变化可以发现,1990年全国城市平均效率为56.4%,经过10年的发展,到了2000年,中国城市平均效率为60%,上升6.4%((60%－56.4%)/56.4%＝6.4%)。1990年效率有效性城市只有6个,都集中在东部,但到2000年,有效性城市上升到12个;其中,中部出现了2个有效性城市,西部仍然没有有效性城市。

从三大地带来看,1990年城市平均技术效率是东、西部城市高,中部城市低的格局,与2000年的格局东高西低不一样。经过10年的发展,中部城市的平均效率提高幅度最大,为14.7%;东部平均效率则变化不大,为0.2%;西部城市平均效率略有提高,为2.1%,中部城市平均效率的提高,在一定程度上体现出中国经济发展自东向西梯度开发的影响。

2. 不同行政级别城市效率的时空变化

1990年的全国城市效率与2000年一样呈现按行政等级的分布。从变化幅度来看,至2000年主要是直辖市的城市效率增加最多,增幅为15.8%;其次是地级市,增幅为6%;而省会城市的平均效率变化不大,仅提高0.4%。在省会城市内部,东、中部省会城市的平均效率都提高了4.5%,而西部省会城市下降了8.1%;在地级市内部,中、西部城市的平均效率分别提高了16.4%和6%,东部地级市平均效率几乎没有变化。

5.5.2　影响城市效率空间变化的因素分析

我们同样采用式(5-4)对 1990 年的城市效率进行分解,分别计算出 1990～2000 年利用效率、纯技术效率和规模效率的变化。

1. 利用效率的时空变化

1990～2000 年,全国城市的利用效率水平明显提高。1990 年全部样本的平均利用效率为有效性的 94.9％,到 2000 年平均利用效率提高了 3.7％,显示城市对投入的利用程度提高。利用效率的提高与改革开放后城市经济发展对各项投资的大量需求有关。在经济体制向市场经济转变过程中,大量的城市基础设施和企业的投入,有效地改善了城市基础设施,提高了资源配置的效率以及对投入资源的利用程度,相应地也提高了城市的利用效率。

1990～2000 年,全国城市利用效率的时空变化模式并不同于全国城市效率的变化模式,这主要表现在以下两个方面:

一方面,从三大地带的角度看,全国城市利用效率不同于总效率的时空变动模式。1990 年三大地带的城市平均利用效率差异不大,分别为 95.7％、93.8％和 95.1％,2000 年,东、中、西部城市的平均利用效率都有所提高,分别提高了 3.3％、4.1％和 2.5％。其中,中部城市的平均增幅为最大,显示中部城市对投入的利用程度增加,与中部城市平均效率提高最大相一致,但东部城市平均利用效率提高与城市效率几乎不变是不吻合的。

另一方面,从行政级别的角度看,全国城市利用效率的时空变动模式也不完全同于全国城市总效率的时空变动模式。1990 年直辖市、省会城市和地级市的利用效率分别达到有效性的 86.3％、90.7％、95.6％,没有出现按行政级别的等级分布;与 2000 年相比,不同行政级别城市之间的利用效率变化差距较大。直辖市的利用效率提高最大,为 11.2％;其次是省会城市和地级市,分别为 5.1％和 3.1％。直辖市和地级市的利用效率的变化与城市效率的变化一致,但省会城市利用效率的提高没有导致城市效率的提高。

总之,利用效率变化的空间分布与城市效率变化的空间分布并不是完全一致,表现在图 5-5(a)中,利用效率与城市效率并不能够较好地拟合在 45 度线上,即城市利用效率并不能够决定中国城市效率的时空变动模式。

2. 纯技术效率的时空变化

1990～2000 年,全国城市的纯技术效率水平明显提高。1990 年全部样本的平均纯技术效率达到有效性的 82.8％,到 2000 年平均纯技术效率提高了 7.7％。这

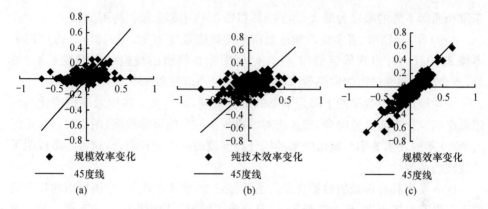

图 5-5　各效率因素变化与城市效率变化的关系

一发现说明在 20 世纪 90 年代,城市经济增长过程中存在技术进步。随着经济体制改革的深入,城市中的企业越来越趋于市场化。在市场竞争中,创新与模仿成为企业技术进步的主要源泉。中国已经成为世界上先进技术的积极接受国。这 10 年间,中国吸引了大量的外商直接投资,外商直接投资技术外溢的作用促进了企业的技术进步,相应地提高了企业所在城市的纯技术效率。

1990～2000 年,全国城市纯技术效率的时空变化模式也不同于全国城市效率的变化模式,主要表现在以下两个方面:

一方面,从三大地带的角度看,二者的时空变动模式不一致。1990 年的纯技术效率的分布与 2000 年一样呈现东、西部高中间低的格局。中部城市平均纯技术效率提高幅度最大,为 9.6%;东部和西部分别提高了 6.7% 和 8.5%。中部和西部城市纯技术效率的变化与城市效率的变化相一致,但东部纯技术的提高无法解释城市效率的不变化。

另一方面,从行政级别的角度看,二者的时空变动模式不一致。1990 年,直辖市、省会城市和地级市的纯技术效率体现出按行政级别的等级分布,直辖市保持了有效性;而 2000 年,省会城市和地级市的纯技术效率分别提高了 4.2%、8.7%,对比城市效率的变化会发现,省会城市纯技术效率的提高并没有引起城市效率的提高。

总之,纯技术效率变化的空间分布与城市效率变化的空间分布也不完全一致,表现在图 5-5(b)中,利用效率与城市效率也不能够较好地拟合在 45 度线上,即城市利用效率也不能够决定中国城市效率的时空变动模式。

3. 规模效率的时空变化

1990 年,全部样本的平均规模效率达到有效性的 71.6%,比 2000 年的平均规模效率高,但分布格局与 2000 年的格局不同,为东部高,中西部低,东、中、西部分别是 80%、64.9%、65.6%。到 2000 年,样本的平均规模效率降低了 6.4%,其中,东部和西部下降的幅度为最大,达到 9％和 8.8％,中部大致保持不变。

　　1990 年,直辖市、省会城市和地级市平均规模效率为 92.5％、89.2％和 69％,不像 2000 年一样出现等级分布,变化幅度中除直辖市的规模效率提高了 4.3％外,省会城市和地级市的规模效率则分别下降了 8.7％和 6％。

　　平均城市规模效率的下降是本书的重要发现,而且城市规模效率的变化与城市效率的变化方向大致吻合,表现出对城市效率较高的解释程度(图 5-5(c)),正好与 2000 年的规模效率与城市效率的拟合程度较高的结论相吻合,这进一步说明了该发现的稳健性。

　　这一发现具有很强的政策含义。虽然经过 20 多年的改革,中国城市的集聚效应不仅没有发挥出来,反而降低了,并且导致了城市平均规模效率的下降。城市规模效率的下降,在一定程度上抵消了利用效率和纯技术水平提高的作用。

　　东部作为中国改革开放的前沿,在以劳动密集型为主导的外资和乡镇企业发展的驱动下(崔功豪和马润潮,1998),城市没有摆脱粗放式的增长方式,目前处于规模报酬递增阶段。但城市用地的空间约束越来越强,结果造成城市规模效率下降。西部城市在西部大开发的背景下,基础设施得到大大改善,但尚未形成对社会资金和流动人口的集聚能力。这都说明在 1990～2000 这 10 年间,东、西部城市的规模效应并没有得到充分发挥,还有很大的发展潜力值得挖掘。虽然中部城市规模效率不变,但并不说明中部城市相对得到较好发展,相反,由于中部在 20 世纪90 年代的发展中呈现被“边缘化”的趋势(徐现祥和舒元,2005),城市相对发展状态在原地踏步。

　　从城市行政级别的角度看,北京、上海由于是直辖市,吸引了大量高水平人力资本和投资,城市的集聚效应得以发挥;省会城市和地级城市则同样是由于粗放式增长,目前正处于规模报酬递增阶段,在城市用地的空间约束下,规模效应下降。

5.6　结论性评述

5.6.1　结论

　　本书旨在揭示 1990～2000 年全国 202 个地级及其以上城市效率的空间格局和时空变化. 在方法上采用了 DEA,避免了对城市这个复杂生产系统的生产函数和各种投入要素权重的估计,在统一框架内对城市效率进行估计,在分解中出现。

　　(1)目前中国城市效率较低,而且呈现与三大地带经济发展格局和城市行政等级相一致的空间格局。

　　(2)中国城市效率的时空变化模式是,1990～2000 年,平均而言,中国城市效率上升了 6.4％;具体而言,从三大地带的角度看,中部城市效率提高,东、西部城市效率变化不大;从城市行政级别的角度看,直辖市、地级市的城市效率有所提高,但省会城市的效率则几乎没有发生变化。

（3）目前,中国城市的利用效率和纯技术效率普遍较高,在空间上分布较为均匀,但并不是影响中国城市效率的主要因素。

（4）规模效率是影响中国城市效率空间格局和时空变化的主要因素。无论是从中国城市效率目前的空间格局还是从 1990~2000 年的时空变化看,规模效率都主导着中国城市效率的变化。特别是,本书发现目前中国城市的规模效率在 1990~2000 年的下降抵消了利用效率、纯技术效率上升所带来的影响,从而造成目前中国城市效率普遍较低。

5.6.2　讨论

虽然中国一直强调要发挥城市的规模效应,但本书的定量分析表明,中国城市长期处于规模效率较低的状态,这严重影响了城市效率的提高,而且在 20 世纪 90 年代,城市规模效率对城市效率的负面作用越来越明显,制约了资源合理配置和技术进步对城市效率的改善能力。如果能有效地提高城市的规模效率,就能够进一步挖掘中国经济增长的能力。党的十六届三中全会提出了要统筹区域发展、统筹城乡发展的科学发展观。因此,在中国土地稀缺的约束下,提高城市规模效率不能走粗放式城市增长的老路,可考虑通过以下两个途径实现城市规模效率的进一步提高。

一是通过区域经济一体化来实现城市的规模经济,提高城市规模效率。欧洲的经济一体化就是通过城市的重新集聚导致欧洲城市效率的提高(帕杜拉,1998)。就中国城市经济发展而言,要通过深化户籍制度改革、行政区划调整,促进劳动力和资本等生产要素在城市间的流动,通过市场的合理配置,促进城市规模经济的形成,带动城市效率的提高,促进资源的合理利用和经济的进一步发展。

二是不断地改变土地密集型的产业增长方式,通过城市生产技术水平的提高,加强城市土地集约生产能力。这要求各级城市政府把技术创新和新技术的应用作为促进城市发展的主要动力,改变仅仅依靠土地生财、土地招商的形式实现经济增长的方式,通过技术进步实现城市经济的持续增长。

本章是以中国 202 个地级及其以上城市为样本,采用 DEA 对 20 世纪 90 年代的中国城市效率的时空变化进行的初步研究,在模型设定时只考虑了城市的经济产出。事实上,城市的发展还会带来环境质量下降、交通拥挤等城市问题,显然考虑这些因素,将会更加客观、更加综合地测评中国城市的效应。这是一个很好的进一步研究的方向,我们将会专门讨论。

第6章 珠江三角洲的城市化与区域一体化

6.1 引 言

广东省改革开放"先行一步"(傅高仪,1991),其中,利用毗邻港澳的地缘优势和低成本的土地与劳动力两大生产要素加入到了全球化的过程中,以香港制造业为主的劳动密集型产业快速向珠江三角洲转移(许学强和刘琦,1988),形成香港与珠江三角洲"前店后厂"的区域一体化格局(薛凤旋和杨春,1997),促使改区域经济发展十分迅速,缔造了一个举世瞩目的经济奇迹。1980年,珠江三角洲的国内生产总值为116.32亿元,占全省总量的47%,到2006年,经济总量占广东省的比例增加到81.73%,但相对的,其土地面积和人口仅占全省的23.1%和46.4%。同期,这个土地面积仅占全国0.43%,常住人口仅占全国3.28%的地区,创造出了全国10.3%的经济总量,经济增长率达到了16.7%,高出全国5.6个百分点。

与经济奇迹相对应的是珠江三角洲城镇化的奇迹。2006年,珠江三角洲的城镇化水平从1978年的16.26%,增长到了79.6%,远远高出全国城镇化率35.7个百分点。到2006年底,珠江三角洲外来人口数达到了约2400万人,建制镇数量346个,人口密度达到1039人/km²,成为我国城镇密度最大、经济要素聚集度最高的地区之一[①],珠江三角洲已经成为名副其实的世界多中心巨型城市区域之一。

全球化过程中一个不争的事实是,由跨国企业首先带动的地域劳动分工正深刻影响着产业的空间重构的进行。从全球的视角看,制造业生产的全球三级(美国、欧盟、日本)的空间格局已经被东亚新兴国家和地区以及中国的崛起而打破,在这个过程中,全球化嵌入和产生于特定的地点与背景,并在其中被重构(Dicken,2003)。

由于珠江三角洲处于改革开放的最前沿,因此,从1978年开始,其空间就是处在全球化背景下不断被重构的过程,是以产业空间变化为核心、通过城市化推动的区域一体化过程。

---

① 该段数据主要来源于 http://news.sina.com.cn/c/2007-02-05/064511165797s.shtml,珠江三角洲城市化水平来源:《创新才会赢——珠三角发展转型分析》,全国城市化水平来源:《中国城市发展蓝皮书》,广东省统计信息网 http://www.gdstats.gov.cn/tjfx/t20080215_52893.htm,其他数据来源:《长江和珠三角及港澳特别行政区统计年鉴(2007)》中国统计出版社、《广东省2007统计年鉴》http://www.gdstats.gov.cn/tjnj/ml_c.htm。

6.2 农村城市化与区域格局变化

1978 年以来,珠江三角洲作为全国改革开放的前沿阵地,经济发展十分迅速,缔造了一个举世瞩目的经济奇迹。1980 年,珠江三角洲的国内生产总值为 116.32 亿元,占全省总量的 47%,到 2006 年,经济总量占广东省的比例增加到 81.73%,但相对的,其土地面积和人口仅占全省的 23.1% 和 46.4%。同期,这个土地面积仅占全国 0.43%,常住人口仅占全国 3.28% 的地区,创造出了全国 10.3% 的经济总量,经济增长率达到了 16.7%,高出全国 5.6 个百分点。与经济奇迹相对应的是珠江三角洲城镇化的奇迹。2006 年,珠江三角洲的城镇化水平从 1978 年的 16.26%,增长到了 79.6%,远远高出全国城镇化率 35.7 个百分点。到 2006 年年底,珠江三角洲外来人口数达到了约 2400 万人,建制镇数量 346 个,人口密度达到 1039 人/km²,成为我国城镇密度最大、经济要素聚集度最高的地区之一。[①]珠江三角洲已经成为名副其实的世界多中心巨型城市区域之一。

十一届三中全会以来,在珠江三角洲农村实行了以联产承包责任制为主的一系列改革,不断解放部分农业劳动力,为城镇规模的扩大提供了人源。1984 年,政府公布了允许部分农村剩余劳动力进城务工、经商、办服务业,并在户籍管理上成为自带口粮的城市人,据不完全统计,1984 年珠江三角洲这类人口达到 30 万之多。

农业的发展不仅间接扩大了城市人口规模,还由于农村产业结构的改变以及农业商品率的提高,为城镇发展加工业提供原料,为发展交换和贸易提供货源。1978 年,中央把 118 种统购派购农副产品减少到 5 种,开放农贸市场,1985 年形成以市场需求为导向的农业生产政策方针。1978～1990 年,广东省农业商品率从 43.7% 提高到 67%,而珠江三角洲则提高到 80% 以上;1986 年,以佛山、中山、东莞等 7 县市为例,在整个出口商品中,农副产品、轻纺制品在出口商品外贸收购总值中占 90.6%,这些数据说明,珠江三角洲在当时已初步形成了贸工农型的产业结构。

农业商品率的提高在发展商品经济的同时,也大大提高了农民的收入,从而扩大了城镇的生产和服务业市场,商品经济需要及时掌握市场信息,要求城市及时、准确、大量搜集、加工和传播信息,因而城市作为一个区域中心的向心力加强。

在发展农业商品经济的过程中,乡镇企业成为农村商品生产的重要支柱。珠江三角洲乡镇企业的兴起,标志着中国农村工业化的起点,而且由于其外向化、市

---

① 该段数据主要来源于 http://news.sina.com.cn/c/2007-02-05/064511165797s.shtml,珠三角城市化水平来源:《创新才会赢——珠三角发展转型分析》,全国城市化水平来源:《中国城市发展蓝皮书》,广东省统计信息网 http://www.gdstats.gov.cn/tjfx/t20080215_52893.htm,其他数据:《长江和珠三角及港澳特别行政区统计年鉴(2007)》中国统计出版社、《广东省 2007 统计年鉴》http://www.gdstats.gov.cn/tjnj/ml_c.htm

场化的特征,乡镇企业已经成为珠江三角洲城镇化的主要动力和地方财政收入及居民收入的主要来源。

珠江三角洲的乡镇企业摆脱了传统的计划时期的企业发展模式,不再由国家投资和确定企业发展方向,而是由乡镇自筹资金,按照市场需求发展,这与从中央到地方的"放权"密不可分。曾任广东省委书记的习仲勋曾回忆到,"1979年4月的中央工作会议上,广东直接向中央提出,希望中央给一点权,让广东能够充分利用自己有利的条件在四个现代化中先行一步。"随后,在广东的"放权"从省—市—县—镇—村层层展开,一直深入到最基层,其中,乡镇一级政府成为地方经济的主要推动者。在珠江三角洲,乡镇政府直接指导和监督企业的发展方向,其主要领导人由当地党政部门确定,并对乡镇企业实施"放水养鱼",也就是在财政上给乡镇企业更多的激励,使企业的利益和管理者的利益与县政府的利益密切结合起来。由于乡镇一级政府是分布广泛、数量最多的一级政府,乡镇政府发展经济的高度积极性,最终导致了珠江三角洲各地经济的快速发展。

在珠江三角洲的不同地区,由于地理环境和初始禀赋条件的不同,产生了各种不同的乡镇企业发展模式,特别是珠江三角洲西岸城镇如顺德县的"乡镇办工业和大型骨干企业为主"的集体经济模式以及南海县的"以县办为龙头、镇办为主体、村办为支柱、个体联合体为补充"的非公有制经济全面发展模式,都是乡镇企业促进经济发展的典型。

珠江三角洲农村城镇化现象引起了学界的高度重视,这与从20世纪60年代开始的关于我国城镇化道路的争论(张庭伟,1983)有直接的关系[①]。但直到改革开放以前,从我国城镇化发展的事实中很难找到小城镇的成功发展例子[②]。改革开放初期,农村家庭年产承包责任制实施后,农业生产的生产率大大提高与农村剩余劳动力大量出现有关,按照计划时期城镇发展的路径,当时城镇的基础设施和就业岗位几乎不可能接纳这么多的农村剩余人口,而如何安置这些剩余劳动力成为社会最为现实的问题。到20世纪80年代初期,学者普遍认为珠江三角洲农村城镇化和核心是小城镇的发展,(姚士谋等,1982;杨重光等,1984;赵玉馨等1983;叶克林,1986),特别是1984年,权威学者费孝通在《小城镇、大问题》一书中提出小城镇建设是发展农村经济、解决人口出路的一个途径。农村城镇化似乎是解决当时一直困扰在国家面前的农村剩余人口问题的办法[③],而且是有别于其他国家的一

---

① 国家在20世纪60年代提出"控制大城市规模,发展小城市"的方针,学界在20世纪70年代末就积极主张小城镇的发展(如吴友仁,1979),国家采取鼓励企事业单位到小城镇定点,职工到小城镇安家的政策,有利于实现公社工业化,应重视发展小集镇。1980年国务院就转批了《全国城市规划工作会议纪要》,提出来"控制大城市规模,合理发展中等城市,积极发展小城市"的政策。

② 改革开放前,我国一直处于低水平城市化的状态。

③ 在后期的研究表明,我国城乡二元使大量农民固定在农村土地上,导致大量的"隐性失业"。

种"中国式城镇化道路",并且为国家发展小城镇的方针提供了很好的案例。

珠江三角洲农村城镇化的意义是深远的,与当时的"苏南模式"的实践一起,共同影响了中国城镇化的政策。1984 年,国务院出台关于允许农民进城务工经商和在集镇落户(自理口粮)的政策,也称为"进厂不进城,离土不离乡",亦工亦农成为当时解决农村剩余人口,而又不增加城市负担的重要途径。到 1986 年,国家在设立经济特区后,进一步设立珠江三角洲经济区,可以视为是从政策上对珠江三角洲农村城镇化道路的肯定。

珠江三角洲的农村城市化改变了区域内部的空间关系,形成了城乡一体化的空间结构。麦基认为 20 世纪 80 年代开始,亚洲正在发生的城镇化现象与传统的城镇化学说所预料的情况有很大不同,即出现了城乡一体化(desakota)现象,主要出现在中国台湾的台北—高雄走廊、韩国的汉城[①]—釜山走廊以及中国的香港—广州—澳门三角地区。麦基指出,在国际劳动分工的背景下,在高人口密度以及交通联系网络密集的农村地区进行工业投资具有较便宜的价格,并能够避免在大城市地区的一些规模不经济,因此,中国香港地区加工工业的转移地点并不集中于大城市中心。亲缘关系的存在、交通和电力基础设施的改善、充裕的廉价劳动力和土地面积的供给以及在环境污染方面较宽松的控制,对中国香港和海外的跨国公司来说,这些地方的吸引力不亚于一个拥挤的大城市。珠港分工的产业格局最终导致了在穗港发展主轴上的城镇发展均质化,并初步呈现出某些城乡一体化的地域特征,例如,非农活动的增加、人口流动性的增强、土地利用的混杂、行政管理上的"灰色地带性"等。然而,由于与香港地区联系的强度,珠江三角洲的"农工混合过程"表现出更强烈的非农业化、工业化和更大范围的要素流动。

事实上,珠江三角洲的空间格局显示出以中国香港地区为主导性的空间引力,并且表现出一种对小城镇的偏向。在 20 世纪 80 年代末,珠江三角洲的城镇发展表现为点多、速度快、工业城镇比重高和分布渐均衡的特点。珠江三角洲城市快速扩张的现象在珠江东岸发展走廊上十分明显。"深港"地区与"广佛"地区一起形成一种"两翼齐飞,双向辐射"的格局。随着东部走廊的崛起,原来的首位城市广州不再具有垄断地位,至 20 世纪 90 年代初期,广州在珠江三角洲经济的比重由原来的1/2 下降为 1/4,1992 年,其人均收入水平更是低于珠海、佛山、深圳而降至第四位,区域地位相对下降。此时,珠江三角洲在人口、产业、建设用地等空间要素的动态分布上分别表现为"就地转移"的城镇化过程,"小集聚、大分散"的产业空间以及建制镇建设用地增长快于城市建设用地的增长,并且,传统的以大城市为核心的强单中心结构被打破,各城市之间的经济关系普遍松散,城市间的关系属于竞争型交易关联,珠江三角洲区域空间结构相对其他地区松散。

---

① 今韩国首尔。

　　城乡一体化把珠江三角洲的农村城市化纳入到了全球化的视野,作为与亚洲的新兴工业化地区出现的快速城镇化相一致的现象,珠江三角洲的空间格局打破了传统的等级联系,而是通过参与全球化的经济活动构建了一个较为"扁平化"的空间。

6.3　外资驱动下的区域一体化

　　对外开放是珠江三角洲区域一体化的重要动力。在 20 世纪 80 年代,珠江三角洲主要经济指标的年递增率最高的是实际利用外资额和外贸出口总额。1991年,这两项指标占全国的比重分别是 18.4% 和 14.8%,是中国引进外资和创造外汇的主要区域。

　　从 20 世纪 80 年代开始,以中国香港制造业为主的劳动密集型企业凭借着其与珠江三角洲的地缘和人文优势快速地向珠江三角洲转移,形成了"前店后厂"的地域劳动分工模式。到 20 世纪 90 年代中期,约 80% 的中国香港厂商已经在珠江三角洲设厂,中国香港塑胶业的 80%～90%、电子业的 85%、钟表业和玩具业的90% 都迁到珠江三角洲地区。随后,中国台湾的 IT 产业,主要是电脑周边产品,通过中国香港持续进入珠江三角洲地区。同时,欧美国家以及华侨多的东南亚国家也看中珠江三角洲的成本优势,纷纷在这里投资办厂。

　　引进外资主要有"三来一补"、合作和合资经营等形式,这些外资的进入使乡镇企业和地方工业得到极大的发展。特别是乡镇企业,由于规模小,门类多且灵活性强,对外来料加工工业主要转向乡镇企业,使得乡镇企业数量剧增,外资的利用使得这些乡镇企业冲破了"就地取材,就地加工,就地销售"的框框,大量引进外来的资金、技术和设备,改资源性、封闭性为市场型、开放型,生产出数以百计的具有国内先进水平的新产品,远销国内外。

　　其中,东莞是珠江三角洲典型的外资主导性的城镇化发展模式。以轻型消费品为主的港资"三来一补"企业是东莞初期发展的重要力量,东莞成为中国香港制造业的"大工厂"。这些企业的生产原料或者样式以及销售市场在国际市场,这正好规避了当时国内流通领域十分封闭的状态,同时,劳动力和土地要素在国内,又正好适应了东莞当时禀赋丰富的要素。当时的东莞县委充分认识到了"三来一补"企业对东莞的重要性,制定了发展"三来一补"企业的十条优惠措施,1981 年,县委、县人民政府抽调了 40 名骨干组成对外加工装配办公室,统一领导"三来一补"工作。1986 年东莞的"三来一补"累计收入工缴费已经达 3 亿美元以上,其中 50%为集体积累,成为各镇基础设施建设和扩大再生产的资金。大量的基础设施建设改变了东莞落后的投资环境,这使得东莞在下一轮以台资主导的电子产业转移中抓住机遇,台资成为仅次于港资的广东第二大外资来源。全球电子产业的生产链条,通过分包合同的形式,集聚到东莞。只要在东莞跑一圈,桌面电脑的各种配件就可以配齐组装起来,东莞在 20 世纪 90 年代末成长为名副其实的"世界工厂"。

外资企业在珠江三角洲的投资建厂和乡镇企业的发展,给当地创造了大量的就业机会,大量外来人口来珠江三角洲务工,并促进了区域之间的联系。1986 年,珠江三角洲约有 185 万外来务工人员,到 1988 年达到 320 万人(周大鸣,1992),1988 年初出现"民工潮"①。到 20 世纪 90 年代初,珠江三角洲已经成为我国人口迁入量最大的地区,大量迁移人口已经成为城市人口增长越来越重要来源,并导致珠江三角洲大量城镇规模突然升级。由于吸引外资大都来自香港地区,迁移人口的分布与迁移人口的集聚程度取决于与香港地区的距离,形成以珠江口为核心的圈层集聚结构。大量的外来人口流入,在珠江三角洲形成一个丰富的劳动力市场,形成低成本劳动力的来源,促进珠江三角洲的产业结构调整,也成为珠江三角洲城镇化持续增长的源泉之一。

香港地区产业向珠江三角洲的转移直接改变了香港地区与珠江三角洲的空间关系,形成了"前店后厂"的关系。由于香港地区的产业转移是一种异地的扩张,因此,香港地区保留了和扩大了为这个工业体系提供各种服务的功能,成为珠江三角洲这些"外资"工业企业的总部,还以长期形成的国际通信、金融保险和航运中心的优势,形成生产性服务业的中心,而珠江三角洲则集中成为其生产的基地(薛凤旋和杨春,1997)。这种"前店后厂"的关系使香港地区与珠江三角洲更加具有国际竞争优势,这个地区在 30 年的发展中一直保持高速的增长,成为成衣、玩具、手表和鞋类制品的世界最大出口地。

香港地区与珠江三角洲"前店后厂"的一体化关系变现在跨境的资金流动、跨境贸易以及跨境人流(徐江,2008)。20 世纪 90 年代初,港资已经成为珠江三角洲经济发展的动力,1997 年港澳台企业多达 6000 间,占珠江三角洲企业总数的 40.29%,占工业总产值的 41%。据估计,港资企业为珠江三角洲创造了1000 万～1100 万个就业机会;香港地区与内地跨境贸易自 1985 年起大幅增加,内地成为香港地区最大的贸易伙伴,到 1987 年中港贸易占中国外贸总量的27%,经香港地区转运的内地货物增长最快,这显示了香港地区成为境外投资者进入内地的桥梁。随着经济联系的密切,香港地区与珠江三角洲跨境人员往来更加紧密,1978 年,共有 128 万中国香港地区居民到访内地,到 1997 年有 3367 万人,到 2005 年上升到 6267 万。

经过 30 年的发展,珠江三角洲不仅已经取代中国香港成为亚洲的世界制造业基地,也迅速发展成地区服务中心与生产资料和消费品市场。2004 年,中国内地与香

---

① 　大量的民工潮给城市就业和交通带来巨大的压力,并成为当时重要的社会经济问题,1989 年 3 月国务院颁布《关于严格控制民工外出的紧急通知》,要求各地人民政府采取有效措施,严格控制当地民工外出和人口盲目流动,"盲流"可能起源于那个时候。

港地区更紧密经贸关系的协定(CEPA)生效,到 2006 年香港地区产品共有 3000～4000 个产品的与内地实现零关税,再加上服务贸易的自由化,香港地区与珠江三角洲的区域经济整合和一体化成为一种趋势。而香港地区在 CEPA 的制度性基础上可以把它最具竞争力的生产性服务业引到珠江三角洲来,从而强化大珠江三角洲的全球生产体系,使香港地区与珠江三角洲之间的"前店后厂"模式开始逐渐的出现变化。

6.4　市场引导下的企业区位再选择

全球化过程中,企业的成本、组织结构与技术进步是构成产业空间重构的重要因素。成本差异是推动 20 世纪 80 年代至 90 年代的香港地区与珠江三角洲"前店后厂"的产业空间模式形成的直接动力。在 20 世纪 90 年代末,中国香港贸发局对 887 家在内地有投资的港商调查发现,有 90.2% 选择"劳动力充足和工资较低"为内地投资的主要考虑因素,而有 75.3% 选择了"土地租金较为便宜,工厂厂房较易获得"。当时,在珠江三角洲一般劳动力的工资在 600～800 元,而在香港是这个数的 10 倍,工厂的租金以东莞为例一般是 10 元/m^2,大大低于香港的水平(李郇,2000)。到 2005 年中国香港企业在珠江三角洲成立了约 52 200 家制造业企业[①],形成了以中国香港企业为主的外商直接投资的集聚,这种格局实际上是中国香港制造业寻求低成本生产要素发展的结果。

但从 2004 年开始,形成"前店后厂"的成本条件发生了变化,这主要表现在劳动力、土地和贸易成本的上升以及交通成本的下降。

首先,2005 年在珠江三角洲出现的所谓"民工荒",以及社会上对劳动力低收入和低保障的质疑,预示着低劳动力成本的结束。从最低工资标准的差异和变化可以看出珠江三角洲劳动力成本增加的趋势。2006 年,广东省政府出台了《关于调整我省企业职工最低工资标准的通知》,在该政策的推动下,广州市最低工资标准由 2005 年的 684 元/月提高到了 780 元/月,深圳市的最低工资标准则达到 810 元/月,珠海、佛山、东莞、中山的月标准则由 2005 年的 574 元提高到 690 元。至此,珠江三角洲地区的劳动力最低工资水平已经冠居全国之首,远高于粤北地区和东西两翼地区的 500 元和 450 元。

2008 年 1 月 1 日实施的新《劳动合同法》是建立全球化下新型劳资关系的基础,其对劳动力的社会保障进行了强制性的规定,导致企业对劳动力的支出增加。以家具行业为案例,一家拥有 100 名工人左右的家具企业,公司原有年营业额为 1000 多万,年净利润为 50 万元,工人月薪为每月 1200 元左右。在新《劳动合同

---

① 香港工业总会:珠江三角洲制造,2003-5-27,www.industyhk.org。

法》实施以后,公司需为 100 名工人缴纳养老、失业、医疗保险等费用,公司每月需为每名工人多支出 300 余元,那么每年公司在一名工人身上就必须多支出近 4000元,对于这家 100 名工人的企业来说,一年就必须多支出 40 万元,接近企业原有年净利润的 80％①。珠江三角洲地区劳动力工资较低的优势正在逐步消失。

其次,土地资源紧缺推动了土地价格的增加。珠江三角洲 30 年的粗放式发展模式直接导致了土地资源的紧缺②。从 2006 年开始,国家实施土地调控政策,各类土地供给收紧;2007 年,珠江三角洲城市逐步实现工业用地的招拍挂,珠江三角洲各城市工业用地的出让价格出现上涨,加大了珠江三角洲企业的土地成本。如比较深圳龙华镇和河源市和平县的工业厂房租金,2007 年两地的工业厂房租金相差 20 元/m² · 月,而两年前,这个差距只有 10 元/m² · 月③。土地成本的上升,导致了现有劳动密集型产业难以通过获得新增工业用地实现规模扩张。

再次,人民币对美元汇率升值的影响更加显现全球化的特征,它促使企业原材料的相对成本快速增长以及对外贸易产品相对价格提高。从 2002 年以来,中美贸易顺差的持续增加,以及美国国内财政赤字和美元存款利率的增长,导致美元走弱,国际社会形成了对人民币升值的压力。2005 年 7 月,国家放宽了人民币对美元汇率的幅度,人民币开始持续的走强,从当时的 8.11∶1 上升到 2008 年 3 月的7.01∶1,而且还有继续升值的预期。

珠江三角洲的外商直接投资大部分为外向型企业,2006 年国家增加了加工贸易禁止类目录④,导致这些类型企业的原材料采购逐步转向以对内采购为主。由于采用美元和港币采购,人民币汇率的升值直接引起企业原材料采购成本的大幅上升,估计在 2007 年年初人民币对港元汇率突破 1∶1 之时,港资企业对内采购的成本已经比 2005 年上半年人民币升值前上升了 10％左右。在产品销售方面,由于产品出口和经营收益一般采用外币结算,人民币升值相对就提高珠江三角洲地区的企业产品在国际市场上的价格,影响企业产品的竞争力,极大压缩了企业的利润空间。

最后,广东省高速公路系统的建设降低了珠江三角洲外围地区与香港地区联系的时间成本。改革开放以来,珠江三角洲地区内部已形成了以高速公路、国道、省道为基础的四通八达及高效便利的交通网络。2000 年以来,广东在加快东西两翼和北部山区经济发展的战略指导下,开始加强省域高速公路系统的建设。截至 2005 年

①　数据来源:http://www.villachina.com/2008-03-04/1549506.htm.

②　关于珠江三角洲城市土地紧缺的描述见本书编委会编著《珠江三角洲城镇群协调发展规划》,中国建筑工业出版社出版,2007 年。

③　综合 www.heping.gov.cn/news_view.asp? id＝271 和 changfang.sz.bendibao.com/news/20061019/数据而得。

④　商务部、海关总署、国家环保总局:2006 年第 82 号公告——《加工贸易禁止类商品目录》。

年底，广东公路网密度达 64.2km/100km²，比"九五"时期末提高 6.5km/100km²①。至此，广东省已经基本形成以珠江三角洲为中心，连接港澳、以沿海为扇形、面向山区和内陆省份辐射的高速公路网络，与国道、省道一起构成了省域交通骨干网，进一步完善了广东对外高速公路联系，大大降低了珠江三角洲与周边地区的交通运输成本。

从发展趋势来看，2005 年以来生产成本上升将是一个长期的过程，这是由于人民币升值还有空间，而土地紧缺是一个基本的常态，并且劳动力的管制将会越来越趋于正规化。面对这种状况，珠江三角洲的企业开始寻找新的生存空间，企业迁移现象开始出现。以下将以东莞某银行和深圳某单位提供的 2007 年企业迁移调查为基础，从企业区位选择的角度对产业空间重构进行分析。

1. 深圳龙岗区案例

深圳市龙岗区，由于地理区位上紧邻香港，在较早的时候就有大量的外商直接投资企业。2007 年，深圳龙岗区某局对已经搬迁的 46 家企业和 2008 年计划搬迁的 13 家企业进行调查，调查结果显示在成本驱动下，产业空间存在重组的趋势。

按迁出地分：在已迁的 46 家企业中，龙城和坂田各 11 家（各占 24%），横岗 7 家（占 15%），坑梓 5 家（占 11%），坪山 4 家（占 9%），龙岗 3 家（占 7%），南湾 2 家（占 4%），坪地、平湖和葵涌各 1 家（各占 2%），布吉和南澳则没出现外迁企业；在计划迁移的 13 家企业中，龙城 8 家（占 62%），布吉 3 家（占 23%），坂田 2 家（占 15%）。

按企业性质分：在已迁的 46 家企业中，来料加工企业 31 家（占 67%），三资企业 10 家（占 22%），民营企业 5 家（占 11%）；在计划迁移的 13 家企业中，三资企业 6 家（占 46%），民营企业 4 家（占 31%），来料加工企业 3 家（占 23%）。

按外迁地点分：在已迁的 46 家企业中，迁往惠阳 10 家（占 22%），惠州和东莞各 5 家（各占 11%），博罗 4 家（占 9%），江西 2 家（占 4%），汕头、增城和顺德各 1 家（各占 2%），其他 17 家去向不明（占 37%）；在计划迁移的 13 家企业中，迁往惠州 3 家（占 23%），梅州 1 家（占 8%），其他 9 家去向不明（占 69%）。

从迁移原因的角度来看，这些企业的外迁主要受土地、资源和成本提升的影响较大，由下图可知，在 46 家已迁企业中，由于需要扩大生产规模，但受深圳土地、能源限制而外迁的 5 家（占 11%），在外地购买土地自建厂房发展的 3 家（占 7%），由于深圳生产成本高而外迁的 6 家（占 13%），由于在深惠路、地铁三号线、大运会建设拆迁范围，又不能合理安置需要外迁的 2 家（占 4%），由于旧城改造而外迁的 5

---

① 《"十五"时期广东交通邮电业发展情况回顾》，http://business.sohu.com/20060601/n243522581.shtml.

家(占 11%),由于自身经营不善而外迁的 6 家(占 13%),由于政策调整等其他原因而外迁的 6 家(占 13%),另外还有 13 家企业没有说明搬迁原因(占 28%)。其中除了 13 家企业外迁原因不明之外,受土地资源限制、政策调整、旧城改造、高成本等因素影响而搬迁的企业达 22 家,占了已知搬迁原因企业的 66.7%,可见,政府政策及相关行为成为企业外迁的重要原因之一。如图 6-1 所示。

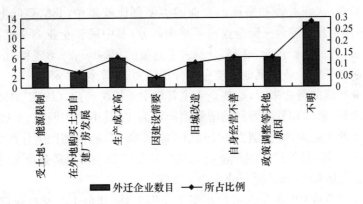

图 6-1　2007 年龙岗区企业外迁原因分类

而在计划迁移的 13 家企业中,因大运会建设需要外迁的 8 家(占 62%),因深圳生产成本高需要外迁的 2 家(占 15%),因合同到期等其他原因需要外迁的 2 家(占 15%),另外还有 1 家企业搬迁原因未明(占 8%)。

由此可以总结出龙岗区近两年产业外迁的总体趋势:

(1) 从外迁企业的类型和性质可以看出,近年来,龙岗区外迁企业主要集中在五金、塑胶、玩具、印刷等劳动密集型行业,且大多数是低技术含量、高能耗、高污染的中小型来料加工企业和三资企业,在深圳市来料加工政策的改变和国家加工贸易政策调整的压力下,生存成本不断提高,促使企业外迁。

(2) 从企业外迁的去向来看,外迁企业的迁入地主要还是惠州、东莞、河源、梅州、汕头、云浮等广东省内地区,而迁往省外的企业较少,在 2007 年已搬迁企业中只有 2 家迁往江西省,所占比例极小,由此可以看出,省内其他地区仍是龙岗企业外迁的主要去向。

(3) 从企业外迁原因来看,大部分企业外迁的主要原因是生产成本提高,包括土地成本、资源成本和劳动力成本等。此外,旧城改造、国家及地区政策调整等也是龙岗区企业外迁的主要原因之一。由此可以看出,由于生产资源价格上升和政府政策调整等引起的企业生产成本提高是企业外迁的最主要原因。

2. 东莞的案例

东莞是典型的外向型经济发展模式,到 2006 年,东莞市全市有工业企业 2 万多家,其中外商投资企业和港澳台投资企业 12 897 家,全市规模以上工业总产值 5822.99 亿元,其中外资型工业总产值 4574.65 亿元,占 78.6%[①]。

2006 年,东莞开始出现一些外资企业关停或迁移的现象,2007 年 7 月,东莞某银行对各镇区的相关现象进行了初步的调查,发现 2007 年上半年,全市各镇区共有 486 家关停或者搬迁,年总产值 57.3 亿元,涉及工人总数为 8.9 万人左右。从企业性质来看,这些关停和搬迁的企业的类型都比较集中,486 家企业中民营企业、三来一补企业和港台三资企业占了绝大部分,其中民营企业 209 家,三来一补企业 145 家,港台三资企业 80 家,分别占了总量的 43.0%、29.8%和 16.5%,而港台以外的其他三资企业和其他性质企业分别仅为 29 家和 23 家。

从企业所属的行业来看,这些企业主要集中于传统产业,以纺织服饰、塑胶、电子、制鞋、玩具、家具和五金等劳动密集型产业为主,其中纺织服饰、塑胶和电子三个行业涉及的企业最多,分别为 107 家、64 家和 58 家,所占的比例分别为 22.0%、13.2%和 11.9%,另外还有制鞋企业 35 家、五金厂 34 家、玩具企业 28 家、家具厂 17 家、漂染企业 10 家和其他行业企业 133 家。

在 486 家企业中,除 343 家企业属于关停之外,其余 143 家企业都进行了搬迁。143 家企业中,迁往东莞市其他地区的共有 74 家,占了 51.7%;而迁往河源、清远、惠州以及省内其他地区的共有 55 家,占了 38.5%;而迁往四川、江西等周边省份和其他国家的分别为 12 家和 2 家,所占比例分别为 8.4%和 1.4%。由此可见,东莞市的企业迁移主要方向还是集中于市内其他地区和省内其他城市,跨省迁移和跨国迁移比例较小。

由以上分析可以总结出东莞市产业外迁的总体趋势:

(1) 外迁的企业主要集中于纺织服饰、塑胶、电子、制鞋、玩具、家具和五金等产业劳动密集型传统,如纺织服饰、塑胶、电子、制鞋、五金是东莞市 2007 年外迁企业最为集中的 5 个行业,企业数目占全市外迁企业的一半以上。

(2) 外迁去向主要集中在东莞本市及广东省内其他地区,如河源、清远、惠州等都是东莞企业外迁的主要迁入地,而迁往四川、江西等广东周边省份的企业数目并不多,所占比例不足一成,迁往国外的企业所占比例更小。由此可见,东莞市产业转移仍主要集中在省内转移,跨省及跨国转移较少。

(3) 外资企业是东莞关停及外迁企业中最重要的组成部分,虽然在全市关停及搬迁企业的数量中,外资企业数量少于私营企业,但由于涉及的外资企业规模远大于私营企业及其他性质企业,所以外企的变动对东莞经济社会发展影响最大,特别是港澳台外资企业,成为东莞外迁企业中的中坚力量。

总之,到 2008 年珠江三角洲已经出现企业迁移的趋势,这些企业的共同特点

---

① 数据来源于 2008 年《东莞市统计年鉴》。

是低技术含量、高能耗、高污染,它们在珠江三角洲产业结构升级的过程中面临的压力高于其他行业,对产业结构调整反应最灵敏的行业,迁移的方向大多集中在珠江三角洲的外围地区。

6.5　政府引导下的空间重构过程

设立产业园区或加工工业区是发展中国家刺激产业增长和吸引投资的重要手段(Chant and Mcilwaine,1995)。自改革开放以来,设立开发区或工业园区一直是中国地方政府发展经济的重要行为。

从 2005 年开始广东省政府就在谋求促进珠江三角洲的产业升级和广东相对落后地区的经济发展,鼓励或顺应产业转移的趋势,并先后出台一系列政策,通过设立产业转移园区促进珠江三角洲产业向外围地区转移[①],被称为"政府搭台、企业唱戏"。从政府的角度看,在珠江三角洲外围地区设立产业转移园区出于两个目的:①政府希望通过在粤东、粤西以及粤北山区设立产业转移园区,承接珠江三角洲产业向外迁移的趋势,带动这些经济相对欠发达地区的发展,实现区域协调;②通过产业转移园区建设,加速珠江三角洲产业向外的迁移,特别是劳动密集型产业的转移,为高新技术产业的发展提供新的土地空间,谓之"腾笼换鸟"。因此无论是从转入地还是从转出地来看,地方政府都是有积极性的。从产业空间角度看,建立产业转移园的结果将直接影响产业空间的重构。

自 2005 年到 2007 年年底,在省政府产业转移工业园的政策基础上,广州、深圳、东莞、佛山、中山、珠海等珠江三角洲城市也各自出台了相关的政策规定,并通过政府合作的方式与东西两翼和北部山区的各市联合建立了多个产业转移工业园,其中已批的省际产业转移工业园有 23 个[②],而未批在建的产业转移工业园 37 个[③]。到

---

①　这些政策包括《关于我省山区及东西两翼与珠江三角洲联手推进产业转移的意见(试行)》(粤府[2005]22 号)、《关于加强我省山区及东西两翼与珠江三角洲联手推进产业转移中环境保护工作的若干意见(试行)粤府[2006]14 号》等。

②　包括广州白云江高(电白)、深圳盐田(梅州)、深圳龙岗(吴川)、深圳南山(潮州)、深圳福田(和平)、佛山顺德(云浮新兴新成)、佛山禅城(云城都杨)、佛山禅城(阳东万象)、顺德龙江(德庆)、顺德(廉江)、东莞大朗(信宜)、东莞石龙(始兴)、东莞石碣(兴宁)、东莞东坑(乐昌)、东莞凤岗(惠东)、东莞桥头(龙门金山)、东莞长安(阳春)、东莞大朗(海丰)、中山火炬(阳西)、中山石岐(阳江)。

③　包括广州番禺(清城)、广州番禺(汕尾)、广州番禺(五华)、广州南沙(翁源)、广州南沙(蕉岭)、广州白云太和(新丰)、广州白云太和(茂港)、广州天河(平远)、广州黄埔区(封开)、广州花都狮岭镇(江城)、广州花都花东(连州)、广州大岗(武江)、深圳罗湖(源城)、深圳南山(连平)、深圳南山(龙川)、深圳盐田(东源)、深圳龙岗(紫金)、深圳龙岗(潮南)、深圳宝安(龙川)、深圳宝安(南雄)、佛山南海(罗定)、佛山南海(阳山)、佛山禅城(清新)、佛山顺德(连南)、佛山(清远)产业转移工业园、东莞石碣(广宁)、东莞大岭山(南雄)、东莞常平(梅江)、东莞常平(雷州)、中山南头(梅州)、中山(三乡)、中山(郁南)、中山三角(连山)、中山沙溪(曲江)、珠海三灶(高州)、珠海金湾(官渡)。

2007 年年底,已批准的 23 个省级产业转移工业园已签订入园投资意向项目 415 个,签订入园投资意向项目(企业)467 个,协议投资 444 亿元,其中 50% 是珠江三角洲通过扩大生产规模、整体搬迁、新建、参股等形式转移到产业园的项目。已动工建设项目 162 个,投资额 77.5 亿元,其中已建成项目 79 个,投资额 31 亿元,已为社会提供就业岗位 2.7 万个①。

　　从已经批准的产业转移工业园的建设数量来看,东莞、深圳、佛山、中山是本轮产业转移最主要的转出地,其中又以东莞为最,东莞市与韶关、惠州、梅州、茂名 4 市合作共建了 8 个产业转移工业园,占已批省际转移工业园的 35%,而佛山和中山分别投资建设了 5 个产业转移工业园,各占了总量的 22%。

　　从产业转移类型来看,在已批的省级产业转移工业园中,纺织服装、鞋业、轻工制品、五金制造、食品加工、塑料制品、精细化工成为最主要的转移产业。从转出地来看,各个城市的产业转移都有自己的重点行业,特别是深圳、佛山、东莞等产业发展较为成熟的城市,其产业转移的集中度更高,如佛山的产业转移主要集中在陶瓷、电器制造、五金等几个行业,而东莞的产业转移主要集中在纺织服装、五金、食品加工和电器制造等行业。

　　产业转移园区的分布同样表现出成本驱动下产业空间重构的两大特征,转出地区是生产成本较高的珠江三角洲地区,转入的是生产成本较低的珠江三角洲外围地区,而园区的产业同样以劳动密集型为主要特征。具体看产业园区的空间布局,主要存在以下三点特征(图 6-2)。

　　(1) 存在明显的圈层结构。从政府的政策来看,产业转移园区的建设是位于珠江三角洲的外围地区。事实上也是如此,但从类型上看,存在两个明显的圈层,即珠江三角洲外围区和广东省边缘区。已经批准的省级产业转移园区大部分紧邻珠江三角洲的外围地区,如云浮、德庆、阳江、龙门、惠东、汕尾等,而待批准的产业转移园区大部分在广东省的边缘地区,如高州、罗定、蕉岭、郁南、封开、梅江等地。

　　(2) 沿高速公路轴向拓展。从图 6-2 可以看出,贯穿东西和连接北部山区的高速公路成为产业转移工业园分布的轴向,沿连接珠江三角洲地区与粤东地区的东部沿海高速公路分布的产业园共有 5 个,沿连接珠江三角洲和粤西地区的西部沿海高速公路分布的产业园有 7 个,沿连接珠江三角洲和河源、梅州两市的高速公路分布的产业园共有 13 个,沿连接珠江三角洲和韶关的高速公路分布的有 5 个,另有 15 个沿省内各国道蔓延分布。特别是于 2001 年后陆续通车的西部沿海高速和珠江三角洲—河源、梅州的高速公路成为产业转移园分布最密集的地带,由此可见,高速公路网的建设对运输条件的改善促进了产业空间的重构。

---

　　①　该段数据综合了各园区政府网站提供的资料。

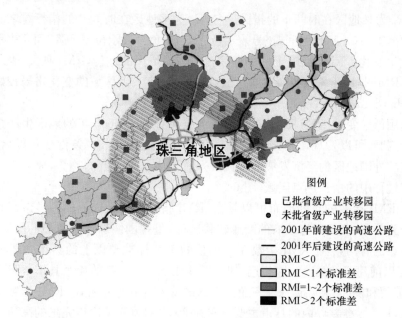

珠三角地区

图例
■ 已批省级产业转移园
● 未批省级产业转移园
――― 2001年前建设的高速公路
――― 2001年后建设的高速公路
□ RMI<0
▨ RMI<1个标准差
▨ RMI=1~2个标准差
■ RMI>2个标准差

图 6-2　广东省产业转移的空间格局和绩效(2004~2006 年)

　　(3) 存在东西两个转移扇面。珠江出海口以东各市的产业转移的主要指向依然是同为东部的粤东各市及粤北偏东的城市,珠江三角洲东部的深圳和东莞两市的转移主要为广东省东部及东北部的梅州、惠州、河源及韶关 4 市。深圳市参与建设的 13 个产业转移工业园中,只有一个是与粤西的湛江市合作共建的,其余 12 个均是与河源、梅州、韶关、汕头、潮州各市合作建设的;而东莞的 12 个产业转移工业园中仅有 4 个是分别与粤西的肇庆、湛江、阳江、茂名 4 市合作建设的,其他 8 个则是与梅州、韶关、汕尾、惠州等东翼城市共建的。而珠江出海口以西各市的产业转移的主要方向则为粤西各市及粤北偏西的城市,珠江三角洲西岸的佛山与珠海两市的产业基本转移到肇庆、云浮、阳江、茂名和湛江 5 市。佛山市的产业转移方向主要为粤北的清远市、珠三角延伸地带的肇庆和粤西的阳江及湛江等市,佛山尚未与粤东城市建立产业转移合作关系;珠海仅有的 2 个产业转移工业园分别是与粤西的茂名和湛江合作建立,同样未与粤东地区建立产业合作关系,中山市的产业转移方向也是主要集中于粤北及粤西城市,如韶关、阳江等城市。

　　政府的行为与企业选择的一致,促进珠江三角洲的产业空间的重构,带动了珠江三角洲外围地区的经济发展水平的提高。下面,我们将具体分析这些行为的空间绩效。

　　位序变动指数(RMI)是衡量一个地区在整体的区域中某项指标变化程度的指标,其公式为

$$RMI = (R_1 - R_2)/(R_1 + R_2)$$

式中,R_1 为某地区在时间 1 的指标排名,R_2 为某地区在时间 2 的指标排名。RMI 指数的范围在$(-1,1)$之间,正号表示位序上升,负号表示位序下降,而 0 表示位序没有发生变化。RMI 反映了一个地区在整体区域中的地位,RMI 越大,表示位序越高。RMI 是用于考察投资热点区域,特别是城市或者区域的变化格局较好的指标(Richard and Pick,2006)。

利用位序变动指数(RMI)对广东省各县市 2004～2006 年的地区生产总值增长进行判断,可以发现,2004 年,珠江三角洲产业发展的成本条件变化以后,珠江三角洲的外围地区的经济发展地位在广东省域内呈现上升的趋势,成为新一轮产业转移过程中的增长热点区域(图 6-2)。

从 RMI 指数的空间分布可以看出,RMI 指数平均数以上的各县市都有沿着高速公路分布,而且都有政府的产业转移园区,呈现围绕珠江三角洲的圈层分布。值得注意的有两点:①RMI 指数在平均数的 1 个标准差以上的县市主要分布与 2001 年以前建成的高速公路相连,如邻近珠江三角洲北部的 4 个县市(清远市区、清新、英德和佛冈)和临近珠江三角洲东部的博罗县和惠东县;②RMI 指数在平均数以上,1 个标准差以内的县市主要分布在 2001～2006 年逐步完工的高速公路沿线,北部以清远南部 4 个县市向更北部韶关各县市的 RMI 指数递减,以及惠州的博罗和惠东向更东北部和东部各县市的 RMI 指数递减。这进一步说明邻近性和基础设施条件在产业转移中的重要性。

从图 6-2 还可以发现另外一个事实,即政府对产业转移的响应必须与改善交通基础设施这种间接的市场引导行为相结合,才有可能取得较好的经济绩效。如在交通条件不通达的西北部县市如德庆、云浮、怀集等,虽然具有 4 个已批产业转移园和 7 个未批产业转移园,RMI 指数却小于 0;而在交通通达的东西两翼地区和粤北、粤东北地区,政府产业转移园区的分布对应着较大的 RMI 指数。

为进一步描述广东省经济发展的空间绩效,根据钱纳里的"标准结构"分析方法(Chenery and Syrquin,1975),将广东省各县市的人均 GDP 水平划分成四个不同水平,从低到高分别是小于 1200 美元、1200～2400 美元、2400～4800 美元和大于 4800 美元,分别代表初级产品生产阶段、工业化的初级、中级和高级阶段。通过对比 2003 年和 2006 年广东省各县市经济发展水平的空间结构,可以发现,2003 年后,邻近珠江三角洲的外围地区进入工业化中级阶段,而粤西的各县市全面进入工业化的初期阶段,这与 2005 年开始的产业转移空间是相一致的(图 6-3)。也就是说,伴随着这种较大规模的制造业转移现象,从 20 世纪 80 年代开始在成本驱动因素下形成的香港与珠江三角洲的"前店后厂"地域分工模式发生了更进一步的空间重构过程,原有的珠江三角洲和外围地区的"核心—边缘"结构正在被打破,原有的部分"边缘"区域被纳入到"后厂"的范围,在珠江三角洲外围形成了一个新的发展圈层,而珠江三角洲作为原来的"后厂"正面临产业外迁和产业转型的压力。

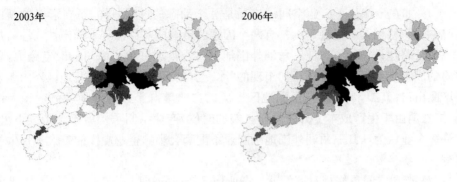

图例

☐ 小于1 200美元初级产品生产阶段　　　▨ 1 200~2 400美元,工业化初级阶段

▨ 2 400~4 800美元工业化中级阶段　　　■ 大于4 800美元工业化高级阶段

图 6-3　广东省 2003 年和 2006 年各县(市)人均 GDP 分级图

6.6　结论性评述

　　2005 年以后,随着劳动力成本、土地成本的提高和人民币的升值等全球化因素的加剧,以及区域交通条件的改善,珠江三角洲企业出现了向外围区域迁移的迹象,并与政府倡导下的产业转移园区的建设相配合,这推动了广东产业空间的重构,在改革开放后形成的香港与珠江三角洲"前店后厂"的产业空间基础上,进一步把"后厂"的范围拓展到了珠三角外围区域,并促进了广东省边缘区域的开发的加剧(图 6-4),形成了更大空间范围的"前店后厂"模式。这种产业空间重组的过程是市场与政府共同作用的结果。但这种产业空间重构仍然存在以下的问题值得进一步的探讨。

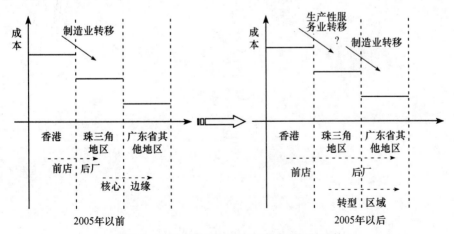

图 6-4　全球化背景下广东省产业空间的重构

（1）如在全球化下产业空间的格局是一个动态的过程一样，正在形成的新的"前店后厂"格局是不是稳定的？有两个因素的影响使其存在着不确定性：其一，尽管高速公路建设缩短了珠江三角洲外围地区与香港或其他出海口的时空距离，但风险的成本在增加，如2008年初出现的"冰凌雪灾"严重影响了粤北地区外向企业的产品出口；其二，当珠江三角洲地区形成的产业集群带来的规模经济的正面影响，能抵消由于生产成本上升的负面影响的时候，产业空间重构就不会持续下去，如许多企业认为珠江三角洲外围地区产业不配套会影响企业规模的扩大和再生产过程。

（2）产业空间重构相对应的就是产业地区产业的转型，在改革开放后，香港的制造业大量向珠江三角洲转移以后，香港产业经历了向服务业，特别是生产性服务业转型的过程。对珠江三角洲而言，如果在政府和市场的共同驱动下，大规模产业转移的出现，将一定会导致珠江三角洲产业的转型，但珠江三角洲产业转型或升级的路径是什么？如果从制造业转向服务业，则需要进一步研究与CEPA对香港服务业外迁的影响，以及服务业外迁的区位选择，如果要实现从加工工业向高科技产业发展，这需要明确高科技产业的人才与技术的基础在哪里？

（3）政府大规模的产业转移园区建设是不是会得到市场的反应？促进产业升级和实现区域协调发展一直是政府追求的目标，推动珠江三角洲产业向外围地区的转移可以为珠江三角洲实现"腾笼换鸟"为新的产业发展提供空间，又可以实现欠发达地区投资的增长。因此，在短短的3年里出现了大量批准的和待批准的各级政府主导的产业转移工业园，如果市场没有作出相应的反应，或转出地的产业辐射力和产业影响力不足、承接地的各种条件不足、缺乏必要的市场和产业基础等，就会导致大量的资源浪费。

第 7 章 长江三角洲地区一体化与经济增长

7.1 引 言

区域经济一体化是世界区域经济发展和区域空间结构演变的趋势,欧盟经济一体化和北美自由贸易区成为推动区域经济协调发展和区域空间整合的范例。在科学发展观的背景下,长江三角洲、珠江三角洲和京津塘地区的各级政府都提出了促进区域经济一体化的策略。

在我国,区域经济一体化往往表现为打破行政区边界、实现跨区域协调发展。对我国区域经济一体化的研究表明,由于我国普遍存在行政区经济,我国的行政区边界对区域一体化的影响相当明显(鲁勇,2002;Young,2000;Poncet,2002;林毅夫和刘培林,2003)。行政区边界(如省界)是历史上长期形成的区域管理界限,在边界内存在行政管理的一致性、政策的一致性和自然条件的相似性。在区域经济一体化的过程中,行政区边界之所以具有重要的影响作用,因为我国地方政府具有追求行政区域边界内的利益最大化的动机(洪银兴和刘志彪,2003)。在这种情况下,行政区边界往往成为缩小区域增长水平差异,实现协调发展的主要障碍,即存在边界效应。基于此,打破行政区边界,实现跨区域协调发展往往成为区域一体化的主要目标。

但纵观国内现有相关文献,我们惊奇地发现,人们仅仅把行政边界视为划分所研究样本的范围,这忽视了边界在区域经济一体化过程中的影响。因此,本文尝试度量在经济一体化过程中的边界效应(border effect)。

其实,如果我们留意国际贸易文献就会发现,自 1995 年以来,从边界效应的视角度量区域一体化的程度,已成为研究区域一体化研究中的经典方法,积累了大量文献。McCallum 的文章可以说是该领越的开山之作(McCallum,1995),他利用加拿大省级和国际的贸易流量数据,分析了加拿大国内贸易量以及与美国的跨境贸易量,发现在 1988~1990 年两国的边界效应是非常大的;Wolf 分析了美国的市场一体化(Wolf,2000),在美国各州实行固定汇率且具有文化和制度的同质性情况下,他仍得出了美国的边界效应在 3.0~4.5 的结论;Head 和 Mayer 从产业上对欧盟 1978~1995 年欧盟一体化进程中的国与国之间的边界效应进行度量(Head and Mayer,2000),他们发现,欧洲的边界效应从 19 世纪 70 年代末的 21 下降到了 1995 年的 11.3,这一结果证实了欧洲的边界效应正在减小,市场一体化程度在加强。

我国的行政边界众多,本章以长江三角洲为例,考察江苏与浙江省、上海与江苏、上海与浙江的边界在长江三角洲一体化进程中的作用。选择长江三角洲主要是因为,长江三角洲地区是我国经济发展水平最高的区域,2003 年,长江三角洲利用约占全国 0.3% 的土地,集聚了全国约 2.9% 的人口,创造了全国 12.7% 的GDP。同时,长江三角洲围绕着长江口形成了一个发展的自然整体,具有地理和历史条件的相似性,目前是我国区域经济一体化进程态势最好的地区(洪银兴和刘志彪,2003)。当然,最为重要的是,现有文献至今还没有考察过长江三角洲一体化进程中的边界效应。对长江三角洲的研究大量集中在城市群空间结构及城市群形成机理(顾朝林和张敏,2000;姚士谋和陈爽,1998)、区域可持续发展(王志宪等,2005)、产业结构调整(陈建军,2004)等方面。由于在我国区域经济增长中,传统因素的影响正在下降,体制创新成为近年来区域发展的主要动因之一(陆大道,2003),长江三角洲区域一体化的进程受到关注,空间集聚与扩散(胡序威等,2000)、产业趋同与产业分布(宁越敏,1998)、城市与区域合作、联动和产业结构调整(沈玉芳,2003)、城市协调发展是区域一体化研究的主要内容(杜德斌和宁越敏,1999),以城市为主体的合作与共同行动计划也成为长江三角洲一体化规划的核心(邹军和徐海贤,2004)。

图 7-1　长江三角洲城市分布示意图

我们注意到,长江三角洲不仅有 15 个地级以上城市,还有直辖市与省区两类行政区(图 7-1)。这两类行政区之间不仅存在着发展上的差异,而且,上海对邻近的江苏省和浙江省具有强烈的辐射作用。这些条件为考察区域一体化地区边界效应的时空演进提供了一个自然观察平台。本书选择长江三角洲这一单一地区也是出于这方面的考虑。

以下部分的结构安排是,第二节考察度量边界效应的方法;第三节是数据描述;第四、五节以长江三角洲为例考察边界效应的时空变化。

7.2　边界效应的度量方法

对边界效应的度量一般是采用重力模型和经济学中的垄断竞争模型,从五个视角来考虑:第一是分析中心城市与周边城市的经济联系强度,如果存在行政区的边界效应和其他影响,中心城市对周边城市的联系强度就会出现差异(胡序威等,2000);第二是分析价格和报酬率的空间分布,如果区域中存在边界效应,那么不同省区之间的劳动力和资本报酬率存在较大的差异(Fan et al.,2003);第三是分析不同省份产业结构变化趋势和相似度,产业结构越相似就说明省区之间的专业化程度较低,边界效应明显(陈东其,2002);第四是直接计算跨省的贸易流动,根据外省的消费对本地消费的替代,并对地理位置、相对价格和生产力水平等因素进行调整,来比较跨省的贸易是否受到抑制(Sandra,2002);第五是分析不同省区经济周期的相关性,在边界效应小的区域,经济周期有较大的相关性(Xu and Voo,2003)。

在我国现有的相关文献中,对边界效应的度量主要是采用第一种视角,即以重力模型为基础的方法,由于缺乏行政区之间的相对的流量数据和相应价格数据的统计,很难通过第二、三、四个角度对我国边界效应进行度量。受第四个视角的启发,我们认为边界效应的影响最终体现在城市经济增长方面,区域一体化的实质无非是实现区域的协调发展,缩小区域内城市间的差距,实现区域各城市的增长趋同。也就是说从经济增长的角度来看,区域一体化属于趋同的研究范畴(徐现祥和李郇,2005),即落后地区的经济发展能追赶上发达地区。

因此,我们把边界效应定义为区域一体化地区内跨行政区比较的城市间经济水平增长的差距变化,如果在行政区内部的城市经济水平增长差距不断缩小的情况下,跨行政区比较的城市经济水平增长差距出现增加的情况,则说明存在边界效应。其内涵为在一体化区域中,存在行政区之间的差距,而这种差距变动趋势与一体化趋势相反,但小于一体化的趋势。

从方法论的角度看,趋同分析主要是在条件 β 趋同分析框架或 Barro 回归方程内进行的。条件 β 趋同是指,经济体的增长速度与其自身初始状态到稳定状态的距离大致成正比,简而言之,经济体向自身的稳定状态收敛。Sala-i-Martin(1996)把该框架称之为趋同分析的经典方法。Barro 回归方程为

$$g_{i,t,t+T} = \alpha_i + \beta_i \ln(y_{i,t}) + \Psi_i X_{i,t} + \varepsilon_{i,t} \qquad (7\text{-}1)$$

式中,$\beta_i < 0$,$g_{i,t,t+T}$ 和 $X_{i,t}$ 分别为经济体 i 内各子经济体在 t 到 $(t+T)$ 期 GDP 的平均增长速度和刻画其稳定状态的一组变量(对数状态),α_i 为常数项,Ψ_i 为 $X_{i,t}$ 的一组系数,$\varepsilon_{i,t}$ 为残差项。就我国的文献而言,人们目前主要在条件 β 趋同框架内考察我国省区的趋同情况(Jian et al.,1996;蔡昉和都阳,2000;沈坤荣和马俊,2002;魏后凯,1997),1990~2000 年,全国地级及其以上城市的人均 GDP 存在绝对 β 趋同(徐现祥和李郇,2004)。

式(7-1)揭示了,经济体的增长速度与其自身初始状态到其稳定状态的距离大致成反比,为了揭示在一定条件下,不同经济体间初始差距的大小与其变动态势负

相关,从而实现在一个分析框架内可同时进行纵向、横向比较,我们假设,如果经济体 A 和 B 具有相同的稳定状态和趋同速度,由式(7-1)可得

$$g_{A,t,t+T} - g_{B,t,t+T} = (\alpha_A - \alpha_B) + \beta\ln(y_{A,t}/y_{B,t}) + \Psi(X_{A,t} - X_{B,t}) + (\varepsilon_{A,t} - \varepsilon_{B,t})$$
(7-2)

由 $g_{i,t,t+T} \approx (\ln(y_{i,t+T}/y_{i,t}))/T$ 可知,式(7-2)右边为 $(\ln(y_{A,t+T}/y_{B,t+T}) - \ln(y_{A,t}/y_{B,t}))/T$。另外,我们把 y_A/y_B 记为 $\bar{y}$,则 $\bar{y}$ 就表示经济体间的横向比较。因此,式(7-2)可整理为

$$(\ln(\bar{y}_{t+T}) - \ln(\bar{y}_t))/T = \alpha + \beta\ln(\bar{y}_t) + \Psi X_t + \varepsilon_t \tag{7-3}$$

式中,$g_{t,t+T}$ 为经济体间横向之比在 t 到 $(t+T)$ 期的平均增长速度,刻画了经济体间差距的变动态势。

参照重力模型,我们建立对长江三角洲中江苏省与浙江省之间、上海与江苏省之间、上海与浙江省之间边界效应进行度量的回归方程。主要是对式(7-3)的控制变量 X_t 进行设定,首先,设定一个虚拟变量对边界效应进行度量;其次,考虑到在长江三角洲区域一体化的进程中,上海起着至关重要的作用,20 世纪 90 年代,上海 GDP 占长江三角洲总 GDP 的比例从 47% 逐年上升到 51%,我们在考虑边界效应的时候,需要进一步考察与上海的空间关系。因此,我们进一步引入距离等变量控制变量。这样式(7-3)就具体表示为

$$(\ln(\bar{y}_{t+T}) - \ln(\bar{y}_t)) = \alpha_0 + \alpha_1\ln(\bar{y}_t) + \alpha_2\,dum + \alpha_3\,distance + \varepsilon_t, \tag{7-4}$$

式中,y_t 和 y_{t+T} 分别为长江三角洲两两城市间在 t 到 $(t+T)$ 期的 GDP 比值,dum 为对省界的度量,即跨省比较的为 1,其他为 0;distance 为每个城市到上海的公路交通距离,$\alpha_0, \alpha_1, \alpha_2, \alpha_3$ 分别为常数项和各变量的系数。

本书旨在定量分析行政区边界在区域协调发展中的经济作用,我们最关心的是 α_2 的符号。α_2 度量了跨省城市之间的与省内城市之间的差距缩小幅度之差。如果 α_2 显著大于零,则表明长江三角洲地区存在边界效应,阻碍了该地区的区域一体化的过程。

我们采用邹检验(Chow Test)对长江三角洲江苏、浙江两省城市样本在回归中是否存在结构性变化进行检验[①]。具体做法是在方程 1 的基础上,首先,假设长江三角洲各城市为一个区域内样本,构建有约束的回归方程,其次,分别以长江三角洲中的江苏省和浙江省城市构造两个无约束方程,最后,用回归的残差平方和构造 F 统计量

$$F = \frac{(RSS - RSS_1 - RSS_2)/K}{(RSS_1 + RSS_2)/(n_1 + n_2 - 2K)} \tag{7-5}$$

---

① 由于上海作为单个城市不存在内部比较,因此在本文的结构分析部分不包括上海。

式中,RSS 为有约束方程的残差平方和,RSS$_1$、RSS$_2$ 分别为两个无约束方程的残差平方和。F 统计量服从自由度为 $(K, n_1 + n_2 - 2K)$ 的 F 分布,如果计算出的 F 值大于给定 α 水平下的临界 F 值,则拒绝两个无约束方程回归相同的假设,即长江三角洲中江苏省和浙江省的城市存在结构性变化,无法视为同质样本,反之,说明长江三角洲中江苏省和浙江省的城市为同一区域样本,是同质样本,可视为一体化区域。

7.3　数　　据

7.3.1　数据来源

　　本章研究的对象是我国长江三角洲地区的地级及其以上城市的市区,暂不包括县级城市。长江三角洲地区是指经济地理意义上的长江三角洲,包括江苏中部的 8 市(南京、扬州、泰州、南通、镇江、常州、无锡、苏州)、浙江北部 6 市(杭州、嘉兴、湖州、宁波、绍兴、舟山)和上海市,总面积约 10 万 km^2,人口约 8000 万。由于江苏的泰州和浙江的舟山缺乏完整的数据,我们最终在回归分析的时候剔除了这两个城市,即回归分析的对象是 12 个城市和上海。

　　本文采用的原始数据分别是 12 个城市的人均 GDP 和到上海的距离,样本区间是 1990~2000 年。其中 1998 年以前的人均 GDP 来源于《新中国城市 50 年》,其他人均 GDP 来源于《中国城市统计年鉴》(1999~2001)。到上海的距离是指各个城市到上海的公里里程,来源于易程网的《中国公路营运里程、地图、配货站查询系统》。

7.3.2　数据描述

　　我们首先比较 1990 年、1996 年和 2000 年的长江三角洲各城市人均 GDP 的分布格局,为便于比较,对这三年 GDP 进行标准化,可以发现(图 7-2):

　　第一,在 20 世纪 90 年代初期,江苏省部分城市的平均 GDP 普遍高于浙江省,到 20 世纪 90 年代中期,浙江省的宁波、绍兴的水平有所提高,同时上海以及江苏省的苏州、南通水平下降,但扬州、泰兴的水平在增长,到 2000 年,上海、苏州、南京的地位普遍上升,而浙江省各城市的格局几乎没有发生变化。

　　第二,位于长江三角洲边界上的嘉兴、湖州人均 GDP 的相对水平一直没有发生变化。我们进一步考察三类样本人均 GDP 比值的平均值的变动态势。如果把样本按照江苏省内、浙江省内和省间的顺序排序,则样本的平均值恰好可以分解为江苏省内、浙江省内和省间三部分,即

$$\sum_{i=1}^{66} y_i/66 = \sum_{i=1}^{21} y_i/66 + \sum_{i=22}^{31} y_i/66 + \sum_{i=32}^{66} y_i/66 \tag{7-6}$$

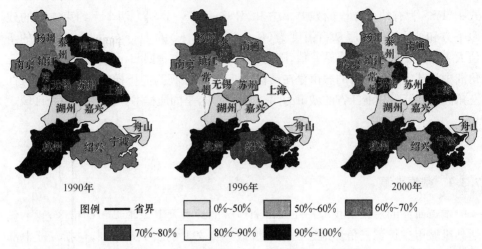

图 7-2　长江三角洲各市 GDP 比值分布示意图

　　按照式(7-6)的计算结果如图 7-3 所示。由图 7-3 可知,1990～2000 年,在长江三角洲地区,人均 GDP 差距的变动态势具有以下两个特点:

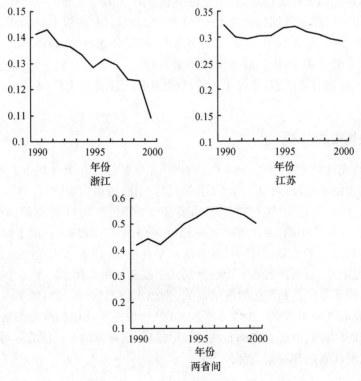

图 7-3　人均 GDP 差距的变动态势

　　第一,江苏省和浙江省省内城市间的差距小于两省间差距。由图 7-3 可知,在样本区间内,平均而言,省间差距远远大于江苏省内和浙江省内的差距。

第二,就变动态势而言,浙江省明显呈现下降态势,而两省间差距却呈现先升后降的变动态势。1990~2000 年,平均而言,江苏省内和浙江省内的差距都呈现下降的态势,下降的幅度分别为 9.74% 和 22.74%。1990~1996 年,省间差距明显呈现上升态势,上升的幅度为 33.46%,1996~2000 年缓慢下降,下降的幅度为 10.41%。

省间差距与省内差距的异同是否意味着省界在区域一体化的过程中存在边界效应呢?本章以下部分将作详细的分析。

7.3.3 结构分析

由回归方程(1)和图 7-4 中的第一幅图可知,α_1 为负值,即 1990~2000 年,长江三角洲 12 个城市之间人均 GDP 差距缩小的幅度与其初始差距水平负相关,即在样本区间内,城市间差距越大,差距缩小的幅度就越大。

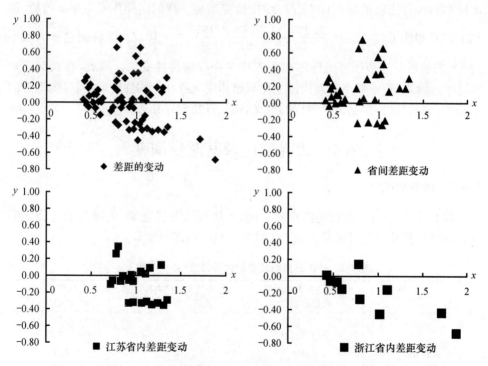

图 7-4 长江三角洲城市间的人均 GDP 差距的变动态势图

注:Y 和 X 轴刻画的分别是长江三角洲城市人均 GDP 差距在 1990~2000 年的变动幅度及其初始值

现在,我们将样本分为江苏省内、浙江省内和省间三类,分别考察其差距的变动态势,结果如图 7-4 和表 7-1 所示。

表 7-1　长江三角洲城市间的差异分析

项　目	回归方程(1)	回归方程(2)	回归方程(3)	回归方程(4)	回归方程(5)
常数项	0.279	0.006	0.006	0.020	0.006
y_{90}	−0.295	−0.116	−0.270	−0.179	0.183
	(−2.75)***	(−4.01)***	(−13.81)***	(−5.66)***	(3.53)***
R^2	0.106	0.201	0.749	0.334	0.163
SSR	4.603	0.824	0.237	1.228	2.191
N	66(全部样本)	21(江苏省内)	10(浙江省内)	31(省内)	35(省间)

注:实证分析模型是$(y_{t+T}-y_t)=\alpha_0+\alpha_1 y_t+\varepsilon_t$;样本区间是1990~2000;***、**和*分别表示通过显著水平为1%、5%和10%的统计检验;括号内是T值。

最后,我们考察跨省城市差距的变动态势。由式(7-5)和图 7-4 中最后一幅图可知,1990~2000 年,跨省比较的城市差距不是存在趋同,而是存在趋异,即跨省比较的城市差距缩小幅度与初始差距水平正相关。与式(7-4)相比,在式(7-5)中,初始值的回归系数显著,系数的符号与前 4 个回归方程不同,这是否意味着省内城市样本和跨省比较的城市样本存在结构性变动呢? 我们同样作了 Chow 检验,得到 F 统计量为 $F(2,62)=\dfrac{(4.603-1.228-2.191)/2}{(1.228+2.191)/(66-2)}=10.74$,能够通过显著水平为1%的检验。这表明省内样本和跨省样本存在结构性变动。因此,在长江三角洲这个区域内,跨省城市间差距的变化与整体变化存在结构性变动,而且变动方向不一致,也就是说,根据边界效应的定义,长江三角洲存在边界效应。

7.4　边界效应及其时空演变

7.4.1　边界效应

按照式(7-2)对江苏省与浙江省之间、上海与江苏省之间、上海与浙江省之间的行政区边界效应进行度量。表 7-2 报告了相应的回归结果。

表 7-2　长江三角洲城市的边界效应(1990~2000)

因素 ＼ 类别	上海与江苏的边界 回归方程(6)	上海与浙江的边界 回归方程(7)	江苏与浙江的省界 回归方程(8)
y_{90}	−0.432	−0.371	−0.141
	(−1.85)**	(−2.34)**	(−1.77)*
dum	0.356	0.503	0.214
	(3.08)***	(1.84)*	(3.60)***
distance	0.001	0.003	0.0004
	(0.397)	(−0.95)	(1.41)
R^2	0.37	0.51	0.723
N	28	15	66

注:在实证分析过程中作了 White 异方差调整;引入了城市虚拟变量,以刻画城市固定效应;其他同表 7-1

由表 7-2 中的回归方程(6)、(7)、(8)可知,α_1 保持负值,说明在长江三角洲地区,江苏省和浙江省之间、上海市与江苏省之间、上海市与浙江省之间的城市存在一体化的趋势,但边界(Dum)的回归系数 α_2 能够通过显著水平为 1%、10%、1% 的检验,符号为负号,表明在长江三角洲地区一体化进程中,上海与江苏省、浙江省的界限、江苏省、浙江省界对区域一体化存在着一定的阻碍作用,这与长江三角洲发展机制受到地方政府行政边界利益的强烈约束的论断是相一致(Young,2000)。比较回归方程(6)和回归方程(7)边界的系数,发现上海与江苏省边界的系数小于上海与浙江省边界系数,也就是说,上海与江苏省的边界效应小于上海与浙江省的边界效应。该结论可以得到已有的研究,如上海与江苏省和浙江省的经济联系(胡序威等,2000)、上海对江苏省与浙江省的溢出效应比较(王铮等,2005)的支持。进一步的,我们发现江苏省与浙江省的边界效应小于上海与江苏省、浙江省的边界效应,这体现了直辖市与省界之间的边界与省与省之间的边界对区域一体化的影响程度存在不同。在由于整体的经济水平不高,在长江三角洲区域一体化过程中,是以上海分别对江苏省和浙江省的辐射作用为动力,而江苏省与浙江省之间的相互影响不大,进而造成江苏省、浙江省的省界对区域一体化的影响不大[①]。

距离(distance)的回归系数不显著表明,在长江三角洲区域一体化过程中,距离的影响不大,这与长江三角洲已经形成发达的以上海为中心的交通网络有关。

7.4.2　边界效应的时空演变

为了揭示长江三角洲的边界效应时空变化,参照结构分析中的结果,把 20 世纪 90 年代按 1990～1996 年、1996～2000 年分为两个时间段,对江苏省与浙江省界、上海与江苏省、上海与浙江省的边界效应进行度量。估计结果如表 7-3 所示。

表 7-3　长江三角洲城市边界效应的时空变化

因　素	上海与江苏		上海与浙江		江苏与浙江	
	1990～1996 年 回归方程(9)	1996～2000 年 回归方程(10)	1990～1996 年 回归方程(11)	1996～2000 年 回归方程(12)	1990～1996 年 回归方程(13)	1996～2000 年 回归方程(14)
y_{90}	−0.796 (−2.63)**	−0.277 (−0.20)*	−0.169 (−1.93)*	−0.315 (−2.14)*	−0.041 (−0.66)	−0.095 (−2.55)**
dum	0.305 (2.71)***	0.193 (2.14)**	−0.07 (−0.64)	0.558 (2.42)**	0.210 (4.31)***	0.006 (0.17)
distance	−0.0001 (−0.04)	0.001 (0.85)	−0.001 (0.91)	0.002 (0.70)	1.39E-0.5 (0.052)	0.0003 (1.45)

---

① 该观点受到宁越敏教授的启发,在与宁越敏教授的讨论中,宁越敏教授提出了区域经济一体化需要经历三个阶段:低水平的垂直生产联系;腹地相对独立的经济体形成,与原先的中心形成经济比较发达的城市—区域;在新的分工基础上的高水平的一体化。

续表

因　素	上海与江苏		上海与浙江		江苏与浙江	
	1990~1996 年 回归方程(9)	1996~2000 年 回归方程(10)	1990~1996 年 回归方程(11)	1996~2000 年 回归方程(12)	1990~1996 年 回归方程(13)	1996~2000 年 回归方程(14)
rshanghai					0.28 (6.55)***	−0.129 (−3.82)***
(rshanghai)²					−0.02 (−3.49)***	0.007 (2.09)**
R^2	0.434	0.358	0.51	0.62	0.743	0.883
N	28	28	15	15	66	66

注:在实证分析过程中作了 White 异方差调整;引入了城市虚拟变量,以刻画城市固定效应;其他同表 7-1

　　在回归方程(9)~(14)的结果中,α_1 的符号都为负,直接距离变量都不显著,说明长江三角洲在这两个时段中都存在着一体化的趋势,而交通一体化的程度始终保持较高的水平,这与以上分析的边界效应的总体特征一致。

　　但边界(dum)的系数在这两个阶段却有不同的结果,这显示长江三角洲区域一体化过程中,上海、江苏省与浙江省三者之间边界效应变化的复杂性。回归方程(9)、(10)显示,1990~1996 年上海与江苏省两个阶段边界效应都显著,但 1996~2000 年的边界效应比 1990~1996 年的边界效应明显下降,边界(dum)的系数从 0.305 下降到 0.193,说明上海与江苏省的区域一体化程度不断加强,这与 20 世纪 90 年代后期,江苏省的苏州地区等利用上海在长江三角洲的龙头地位,大力吸引外资、实现与上海的错位竞争有关。

　　回归方程(11)、(12)显示了上海与浙江省的边界系数在 1990~1996 年不显著,而 1996~2000 年的边界效应却显著,说明上海与浙江省的边界对一体化进程的影响在增加,这似乎与我们日常的观察不符。可能的解释是,20 世纪 90 年代初期,上海对浙江省的经济扩散加强,这打破了行政区对两地一体化的影响,企业之间的联系从产品的定点加工、收购到生产线的转移直至成立联营企业(顾朝林和张敏,2000);20 世纪 90 年代后期,上海国有企业改革和上海经济结构向服务业的转型,原有的企业之间联系出现割裂,行政区的影响再次显现。

　　回归方程(13)、(14)显示 1990~1996 年江苏省与浙江省的边界效应显著,1996~2000 年则不显著,说明到 20 世纪 90 年代中后期,两省的边界对区域一体化没有太大的影响;进一步加入跨省比较城市与上海的相对距离以及相对距离的二次项(即进行跨省比较的两个城市到上海的距离比),说明上海在区域一体化过程中对江苏省、浙江省城市的相对影响,回归显示这两个变量都显著,说明 20 世纪 90 年代中期以后,上海对两省的辐射效应很强,两省之间的关系在区域一体化过程中不如上海与两省的关系重要,而使两省的边界效应在区域一体化过程中影响大大降低。

7.5 结论性评述

通过以上分析表明,我们构建的度量区域一体化进程中的边界效应的方法是可行的。进一步地,我们以长江三角洲为例,度量了长江三角洲区域一体化进程中,江苏省与浙江省、上海与江苏省、上海与浙江省之间的边界效应。我们发现长江三角洲中的各城市存在着区域一体化的趋势,但同时,行政区边界对区域一体化趋势存在一定的阻碍作用,说明行政区经济的存在。从动态的角度看,我们构建的模型可以反映出边界效应的时空变化。在其他变量没有发生变化的情况下,三个边界效应存在着变化,在 1990~1996 年、1996~2000 年两个时间段内江苏省和浙江省之间的边界效应从有到无,上海与江苏省的边界效应存在不断减少的趋势,而上海和浙江省之间的边界效应则是从无到有。对长江三角洲区域一体化进程中的边界效应和时空变化,可以从以下几方面解释。

(1) 自然条件与发展历史。从自然地理条件看长江三角洲就是一个整体,长江三角洲由里下河平原南缘、河口沙洲区和太湖平原三部分组成,在明清时期,长江三角洲构成了以苏州为中心的太湖流域的核心(陆玉琪和董平,2005);上海开埠以后,对外贸易和金融业的发展带动了整个三角洲的制造业和加工业的兴起;中华人民共和国成立以后,国家和地方利用长江三角洲具有的深厚传统工业基础,在上海、南京、无锡、苏州等大中城市新建和扩建了许多大中型骨干企业,如上海的金山石化公司、宝山钢铁公司、南京的扬子乙烯、金陵石化、梅山钢铁等,并在其他城市布局了相关的配套企业,城市间的联系日益密切;改革开放以后,长江三角洲成为外商直接投资和民营企业发展的热点地区,城市间的竞争与合作的趋势不断加强。因此,无论从地理条件还是发展历史来看,长江三角洲都存在着区域经济一体化的趋势。

(2) 行政区经济。长江三角洲中存在江苏和浙江两个省份的部分城市和上海一个直辖市,在我国现行的管理体制下,行政区经济必然存在。这是因为,行政区是既定的客观存在的,无论这个行政区域规模多大,行政区域政府都拥有一定的法定管理权利,对区域内经济发展实施一定程度的管理、控制和决策,这就导致了行政区经济具有一定的对外排斥性。长江三角洲城市群从空间形态看,就是经济和人口沿沪宁、沪杭、杭甬三条铁路和三条高速公路集聚而成,与跨区域的道路系统密切相关。从 20 世纪 90 年代初期,江苏省就十分重视跨区域基础设施建设,沪宁高速公路(1996 年 9 月通车)的建设与完善上海—南京间的交通走廊,对接了长江三角洲北翼的众多城市、开发区和高新技术园,但浙江省将建设的重点放在杭州—宁波段(1996 年 12 月通车),而沟通杭州—上海的高速公路的缓慢进展(1998 年 12 月通车),就与行政区经济的决策有关(顾朝林和张敏,2000)。

（3）发展模式。如果改革开放前长江三角洲城市的产业和空间表现出较强的计划经济特征，那么在体制改革以后，中央与省市的财政与管理的分权，调动了基层政府的积极性，促进了长江三角洲内部不同发展模式的出现，如通过乡镇企业促进经济非农化和市场化的苏南模式和通过家庭工业和专业市场的方式发展非农产业的浙江模式。在一个区域内两种发展模式也是导致在长江三角洲边界效应出现的原因之一。

（4）直辖市的作用。上海无疑是长江三角洲的龙头，在吸引外商直接投资和国家在计划资金安排方面，具有独特的优势。进入 20 世纪 90 年代，上海一直致力于把自己建设为一个国际化大都市。浦东新区开发，特别是到 20 世纪 90 年代中后期，浦东金融等服务业中心的功能开始发挥作用，对长江三角洲城市的辐射效应更加强，江苏省和浙江省都出现了以上海为核心的发展战略。

（5）制度安排。从 20 世纪 90 年初期开始，长江三角洲就在推动区域经济一体化的进程。从制度安排层面来看，1992 年，由上海牵头成立了长江三角洲经协委（办）主任联系会议，以推动区域内城市之间的协作，但由于该联席会议的作用力度有限，难以解决一些推动合作的实质性问题，以后又由各市市长成立长江三角洲城市经济协调会，两年召开一次会议，1997 年和 1999 年分别召开了关于商贸、旅游、高科技产业合作等主题的合作会议，并出台了一系列相关政策（Head and Mayer，2000）。从基础设施建设来看，制度层面的安排推动了 20 世纪 90 年代长江三角洲跨区域道路、港口、机场和跨江大桥建设，促进了本地区特别是沿交通走廊地带城市间的联系，对长江三角洲区域一体化起了重要的作用。

区域经济一体化是我国区域经济发展的总体趋势，实现这个目标，要从消除行政区经济两个方面着手，通过区域基础设施的一体化和各级行政区政府的制度协调打破行政区界限，实现区域经济的协调发展。

需要强调的是，本书是通过构建一个对区域一体化过程中行政区边界效应的度量方法，并以长江三角洲为例，对该方法进行应用，结果显示该度量方法是可行的。但影响边界的因素很多，如 FDI、经济发展模式和经济发展阶段等，本书只考虑了行政区和城市间距离的影响，对回归结果的稳健性可能有一定影响，增加控制变量因素是进一步研究的方向。

第8章 CEPA 效应下香港地区与泛珠江
三角洲地区的一体化

8.1 引 言

2003 年 6 月底,中央政府与香港特别行政区政府签订了《内地与香港关于建立更紧密经贸关系的安排》,简称 CEPA,这是在"一国两制"的原则下,以及在世界贸易组织的框架下做出的特殊安排。CEPA 规定,内地将于 2004 年 1 月 1 日起对香港地区出口到内地金额最多的 273 种商品实行零关税,并将在不迟于 2006 年 1 月 1 日前对其他的所有港产品实行零关税,同时许诺不对香港地区原产地货物实行关税配额或其他与 WTO 规则不符的非关税措施。CEPA 涉及的货物贸易、服务贸易自由化和便利化的内容,将最直接地促进香港地区与内地经济的融合,进一步提高两地经贸合作的层次和水平,使两地的经济共同受益。

对于 CEPA 产生的具体效应,国内已有许多学者进行了分析和阐述。封小云(2003)认为香港地区制造业份额很低,大多利用内地的低廉土地和劳动而采取离岸形式,因而 CEPA 的签署对香港地区的制造业在一定时期内不会产生太大的影响;但这却是香港地区服务业发展的大好机会,会使得香港地区先于其他国际现代服务业进入中国内地市场,香港地区可以利用内地拓宽的市场空间进行服务业对外投资以加强自身经济增长动力,促进本港服务业升级。胡华军(2004)对内地与香港地区 CEPA 合作效应进行了评估,他认为"零关税"将增强香港地区对内地的出口竞争力,港产品相对于国外产品将获得内地市场的相对优势。屈韬和李善民(2004)认为,CEPA 的签署,标志着香港地区与大陆一体化进程的加深,不仅有利于香港地区经济的复苏和转型,促进了两地资金、技术、人员、信息的双向自由流动,而且消除了两地的贸易壁垒,为两地经贸往来和合作带了新契机。李惠武(2003)的分析更为积极,他认为 CEPA 的实施,有利于粤港澳的资源整合,为加速区域经济一体化提供了重要平台,并将为"9+2 泛珠三角经济协作区"(即广东及周边和珠江上游的福建、海南、江西、湖南、广西、贵州、云南、四川等 8 省区加港澳两个特别行政区)的最终建立提供有力的辐射引擎。

香港地区与泛珠三角地区经济一体化的程度究竟处于什么水平? CEPA 的实施是否会增加香港地区与内地的贸易流量,加快它们的一体化进程呢?

本章将用"边界效应"的方法,把边界看作是贸易壁垒的一个综合指数,来分析以上的问题。我们利用计量经济学模型计算出反应贸易壁垒的综合指标,通过分析该指标的水平和演化过程,研究香港地区与泛珠江三角洲地区的贸易一体化过程。通过计算在香港地区消费中本地的产品和来自泛珠三角地区其他省份的产品的比率,估量省级边界引起的贸易障碍对进口流的负作用。在本章中,香港地区的经济在其边界内被视为一个整体,而边界阻碍了它同外部的贸易交流,我们以香港地区与泛珠三角地区的贸易流量为参照系来评估他们的贸易一体化进程。

本章的结构如下:第二节介绍关于边界效应的研究文献,第三节建立实证模型,第四节用模型回归香港地区与泛珠三角协作区的数据并讨论分析结果,第五节为本章的结论部分。

8.2　关于边界效应的文献回顾

研究边界效应的模型大多基于引力模型。这一模型是指两地区的双边贸易流量规模与它们各自的经济总量成正比,而与它们之间的距离成反比,类似于物理学中的"引力法则",引力模型因此而得名。一般认为贸易引力模型的形式可表示为

$$\ln M_{ij} = a_0 + a_1 \ln Y_i + a_2 \ln Y_j + a_3 \ln D_{ij} + a_4 A_{ij} + \varepsilon_{ij}$$

式中,M_{ij} 为某一时期 i 国从 j 国的进口额;Y_i 为进口国的 GDP;Y_j 为出口国的 GDP;D_{ij} 为两国之间的距离;A_{ij} 为其他促进或阻碍两国之间贸易流动的因素,ε_{ij} 为随机误差项。引力模型不是从各种理论假设推导而来,而是出于对现实经验直觉的判断,但这一模型在实证运用中较为成功,能有力地解释贸易流量中的一些现实经济现象,所以还是被众多学者加以运用,作为分析贸易流量和流向的重要工具。

随着引力模型的发展,一些学者开始用它来对边界问题进行研究。McCallum(1995)是最早将引力模型用于研究边界效应的,他利用修改过的引力模型分析了加拿大各省之间以及这些省与美国各州的贸易流量数据,证明了 1988~1990 年两国的边界效应是非常大的。他发现,在控制了经济规模和距离的情况下,加拿大的国内贸易量比该国与美国的跨境贸易量大 20 倍。这就是所谓的"边界效应"问题。

McCallum(1995)的文章引领了边界效应的研究潮流,众多学者开始应用这一方法,来研究某一国家内部的市场分割或是一国与其贸易伙伴国的市场一体化程度。Wolf(1997)年也分析了美国的市场一体化,尽管美国宪法鼓励州际间贸易,并且各州实行固定汇率,具有相同的文化和制度,他仍得出了美国的边界效应在 3.0 到 4.5 之间的结论。Helliwell(1998)通过对 1996 年数据的分析,发现美国和加拿大之间的边界效应已呈下降的趋势。

Head 和 Mayer(2000)放弃原始的引力模型,以 Krugman(1980)提出的垄断竞争贸易模型为基础,推出了一个新的理论模型。他们首次从产业上对欧盟 1998~1995

年的市场分割程度及原因进行了分析,将非关税壁垒和消费偏好的异质性都纳入这一模型作为边界效应的解释因素。结果发现,欧洲的边界效应从 19 世纪 70 年代末的 21 下降到了 1995 年的 11.3,这一结果证实了欧洲的边界效应正在减小,市场一体化程度在加强。

Anderson 和 Wincoop(2003)对边界效应也进行了研究,他们认为McCallum(1995)的研究扩大了边界效应,模型缺少了一个重要的解释变量——多边排斥力,因此从大国角度测量的结果与从小国角度测量的结果差别很大,如从美国各州的角度测量的边界效应仅为 1.5 倍。

除了研究美国、加拿大、欧盟这些典型国家和地区的一体化,外国学者对于中国的经济结构和国内市场分割程度也进行了研究,在这个问题上还存在着争议。以 Naughton 和 Bai 为代表的学者认为中国的国内市场已逐渐趋于一体化,其中Naughton(1999)对比分析了中国 1987 年和 1992 年的省级贸易流,发现省级贸易流的增长速度远大于省际 GDP 和对外贸易的增长,从而表现出国内市场一体化水平的提高。Bai 等发现 1985~1997 年的各省制造业两位数水平上的行业空间基尼系数呈上升趋势,表明国内市场的一体化水平已有提高。持相反观点的 Young(2000)认为,过去 30 多年的中国经济改革导致了国内商品市场处于越来越严重的分割状态,Poncet 也认为中国省际间的贸易障碍较为严重,国内市场有走向“非一体化”的危险,如果将当前省际间的贸易壁垒折算成隐含的关税率来看,1987 年和1997 年中国省级间贸易障碍的等价关税分别达到了 37% 和 51%,这和当前欧盟内部各国之间的关税水平相差无几,中国的贸易壁垒仍然比较严重。

8.3　边界效应的实证模型

本文沿用 Head 和 Mayer 的边界效应模型,他们曾用该模型来计量欧洲的市场一体化进程,我们这里用来测量香港与泛珠三角地区其他省份贸易壁垒的综合指标。

设 c_{ijh} 为 i 省的某个经济代表人从 j 省购得物品 h 的总消费量,a_{ij} 是 i 省的消费者从 j 省进口的消费偏好权重,常替代弹性的效应函数为

$$U_i = \left\{ \sum_{j=1}^{k} \sum_{i=1}^{n_j} (a_{ij} c_{ijh})^{\frac{\sigma-1}{\sigma}} \right\}^{\frac{\sigma}{\sigma-1}} \tag{8-1}$$

则 i 省从 j 省进口的 CIF 值 m_{ij} 为

$$m_{ij} = \frac{a_{ij}^{\sigma-1} n_j p_{ij}^{1-\sigma}}{\sum_k a_{ik}^{\sigma-1} n_k p_{ik}^{1-\sigma}} m_i \tag{8-2}$$

式中,p_{ij} 为 i 省对 j 省进口产品支付的价格;n_j 和 n_k 为产品种类;m_i 为 i 从所有贸易伙伴 $j=1,2,\cdots k$ 进口的总额 $(m_i = \sum_k m_{ik} = \sum_c c_{ik} p_{ik})$;从这个表达式可以

获得如下的模型

$$\ln \frac{m_{ij}}{m_{ii}} = \ln \frac{v_j}{v_i} - (\sigma-1)\delta \ln \frac{d_{ij}}{d_{ii}} - \sigma \ln \frac{p_{ij}}{p_{ii}} - (\sigma-1)[\beta + \ln(1+u)]$$
$$+ (\sigma-1)\lambda A_{ij} + \varepsilon_{ij} \tag{8-3}$$

式中，$\varepsilon_{ij} = (\sigma-1)(e_{ij}-e_{ii})$。

式(8-3)表示某地的消费者对省内产品和省外产品之间的消费分配，式(8-3)中的常数项包括了关税和非关税贸易壁垒 u 和本地偏好 β。在我们的样本中对这个负数项进行了测量，它代表了实际观察到的贸易量和我们的模型所预测的无贸易壁垒全情况下的贸易量之间的偏差。

我们将此模型应用于香港地区与泛珠三角地区，估计香港地区 1996~2003 年与泛珠江三角洲地区其他省份的贸易一体化程度。香港地区是泛珠江三角洲地区的第一大贸易伙伴，两者有着紧密的经济贸易联系，虽然两地区的贸易是在"一国两制"的框架下进行的，而并非国与国之间的贸易联系，但香港地区是一个独立关税区，在发展与内地的经济贸易上，是一个相对独立的经济实体，因此原先用于国与国之间的贸易模型，可以被我们用作探讨省与省（即香港地区与泛珠江三角洲地区各省）的贸易问题。

在这个模型里，还有个关键的问题是对距离的测量，如区域内部和外部的距离。对相对距离 d_{ij} 可以定义为 i 省与 j 省的公路里程，我们用两省省会城市的公路里程来度量；但是内部距离的测量一般比较麻烦。Wei(1996)指出，对一个国家内部距离的测量能极大地扩大边界效应。在外部距离不变的情况下，如果过高度量了内部距离，则会过低估计距离的阻碍影响，会使产品运输到外国的费用近似等于国内的运输费用，因而边界效应在回归中应给予更高的权重。内部距离的测量方法一般有如下几个观点。

Wei(1996)认为，i 省的内部距离是它到离它最近的 k 省的经济中心的距离的 1/4，而 Wolf(1997)则把 i 省范围内两个经济中心城市的距离看作是内部距离。

Leamer(1997)采用一种新的方法测量了区域的内部距离，他假设每个地区的地理经济近似于一个圆盘，生产者聚集在中心，消费者随机分布在剩下的区域里，因而一个生产者和一个消费者之间的平均距离为

$$d_{ii} = \int_0^R rf(r)\mathrm{d}r$$

式中，R 为圆盘区的半径，$f(r)$ 为在任意给定的到中心距离为 r 处的消费者密度。我们知道 R 是区域 A 的面积除以 π 的值的平方根，则对于一个均匀的分布，有 $f(r)=2r/R^2$

$$d_{ii} = (2/3)R = (2/3)\sqrt{A/\pi} = 0.376\sqrt{A}$$

在本章中，我们采用 Leamer 的方法来计算各省的内部距离。

8.4　实证分析结果

式(8-3)即本节的估计模型,我们用它来研究香港地区与泛珠江三角洲地区各省份的贸易流量。因为得不到贵州省与香港地区的贸易数据,我们就用其余省份1996～2003 年对香港地区的贸易流量来作实证分析(包括广东、福建、海南、江西、湖南、广西、云南、四川 8 省)。其中 m_{ij} 为这些省份对香港地区的进口量,m_{ii} 为各地的内部消费量,我们采用 Wei(1996)提出的方法来估量,即用各自的总产量减去其总出口量来计算各国"与自己"发生的贸易,这一差额衡量了国民生产中"出口"给国内消费者的那一部分;相对产量中 v_i 为各省的生产总额,v_j 为香港地区的生产总额,我们用它们各自实际的 GDP 来表示。另外,相对价格的衡量,由各省与香港地区的工业品出厂价格指数来比较,以上数据都来源于各省的统计年鉴和《香港统计年鉴》(1996～2003)。其中各省到香港地区的距离我们用它们的省会城市到香港地区的公路里程来度量,数据来源于"图行天下"①;至于各省的内部距离,我们采用 Leamer 的方法即 $d_{ii}=0.376\sqrt{A}$ 来计算,其中 A 是指各省的面积。根据本章的研究目的,方程中的虚拟变量反映了如下事实:香港地区紧靠广东地区,在很大程度上使用共同的方言——粤语,而且从 20 世纪 80 年代开始,香港地区的绝大部分制造业都迁至广东,因此香港地区与广东有着极其特殊的关系,即 $A_{ij}=1$(广东与香港地区)。

我们采用面板数据对方程进行回归,因为这样可以增加样本观测值数量,并能考察贸易流量中的时间及个体差异因素。但采用面板数据同时会出现估计的问题,由于时间和个体差异的存在,面板数据可能存在横截面异方差和自相关,必须采用 FGLS 和 SUR 的估计方法加以克服,因此本节在回归中将先对模型的基本方程进行回归 OLS 回归,施行横截面异方差的 LM 检验,以决定是否采用 FGLS 回归。模型的实证回归结果如表 8-1 所示。

表 8-1　基本模型的 OLS 估计结果

固定效应	V	D	P	A	C
有	0.703 526	−0.478 600	−1.750 067	1.244 431	−2.666 828
	(2.492 8)	(−5.225 6)	(−2.576 1)	(1.417 1)	(−2.346 1)
Adjusted R-squared	0.932 630				
F-statistic	88.213 11				
Durbin-Watson stat	0.506 752				
Prob(F-statistic)	0.000 000				

---

①　图行天下网址:www.go2map.com。

　　由表 8-1 的回归结果可知,模型的大部分解释变量的回归系数都具有与预期相符的符号,而且都很显著,拟合程度也比较高。虚拟变量 A_{ij} 前面正的回归系数说明共同的语言确实能促进内地与香港地区的贸易,空间距离 d_{ii} 的存在显然增加了商品的运输成本,也可能阻碍贸易的信息交流,它与双边的贸易额应该是负相关的,因而此模型能有力地解释香港地区与泛珠江三角洲地区各省份之间的贸易流量问题。但是,表 8-1 的回归结果也存在问题,D-W 值比较低,只在 0.5 的水平上,这说明模型很可能存在自相关,可能是由于时间期限太短所至。由于本节的研究目的在于借用模型对香港地区与泛珠江三角洲地区各省份之间的贸易流量进行定性分析,所以没有必要对可能存在的自相关进行修正。另外回归结果的横截面异方差 LM 统计量小于 5% 置信水平下的 χ^2 分布临界值,说明模型不存在横截面异方差,不需要修正。

　　从以上回归的结果可以看出,在改革开放的最近几年,作为香港地区和泛珠江三角洲地区贸易壁垒综合指标的边界效应已经还在缓慢上升,相对程度还很高。我们可以采用 McCallum(1995)的方法来量化边界效应,即假设其他条件不变,计算本地和外来产品的比率,这种方法是对估计的边界效应取指数,如 1998 年量化后的边界效应为 $e^{2.83}$,得到量化后的边界效应数据如表 8-2 所示。

表 8-2　各年份量化后的边界效应值

年　份	固定效应	边界效应	量化后的整数值
1996	0.136 901	−2.529 93	12
1997	0.062 15	−2.604 68	13
1998	−0.161 91	−2.828 74	16
1999	−0.316 966	−2.983 79	19
2000	−0.442 306	−3.109 13	22
2001	−0.439 784	−3.106 61	22
2002	−0.555 937	−3.222 77	25
2003	−0.689 278	−3.356 11	28

　　因为边界效应测量的是某地区在满足本地供给的过程中,相对于其他地区的产品,对本地产品的偏好程度,所以以上的边界效应值说明了这样一个事实:在泛珠江三角洲地区内地省份的消费中,边界使得其偏好消费本地产品,阻碍消费港产品,也就是说边界引起了对贸易进口流的负作用。我们的结果证实,香港地区与泛珠江三角洲地区的贸易壁垒的综合指标还在上升,由 1996 年的 12 上升至 2003 年的 28,从绝对数值来讲,还存在着比较大的贸易障碍,香港地区和泛珠江三角洲地区各省份的贸易市场还在逐渐趋于非一体化,因此应尽快消除它们的贸易障碍,促进一体化的进程。

　　我们还可以将省级边界效应视为一种"等价关税",其从价估计为 exp(边界效应/($\sigma-1$))−1。为计算这个"等价关税",我们需要对替代弹性 σ 作出假设。根据

Head 和 Ries(2002)的结果，σ 值在 7～11，在此，我们取 $\sigma=9$，得出香港地区与泛珠江三角洲地区各省份之间的等价关税在 1996 年、2000 年和 2003 年分别为 20％、44％和 50％。这些结果显示了两地市场一体化的不完善性，两地的贸易障碍事实上还非常严重。香港地区与泛珠三角地区市场一体化的综合指标从 1996 年的 12 上升至 2003 年的 28，等价关税则从 36％上升到 52％，两者升幅很大。

近年来，香港地区与内地在资金、技术、人员、信息方面都是自由流动，应该说贸易会越来越趋于一体化，但我们的实证结果却与之相反。对于两地仍然存在的并还在逐渐加大的贸易壁垒，我们分析主要有以下原因：

（1）泛珠江三角洲地区已经经历了 30 多年的改革开放，一些省份的地方产品种类和数量繁多，在消费中的份额上升，从而不断减少对进口港产品的消费；此外这些省份和香港地区的距离因素以及两个经济体本身存在的一些文化、制度的不同，也阻止了内地对港产品的经贸需求。

（2）香港地区主要贸易是转口贸易，在 20 世纪 70 年代末，香港地区大部分制造业就已经迁往内地，特别是广东省，在泛珠三角地区，广东省是香港转口贸易的主要来源地；而泛珠三角地区的云南、贵州等省份主要是原材料生产，经香港地区出口的产品较少。另外 CEPA 的"零关税"虽会减轻港产品进入内地的关税阻碍，从而激励港商更多地在本港投资，但香港地区的制造业仍不能迅速回迁，这主要是由于资金回流和场地策划的困难，此外内地的低成本生产也是吸引港商在内地继续投资的原因。所以 CEPA 的签署短期内并未促进更多港产品的生产，对内地的出口也没有大量的增加。

（3）香港地区位于沿海地区，交通运输比较发达，开放程度也比较高，香港地区在与国内贸易还是国外贸易之间，又更多地选择了后者，高比重的对外贸易抑制了与内地的贸易，这也加剧了两地贸易强度下降的趋势。

（4）在 1997 年香港回归后，香港地区与内地实行的是"一国两制"政策，一些经贸制度和语言、习惯上的差异仍然阻碍了香港地区与内地经贸的深入融合。虽然改革开放以后，香港地区与广东的经贸形成了"前店后厂"的格局，但与泛珠三角地区其他省份的贸易一体化的进程还比较落后。

8.5　结论性评述

本章沿用 Head 和 Mayer 的边界效应模型，测量了 1996～2003 年香港地区和泛珠三角地区的贸易一体化程度。我们的结果表明，自 1996 年以来，该区域出现了贸易障碍相对程度比较高，而且远高于其他一些国家或地区之间的贸易障碍情况，如加拿大内部省级之间的市场。这些结果说明，两地的贸易一体化进程较慢，泛珠三角地区各省份与香港地区产业分工合作程度仍然不高。

　　香港地区和泛珠江三角洲地区的边界效应与其他国家各省或各州的边界效应不一样,它们之间边界效应的估计更接近于一些独立国家之间的情况。这可能是由于文化和制度方面的差异,两地的省级边界仍然像一个统一的国家边界一样阻碍与外界的贸易往来——香港地区和泛珠江三角洲地区的贸易一体化的程度是很低的。2003 年,在泛珠江三角洲地区各省份的消费构成中,地方产品和来自香港地区的产品的比例为 15∶1,从这一比例来看,内地贸易制度的改革力度还不够,在促进两地的市场一体化的方面还很不成功。CEPA 的签署,从某种程度上来说,是贸易制度的一种改革,可以逐步减少或取消双方所有货物的关税和非关税壁垒,促进港产品进入内地市场。但本章从实证分析的角度客观上分析了 CEPA 的效应,得出了在零关税效应下,香港地区与泛珠江三角洲地区仍然存在着很大的贸易障碍,还没有出现贸易一体化的过程,我们认为香港地区和泛珠江三角洲地区应该采取其他更强有力的改革措施来加强两地的交流,如产业的分工与合作,促使两地的经贸合作向更高层次、更宽领域发展,促进两地区一体化的进程。

附录　边界效应模型推导

　　设 c_{ijh} 为 i 省的某个经济代表人从 j 省购得物品 h 的总消费量, a_{ij} 为 i 省的消费者从 j 省进口的消费偏好权重,常替代弹性的效应函数为

$$U_i = \Big\{ \sum_{j=1}^{k} \sum_{i=1}^{n_j} (a_{ij} c_{ijh})^{\frac{\sigma-1}{\sigma}} \Big\}^{\frac{\sigma}{\sigma-1}} \tag{1}$$

m_{ij} 为 i 省从 j 省进口的 CIF 值 $(m_{ij} = c_{ij} p_{ij})$, $m_i = \sum_k m_{ik}$ 为所有进口的商品额(包括国内的),因而双边的进口为

$$m_{ij} = \frac{a_{ij}^{\sigma-1} n_j p_{ij}^{1-\sigma}}{\sum_k a_{ik}^{\sigma-1} n_k p_{ik}^{1-\sigma}} m_i \tag{2}$$

　　从这个表达式可以获得一个引力模型。参照 Dixit-Stiglitz 模型,设生产和产品数量呈正比,设 v_j 为 j 省的生产总值, q 为单个企业的产量,生产地的价格为 p_j 可以得到 $v_j = q p_j n_j$,既然产品种类没有研究,我们可以从这个等式中消去 n_j 和 n_k。

　　现在来看运输价格和消费偏好。 p_{ij} 为 i 省对 j 省进口产品支付的价格,它是 j 省生产价格 p_j 及两地间距离 d_{ij} 的一个复合函数。 u_{ij} 为 i 省对 j 省产品实行的关税和非关税壁垒,当 $i \neq j$ 时, $u_{ij} > 0$,当 $i = j$,即一省进行内部贸易时,假设不存在贸易壁垒, $u_{ii} = 0$。我们还进一步假设 u_{ij} 不随年份变化,则 $u_{ij} = u$ 为一常数,并且 B_{ij} 是一虚拟变量,当 $i \neq j$ 时, $B_{ij} = 1$,否则为 0。可以得到

$$p_{ij} = (1 + u B_{ij}) d_{ij}^{\delta} p_j \tag{3}$$

　　消费偏好由一个随机变量 e_{ij} 和一个对国内产品的偏好 β 组成,假定共同的语言可以减缓国内偏好,因而得到消费偏好为

$$a_{ij} = e^{e_{ij} - (\beta - \lambda L_{ij})B_{ij}} \tag{4}$$

式中,a_{ij} 为一个虚拟变量,当两地有共同的语言时为 1,否则取值为 0。当 $a_{ij}=1$ 时,本地偏好为 $\beta - \lambda$,利用 $n_j p_j = v_j / q$,将 a_{ij},p_{ij},和 n_j 代入方程,并对其取对数,可以得到方程

$$\ln m_{ij} = \ln m_i + \ln v_j - \delta(\sigma - 1)\ln d_{ij} - \sigma \ln p_j$$
$$- (\sigma - 1)[\beta - \lambda a_{ij} + \ln(1+u)]B_{ij} + (\sigma - 1)e_{ij} - I_i \tag{5}$$

式中,I_i 为 i 地进口者的"包容值",定义如下

$$I_i = \ln\Big\{ \sum_{k=1}^{K} \exp[\ln v_k - \sigma \ln p_k + (\sigma - 1)(-\delta \ln d_{ik} - [\beta - \lambda A_{ik} + \ln(1+u)]B_{ik} + e_{ik})]\Big\} \tag{6}$$

该"包容值"反映了 i 地所有潜在供给商的特征,如他们的经济规模、距离和边界等。该方程将 i 地从贸易伙伴 j 地的进口表示为出口方的生产、进口方的消费、两地间的距离、供给者的生产价格、I_i 值和边界效应的函数。

　　对于"包容值" I_i 的估计是非常困难的,因为它取决于方程中的待估参数,为了避免求解其值,我们以省内贸易为参照,用相对量来代替绝对量,在方程(5)中令 $i=j$,得到 $\ln m_{ii}$ 的表达式,然后再用(6)的两端减去 $\ln m_{ii}$ 得到如下方程

$$\ln \frac{m_{ij}}{m_{ii}} = \ln\left(\frac{v_j}{v_i}\right) - (\sigma - 1)\delta \ln\left(\frac{d_{ij}}{d_{ii}}\right) - \sigma \ln\left(\frac{p_{ij}}{p_{ii}}\right) - (\sigma - 1)[\beta + \ln(1+u)]$$
$$+ (\sigma - 1)\lambda a_{ij} + \varepsilon_{ij}$$

式中,$\varepsilon_{ij} = (\sigma - 1)(e_{ij} - e_{ii})$。

第9章 区域一体化与区域协调发展

9.1 引　言

改革开放以来,我国地方市场分割问题一直比较突出(银温泉和才婉茹,2001),而建立全国统一开放的市场是我国经济转轨中的最重要目标之一[①]。与此同时,我国创造了经济增长奇迹,但增长中的差距却不断拉大,如何实现经济协调发展是我国当前亟待解决的一个重大问题。其中,一个有意思的问题是,逐步消除地方市场分割、建立全国统一开放的市场体系(或说国内市场一体化)是否有利于我国早日实现区域协调发展?

市场一体化与地方市场分割是一组相对应的概念,在一定意义上说,建设全国统一开放市场的过程就是逐步打破、消除地方市场分割的过程。地方市场分割主要是指一国范围内各地方政府为了本地的利益,通过行政管制手段,限制外地资源进入本地市场或限制本地资源流向外地的行为(银温泉和才婉茹,2001),其一直为国内外学者所关注[②]。特别是 Young(2000)在其有争议的论文中明确指出,我国1978~1997 年的经济体制改革导致了"零碎分割的内部市场和受地方政权控制的封地"后,更成为人们研究的热点问题之一。目前的研究大致是在如下两个方面展开。

一方面,在理论上探索我国地方市场分割的成因。最有影响的是 Young(2000)的观点,即我国在资源扭曲的情况下推行渐进改革,下放财权导致了既得利益,地方政府为了保护既得利益,便会制造更多的资源扭曲,并视此为渐进改革的一个陷阱。国内文献也大都将其归因于我国的行政性分权(沈立人和戴园晨,1990;张维迎和栗树和,1998;银温泉和才婉茹,2001;陈抗等,2002;鲁勇,2002;洪银兴和刘志彪,2003;平新乔,2004;林毅夫和刘培林,2004),但同时还强调,行政性

---

① 早在 1993 年,十四届三中全会提出的《中共中央关于建立社会主义市场经济体制若干问题的决定》中就指出,要"建立全国统一开放的市场体系";10 年后,十六届三中全会提出的《中共中央关于完善社会主义市场经济体制若干问题的决定》中再次指出,要"完善市场体系","加快建设全国统一市场"。

② 国内学者把地方保护和市场分割现象形象地称之为"诸侯经济"(沈立人和戴园晨,1990)或"行政区经济"(鲁勇,2002)。

分权也是导致我国经济快速发展的重要因素[①]，而且我国可以从根本上扭转地方市场分割局面，建立一个全国一体化的大市场。

另一方面，在实证上考察我国地方市场分割的程度或市场一体化的程度。Young(2000)通过 1978～1997 年地区间产业结构趋同等证明我国存在资源配置扭曲，从而说明我国统一的市场还未形成。郑毓盛等(2003)基于在 1978～2000 年由地方保护和市场分割导致的损失总体上呈上升趋势，得到与 Young 类似的结论。但众多的文献对 Young(2000)提出置疑。Park 和 Young(2003)采用和 Young 基本一致的数据，经过更加深入细致的分析，得出我国市场一体化程度加深的结论；刘培林(2005)采用郑毓盛等人的方法分析全国的制造业，发现在 2000 年地方保护和市场分割所带来的损失最多只有郑毓盛和李崇高(2003)提出的 1/4；蔡昉等(2002)、白重恩等(2004)实证分析也发现改革以来我国工业部门的专业化分工在加强。部分学者还选择某些典型行业来分析中国市场的分割程度，如李杰和孙燕群(2004)从啤酒市场，黄季焜等(2002)、喻闻和黄季焜(1998)从大米市场角度分别测量了中国市场的分割或整合程度，认为这些行业的市场分割比较普遍，但已呈现市场整合趋势。国务院发展研究中心最近组织的一项全国性的调查表明，无论是企业还是非企业单位都认为，20 多年来，地方保护的严重程度呈现逐步减轻之势(李善同等，2004)。纵观现有文献不难发现，人们在理论上把地方市场分割归因于行政性分权，并指出行政性分权推动了各个地区的快速增长，但实证分析的重点却是考察我国地方市场分割的严重程度，还没有人探索地方市场分割对地区经济增长、协调发展的影响。

现有文献把地方市场分割归因于行政性分权，隐含着市场的边界是地方的行政边界。其实，区域都是有边界的，比如省界，就是历史上长期形成的行政区域管理的界限。在这个界限内，存在行政管理的一致性、经济政策的一致性，构成一个天然的关于发展条件、政策的一致性空间。在区域经济市场一体化的过程中，省际边界具有重要的影响。因为我国存在行政区经济现象(鲁勇，2002)，地方政府都追求行政区域边界内的利润最大化(洪银兴和刘志彪，2003)。在这种情况下，省界成为缩小省区经济增长差距、实现省区协调发展的主要障碍。因此，打破省际边界，实现跨省区协调往往成为区域市场一体化的主要目标，例如，我国长江三角洲、泛珠三角地区当前一体化进程的实践。

基于此，本章从行政边界的视角考察市场一体化进程，分析市场一体化在区域经济协调发展中的作用。在理论上，本章证明，当地方市场分割时，行政边界不仅是一条地理界线，还是地方政府分割地方市场的边界，从而把地方市场分割引入

[①]　钱颖一和罗兰(Qian and Roland，1998)在理论上证明了财政分权可以促进地区之间的竞争、硬化国有企业的预算约束。

Barro 回归方程,提供了一个定量分析地方市场分割(市场一体化)影响区域协调发展的新方法。在实证上,以长江三角洲城市群为样本,定量分析地方政府自愿成立协调组织、主动推动市场一体化进程对地区协调发展的影响。我们发现,1990~2002 年,市场分割确实阻碍长江三角洲地区的协调发展,但随着地方政府自愿成立协调组织、主动推动市场一体化进程,市场分割对区域协调发展的阻碍作用已下降了近 50%。本书的发现有助于进一步增进对如何实现区域协调发展的理解。

　　以下部分的结构安排是,第二节是模型;第三节是样本和数据;第四节是实证分析;第五节是结论性评述。

9.2　模　　型

　　区域协调发展的实质是落后地区能追赶上发达地区,即从经济增长的角度来看,区域协调发展属于趋同研究的范畴。因此,本章尝试从边界的视角把市场一体化"内生地"引入趋同分析框架。[①]

1. 假定

　　假定一个经济体(记为 Ω)里有 N 个在空间上相邻的岛屿。经济体里存在一个社会计划者,他把经济体划分为 A 省和 B 省。具体做法是,把由经济体里岛屿构成的集合 Ω 划分为 A 和 B 两个子集:$A=\{$由 A 省管辖的岛屿$\}$、$B=\{$由 B 省管辖的岛屿$\}$,而且满足

$$A \neq \phi \text{ 和 } B \neq \phi \tag{9-1}$$

$$A \cup B = \Omega \text{ 且 } A \cap B = \phi \tag{9-2}$$

式(9-1)和式(9-2)说明,经济体行政区划后,每个省都有下辖的岛屿;而且每个岛屿要么归 A 省管辖,要么归 B 省管辖,不存在由两省共管的岛屿。这意味着,当式(9-1)和式(9-2)成立时,经济体里有一条界定清楚的行政边界。

　　假定每个岛屿都以其增长特征来描述,比如 A 省管辖的岛屿 i 为式(9-3)所刻画

$$g_{t,t+T}^i = \beta \ln(y_t^i) + X^i \Psi \tag{9-3}$$

式中,y_t^i 和 $g_{t,t+T}^i$ 分别为岛屿 i 在初始时刻 t 的人均 GDP 及其在 t 到 $t+T$ 期的平均增长速度;$X^i = (\ln x_1^i, \ln x_2^i, \cdots, \ln x_K^i)'$ 为刻画岛屿 i 稳定状态的列向量(一组对

---

① 趋同分析始于 Baumol(1986),经过 Barro 和 Sala-i-Martin(1992)、Mankiw 等(1992)和 Islam(1995)的拓展,条件 β 趋同成为趋同分析的经典方法(Sala-i-Martin,1996)。Temple(1999)对趋同文献做了详细的综述,本文不再赘述。

数形式的控制变量);β 和 $\boldsymbol{\Psi}=(\alpha_1,\alpha_2,\cdots,\alpha_K)'$ 为参数。

假定经济体里存在行政性分权,即不仅社会计划者可以在整个经济体里施行相同或因省而异的经济政策,记为 x_1;而且 A、B 两省有权制定并施行省内岛屿与省外岛屿有别的地方经济政策,记为 $x_2=\{x_2^A,x_2^B\}$。因此,刻画岛屿稳定状态的因素大致可以分为两类:一类是 x_1 和 x_2,按照 Hall 和 Jones 的社会基础设施假说(Hall and Jones,1999),它们构成 A、B 两省的社会基础设施(social infrastructure);另一类主要是度量各种生产要素和技术水平的非政策性变量,记为 $X_1=(x_3,x_4,\cdots,x_K)$。[①] 相应地,式(9-3)可整理为

$$g_{t,t+T}^i = \beta\ln(y_t^i) + \alpha_1\ln x_1 + \alpha_2\ln x_2^A + X_1^i\boldsymbol{\Psi}_1 \qquad (9\text{-}4)$$

式中,$\boldsymbol{\Psi}_1=(\alpha_3,\alpha_4,\cdots,\alpha_K)'$ 为相应的参数。如果我们进一步假定 $\beta<0$,则式(9-4)就是著名的 Barro 回归方程或条件 β 趋同分析框架。因此,每个岛屿为式(9-4)所刻画,这意味着,每个岛屿的经济增长速度与其自身初始状态到其稳定状态的距离大致成反比。简而言之,每个岛屿都向自身的稳定状态收敛。我们用式(9-4)刻画各个经济体是比较符和实际的。因为,跨国趋同文献揭示了在跨国层面上存在条件 β 趋同,具有代表性的文献如 Barro 和 Sala-i-Martin(1992)、Mankiw 等(1992);国内大量文献揭示了,不仅我国省区间存在条件 β 趋同,如蔡昉等(2002);而且地级及以上城市间也存在条件 β 趋同,如徐现祥和李郇(2004)。

最后一个假定为,每个岛屿不仅关注自身的经济增长,而且还关注其他岛屿的经济增长,即每个岛屿所关注的是相对经济增长。比如对岛屿 i 而言,其对经济增长的关注就可以表示为$(g_{t,t+T}^i - g_{t,t+T}^{-i})$,其中 $-i$ 表示岛屿 i 以外的其他经济体。这么假定也是比较符合实际的,正如 Quah(1996)所明确指出的,对经济增长和趋同而言,重要的是经济体间经济绩效的横向比较,而不是每个经济体与其自身稳定状态的纵向比较。

2. 行政边界

本节尝试从行政边界的视角把地方市场分割或市场一体化纳入趋同分析框架,从而提供一个旨在考察市场一体化对区域协调发展影响的分析框架。

由前面的假定可知,A、B 两省存在一个定义清楚的行政边界,但在我们所构造的经济体里行政边界到底是什么或说其经济含义是什么?下面我们尝试从决定岛屿 i 经济增长的初始人均 GDP(y_t^i)和控制变量 $X^i=(\ln x_1^i,\ln x_2^i,\cdots,\ln x_K^i)'$ 中来寻找。

命题 9-1　当社会计划者对 A、B 两省施行不同经济政策时,经济政策 x_1 可作

---

① 回忆任何一个经济增长模型,在稳定状态,人均(劳均)产出几乎都取决于刻画物质资本、人力资本、技术进步和技术扩散等的参数。

为对行政边界的一种度量；当 A、B 两省施行地方市场分割政策时，地方经济政策 x_2 可以作为对行政边界的一种度量；通常情况下，初始发展水平 y_t^i 和生产要素、技术水平等变量 $(x_3,\cdots,x_K)$ 不可能成为对行政边界的一种度量。

证明 首先证明第一种情况。当社会计划者对 A、B 两省施行不同经济政策时，如果分别把对 A、B 两省的经济政策记为 x_1^A 和 x_1^B（显然 $x_1^A \neq x_1^B$），则社会计划者的政策集是 $\{x_1^A, x_1^B\}$，相应地 A、B 两省下辖岛屿所施行的政策集则可分别记为 $\{x_1^A\}$ 和 $\{x_1^B\}$，可以验证 $\{x_1^A\}$ 和 $\{x_1^B\}$ 满足式(9-1)和式(9-2)。因此，x_1 可作为对行政边界的一种度量。

其次证明第二种情况。当 A、B 两省施行地方市场分割政策时，地方政策集是 $\{x_2^A, x_2^B\}$，且 $x_2^A \neq x_2^B$。相应地 A、B 两省下辖岛屿所施行的政策集则可分别记为 $\{x_2^A\}$ 和 $\{x_2^B\}$，可以验证 $\{x_2^A\}$ 和 $\{x_2^B\}$ 满足式(9-1)和式(9-2)。因此，x_2 可作为对行政边界的一种度量。

最后证明第三种情况。如果用初始人均 GDP(y_t^i)界定经济体里的所有岛屿，A、B 两省下辖岛屿的 y_t^i 则可分别记为 $A'=\{y_t^i \mid i \in A\}$ 和 $B'=\{y_t^i \mid i \in B\}$。在通常情况下，$A$、$B$ 两省下辖岛屿间难免会出现初始人均 GDP 相等或相当的情况，即 $A' \cap B' \neq \phi$，从而式(9-2)不成立。同理，对其他生产要素和技术水平而言，在通常情况下，A、B 两省下辖岛屿间难免会出现相等或相当情况，从而式(9-2)不成立。因此，通常情况下，y_t^i 和控制变量 $(x_4,\cdots,x_K)$ 不可能成为对行政边界的一种度量。证毕。

命题 9-1 提供了一种度量地方市场分割或市场一体化的可能性。尽管行政边界通常是自然地理边界，但是由命题 9-1 可知，在我们构造的经济体里，行政边界具有明确的经济含义，它可以用经济体里所施行的差异化经济政策来表示。具体而言，省界既可以用社会计划者对 A、B 两省施行不同经济政策来表示，也可用 A 省或 B 省施行地方市场分割政策来表示。另外，命题 9-1 也隐含地指出，在我们构造的经济体中，只有社会计划者和各省施行的差异化政策可以度量省界。因此，我们有推论 9-1。

推论 9-1 当社会计划者施行相同的经济政策时，如果 A、B 两省施行地方市场分割政策，则 x_2 是对行政边界的唯一度量。

3. 区域一体化与协调发展

既然区域一体化与市场分割是相对应的，不妨主要考察考察市场分割与经济协调发展。但在具体考察之前，我们先给出一个引理。

引理 9-1 $g_{t,t+T}^i - g_{t,t+T}^{-i} \approx \dfrac{1}{T}\left[\ln \dfrac{y_{t+T}^i}{y_{t+T}^{-i}} - \ln \dfrac{y_t^i}{y_t^{-i}}\right]$。

证明 由 $g_{t,t+T}^i$ 是岛屿 i 在 t 到 $t+T$ 期的平均增长速度可知，$y_{t+T}^i = y_t^i(1+$

$g_{t,t+T}^i)^T$，等式两边取自然对数可整理为 $\ln(1+g_{t,t+T}^i)=\dfrac{1}{T}\ln(y_{t+T}^i/y_t^i)$，等式左边

一阶泰勒级数展开可得，$g_{t,t+T}^i\approx\dfrac{1}{T}\ln(y_{t+T}^i/y_t^i)$。因此，$g_{t,t+T}^i-g_{t,t+T}^{-i}\approx$

$\dfrac{1}{T}\left(\ln\dfrac{y_{t+T}^i}{y_t^i}-\ln\dfrac{y_{t+T}^{-i}}{y_t^{-i}}\right)=\dfrac{1}{T}\ln\left(\dfrac{y_{t+T}^i}{y_{t+T}^{-i}}\Big/\dfrac{y_t^i}{y_t^{-i}}\right)=\dfrac{1}{T}\left(\ln\dfrac{y_{t+T}^i}{y_{t+T}^{-i}}-\ln\dfrac{y_t^i}{y_t^{-i}}\right)$。证毕。

y_{t+T}^i/y_{t+T}^{-i} 和 y_t^i/y_t^{-i} 分别为岛屿 i、岛屿 $-i$ 在时刻 $t+T$ 和时刻 t 的人均 GDP 比值，反映了岛屿间的经济差距。因此，引理 9-1 说明了，如果把岛屿 i 对经济增长关注表示为 $(g_{t,t+T}^i-g_{t,t+T}^{-i})$，其实就是说，岛屿 i 还关注经济差距的变化。

现在，我们构造一个考察区域一体化与协调发展的分析框架，见命题 9-2。

命题 9-2　当经济体里的社会计划者施行相同的经济政策时，如果 A、B 两省施行分割经济体的经济政策，那么地方市场分割对岛屿 i 协调发展的影响可以表示为

$$\frac{1}{T}\left(\ln\frac{y_{t+T}^i}{y_{t+T}^{-i}}-\ln\frac{y_t^i}{y_t^{-i}}\right)\approx c+\beta\ln\frac{y_t^i}{y_t^{-i}}+\alpha_2\,\mathrm{dum}+(X_1^i-X_1^{-i})\boldsymbol{\Psi}_1 \qquad (9\text{-}5)$$

式中，$c=0$，dum 是对地方市场分割的度量，具体取值是省内比较时为 0；省间比较时为 1。

证明　由引理 9-1 和式（9-4）可知，当岛屿 i 与其他岛屿 $-i$ 横比时，

$\dfrac{1}{T}\left(\ln\dfrac{y_{t+T}^i}{y_{t+T}^{-i}}-\ln\dfrac{y_t^i}{y_t^{-i}}\right)\approx\beta\ln\dfrac{y_t^i}{y_t^{-i}}+\alpha_1\ln\dfrac{x_1^i}{x_1^{-i}}+\alpha_2\ln\dfrac{x_2^i}{x_2^{-i}}+(X_1^i-X_1^{-i})\boldsymbol{\Psi}_1$ 显然成立。对

于 x_1 而言，由于社会计划者施行同样的经济政策，$\ln(x_1^i/x_1^{-i})=\ln 1=0$，即 $c=0$。如果我们记 dum $=\ln(x_2^i/x_2^{-i})$，则岛屿 i 与同属于一个省的岛屿相比，显然 $\ln(x_2^i/x_2^{-i})=\ln(x_2^A/x_2^A)=0$；与不属于同一个省的岛屿相比，显然 $\ln(x_2^i/x_2^{-i})=\ln(x_2^A/x_2^B)$ 为不等于 0 的常数，不妨单位化为 1。另外，由推论 9-1 可知，dum 是对地方市场分割的一种度量。证毕。

命题 9-2 提供了一个考察区域一体化与协调发展的分析框架，具有非常明确的经济含义。国内文献大都隐含着地方政府往往按照行政边界分割市场，但至今没有提出相应的度量方法，命题 9-2 从行政边界的经济含义出发，在趋同分析框架下给出了度量地方市场分割的方法（dum），而且能够非常直观地定量分析市场分割对协调发展的影响。因为，在式（9-4）中，等式左边刻画的是岛屿间差距的扩大程度，如等式右边中的 α_2 显著地大于零，则表明省间差距的扩大程度大于省内差距的扩大程度，即地方市场分割阻碍了经济体的协调发展；如果随着地方市场分割的消除、区域一体化进程的推进，α_2 显著地越来越小，显然表明区域一体化进程有利于经济体的协调发展。

与现有的相关文献相比，命题 9-2 还有三点值得强调。一是，与市场分割文献

相比,式(9-5)丰富了度量市场分割的工具箱。根据桂琦寒等(2004)阐述,目前度量市场分割程度的方法主要有三种:贸易流法、生产法和价格法。本节从行政边界视角出发提供了一种简便的度量市场分割的新方法。[①] 二是,与趋同文献相比,式(9-5)是对 Barro 回归方程的拓展。通过对比式(9-5)和式(9-4)可知,虽然二者在模型的表达形式上是一样的,但经济含义并不相同。如果说,式(9-4)揭示了在一定条件下,岛屿自身的初始水平与其后的增长速度大致成反比;那么,式(9-5)则揭示了在一定条件下,岛屿间初始差距的大小与其后的变动态势负相关,从而实现在一个分析框架内可同时进行纵向、横向比较[②]。因此,从这种意义上说,式(9-5)是对 Barro 回归方程的拓展。三是,与边界效应文献相比,式(9-5)类似于国际贸易文献中考察边界效应的表达式。[③]

9.3　样本与数据

9.3.1　实证分析对象

本书实证分析的对象,是我国长江三角洲地区的地级及其以上城市的市区,暂不包县级城市。我国城市建制分为直辖市、地级市(其中部分城市为副省级)、县级市和镇。从现有的统计数据看,《中国城市统计年鉴》对地级市分别列出“地区”和“市区”两项,县级城市只有“地区”一项。“地区”包括市区和下辖县、县级市,包含了农村地区的数据,不能真实地反映城市的经济活动;“市区”则仅包括城区和郊区,行政界线相对稳定,体现了城市中的经济活动。长江三角洲地区是指经济地理意义上的长江三角洲,包括江苏省中部的 8 市(南京、扬州、泰州、南通、镇江、常州、无锡、苏州)、浙江省北部 6 市(杭州、嘉兴、湖州、宁波、绍兴、舟山)[④]和上海市。

我们选择长江三角洲城市群主要是因为,长江三角洲地区不仅是我国经济发展发展水平最高的区域,而且围绕着长江口形成了一个自然整体,经过 30 多年来的发展,特别是成立旨在推进长江三角洲地区城市共同发展的“长江三角洲城市经济协调

---

① 匿名审稿人认为,应该采用“地区间流入流出量/地区总产值”度量市场一体化。由于地区间贸易并没有像国际贸易一样有海关等统计部门,我们不可能直接获得国内地区间贸易流入流出的数据。恰基于此,本文尝试从边界的视角把市场一体化内生地引入趋同分析框架,提供一种简便的度量市场分割的新方法。

② Quah(1996)对 Barro 回归方程的批判,其实就是强调 Barro 回归方程只可以纵比,而不能横比。

③ 边界效应文献始于 McCallum(1995)、Engel 和 Rogers(1996)等,Anderson 和 Wincoop(2003)等做了相关综述。边界效应文献通常基于经济含义并不太明晰的重力方程,考察边界对国际贸易的影响;而式(9-4)是基于趋同理论推导出来的,旨在考察市场一体化或地方市场分割对协调发展的影响。

④ 台州是 2003 年 8 月正式成为长江三角洲经济协调会的第 16 个成员。

会"后的发展(表 9-1),目前已成为我国区域一体化发展最好的地区之一。[①] 另外,改革开放以来,我国采取了差异化的区域发展政策,但江苏浙江两省享有相同的中央优惠政策,[②]从而满足了命题 9-2 的前提条件。因此,从区位的角度看,长江三角洲城市群为我们提供了一个考察区域一体化对区域经济协调影响的自然观察平台。

表 9-1　长江三角洲一体化发展历程

1982 年	"六五"计划就曾正式明确"编制以上海为中心的长江三角洲的经济区规划",并建立"以上海为中心的长江三角洲经济区"
1984 年	国务院成立了上海经济区规划办公室
1989 年	撤消上海经济区规划办公室,长江三角洲第一次整合热潮就此结束
1992 年	上海、无锡、宁波、舟山、苏州、扬州、杭州、绍兴、南京、南通、常州、湖州、嘉兴、镇江 14 个市经协委(办)发起成立长江三角洲 14 城市经协委(办)主任联席会,每年召开一次会议,依次在各市举行
1997 年	上述 14 市政府通过平等协商,自愿组成新的协调组织——长江三角洲城市经济协调会。第一次会议在扬州举行,会议提出要把长江三角洲建设成为具有高度竞争力的经济共同体,并接纳泰州市为协调会新成员,成员总数增至 15 个
1999 年	长江三角洲城市经济协调会第二次会议在杭州举行,确定了产权交易、高科技成果交易、信息交流、商贸和旅游等合作重点
2001 年	长江三角洲城市经济协调会第三次会议在绍兴举行,提出以上海世博会为契机,加快长江三角洲旅游一体化的进程
2003 年	长江三角洲城市经济协调会第四次会议在南京举行,会议主题是世博经济与长江三角洲经济联动发展,并接纳台州市为协调会新成员
2004 年	长江三角洲城市经济协调会第五次会议,"接轨上海、融入长三角"成为区域发展的战略共识;首次建立议事制度,从务虚向务实议事转型

资料来源:根据洪银兴和刘志彪(2003),人民网和中国咨询行中的相关内容整理

9.3.2　实证模型

本章旨在定量考察长江三角洲区域一体化对区域协调发展的影响。根据长江三角洲的实际,在实证分析中,我们把式(9-5)具体表达为

$$\frac{1}{T}\left[\ln\left(\frac{y_{t+T}^i}{y_{t+T}^{-i}}\right) - \ln\left(\frac{y_t^i}{y_t^{-i}}\right)\right] = \sum_{i=1}^{I} c_i d_i + \beta\ln\left(\frac{y_t^i}{y_t^{-i}}\right) + \alpha_2\,\mathrm{dum} + \alpha_3\ln\left(\frac{\mathrm{shh}^i}{\mathrm{shh}^{-i}}\right) + \alpha_4\ln\left(\frac{s^i}{s^{-i}}\right) + \varepsilon$$

$$(9\text{-}6)$$

---

① "在 20 世纪 80 年代,长江三角洲地区可谓群龙无首,领先发展的江浙地区互不买账,更不把上海放在眼里。浦东开发结束了这一离心状态。——以上海为龙头、江浙为腹地,长江三角洲地区的经济结构、市场体系、基础设施和城市布局之间的合作分工趋势日益明显"(洪银兴和刘志彪,2003)。进入 20 世纪 90 年代,"长江三角洲区域合作与发展出现的一个明显的变化就是地方政府开始主动介入,以突破区域合作中的一些难点和开创更为广泛的合作领域"(洪银兴和刘志彪,2003)。

② 由 Démurger 等(2002)对江苏和浙江两省的优惠政策的度量可知,二者的优惠政策指数相等。

式中，$\sum c_i d_i$ 刻画每个城市的固定效应，Engel 和 Rogers(1996)在考察边界效应时也采取了这种做法，d_i 的取值为在横比中，与 i 相比的为 1，其他为 0；shh 为长江三角洲 14 个城市（江苏 8 市、浙江 6 市）到上海的距离；s 为投资率。

我们之所以引入 shh 和 s 这两个控制变量，是考虑到以下两点。一是，在长江三角洲，上海是龙头，其他 14 个城市是其腹地，受其辐射，"接轨上海"已成为其发展战略（表 9-1）。因此，式(9-6)中引入了 14 个城市到上海的相对距离，旨在定量分析上海对其他 14 个城市协调发展的影响。显然，如果 $\alpha_4 < 0$，则表明上海带动了长江三角洲其他城市间的协调发展；反之，则没有。二是，投资率是 Barro 回归方程中稳健的控制变量[①]。因此，我们引入这个控制变量。在文献中，通常 $\alpha_4 > 0$。

当然，我们最关注的系数是 α_2。由命题 9-2 可知，dum 的具体取值为当江苏省八市与浙江省六市间的比较为 1，其他为 0。因此，如果 $\alpha_2 > 0$，则表明长江三角洲地区存在地方市场分割，且阻碍了长江三角洲城市间的协调发展；随着区域一体化进程的推进（表 9-1），如果 α_2 越来越小，则表明，区域一体化有利于长江三角洲地区的协调发展。

9.3.3　数据来源

本章采用的原始数据是人均 GDP、投资率（等于固定资产投资除于 GDP）和到上海的距离。样本区间是 1990～2002 年。其中 1998 年以前的人均 GDP、GDP 和固定资产投资来源于《新中国城市 50 年》，1999～2002 年的数据则《中国城市统计年鉴》(2000～2003)。[②] 到上海的距离是指各个城市到上海的公里里程，来源于易程网的《中国公路营运里程、地图、配货站查询系统》。由于缺乏泰州、舟山到上海距离的数据，我们最终剔除了这两个城市，即我们的研究对象是 12 个城市（江苏 7 市、浙江 5 市）和上海。

由于式(9-6)采用的是横向比值，我们实证分析中的样本是 66 个($C_{12}^2 = 66$)。其中江苏省内的是 21 个($C_7^2 = 21$)，浙江省内的是 10 个($C_5^2 = 10$)，跨省的是 35 个($C_5^1 C_7^1 = 35$)。

9.4　实证结果分析

9.4.1　基本结果

采用式(9-5)，我们对 1990～2002 年的长江三角洲样本进行了回归分析，结果

如表 9-2 所示。

表 9-2　地方市场分割与协调发展（1990～2002）

因　素	回归方程(1)	回归方程(2)	回归方程(3)	回归方程(4)	回归方程(5)	回归方程(6)
城市固定效应	有	有	有	有	有	有
$\ln y_{90}$	-0.014	-0.013	-0.027	-0.029	-0.018	-0.034
	$(-2.03)**$	$(-2.01)**$	$(-4.23)***$	$(-4.34)***$	$(-2.27)**$	$(-4.18)***$
dum	0.026	0.024	0.022	0.023	0.025	0.016
	$(5.65)***$	$(6.51)***$	$(10.98)***$	$(12.14)***$	$(5.94)***$	$(4.03)***$
lnshh		0.004		-0.005	-0.008	-0.006
		(0.71)		(-1.25)	(-1.64)	(-1.46)
ln$s$			0.052	0.058	0.033	0.061
			$(9.16)***$	$(8.11)***$	$(3.07)***$	$(4.00)***$
$\bar{R}^2$	0.603	0.603	0.730	0.734	0.601	0.576
N	66	66	66	66	45	56

注：y_{90} 和 shh 分别为 12 个城市 1990 年人均 GDP 比值和到上海公里里程的比值，s 为 12 个城市在 1990～1996 年平均投资率的比值；*** 、** 和 * 分别为通过显著水平为 1％、5％和 10％的统计检验；括号内为 T 值；在实证分析过程中作了 White 异方差调整；我们没有报告各个城市的固定效应

　　由表 9-2 中的回归结果可知，在长江三角洲地区存在地方市场分割，而且地方市场分割阻碍了长江三角洲城市间的协调发展。由回归方程（1）可知，$\ln y_{90}$ 的回归系数显著为负，这表明，1990～2002 年，长江三角洲城市间的初始差距与其随后差距扩大程度负相关，即初始差距越大，随后差距缩小的幅度就越大。因此，回归方程（1）揭示了，1990～2002 年间的长江三角洲地区存在趋同（协调发展）。但 dum 的回归系数是 0.026，而且能够通过显著水平为 1％的检验。这意味着，在 1990～2002 年的长江三角洲地区，给定城市间的初始差距，由于地方市场分割的存在，平均而言，江苏省城市与浙江省城市间的差距比省内城市间的差距显著地少缩小了 0.026，即地方市场分割阻碍了长江三角洲城市间的协调发展。这个发现是相当稳健的。当我们进一步引入控制变量，比如投资率和上海对长江三角洲城市的辐射，由回归方程（2）～（4）可知，$\ln y_{90}$ 回归系数仍然为负号，而且能够通过显著水平 1％的检验；dum 回归系数的符号仍然为正号，不仅仍然能够通过显著水平 1％的检验，而且回归系数的大小也几乎不变。这意味着，当投资率和上海对各个城市的辐射给定时，在长江三角洲地区，地方市场分割仍然存在，而且阻碍了长江三角洲城市间的协调发展。

　　就控制变量而言，$\ln(s)$ 能够通过显著水平 1％的检验，回归系数的符号与趋同文献中的发现一致。但 lnshh 并不显著，这意味着，平均而言，在 20 世纪 90 年代，上海可能并没有充分发挥其自身的辐射作用，带动长江三角洲地区协调发展。其原因可能有两个。其一，从上海自身的发展历程看，进入 20 世纪 90 年代，特别是

随着浦东新区的开发,上海一直致力于把自己建设为一个国际化大都市。在建设国际化都市的过程中,位于主导地位的是城市的集聚功能而不是扩散或辐射功能。其二,我们在以上分析过程中,实际上只是采用了 1990 和 2000 的样本,而忽视了样本区间内的其他样本。这难免会造成我们无意中忽视了在样本区间内上海的辐射作用是变化的,例如,从样本区间的某一时刻起,上海的辐射效应才开始逐步占据主导地位。[①]

为了进一步检验本文发现的稳健性,我们把样本进一步细分为两类:一类是不考虑江苏省内城市横比的样本,即子样本为浙江省内的 10 个和跨省的 35 个,合计 45 个;另一类是不考虑浙江省内城市横比的样本,即子样本为江苏省内的 21 个和跨省的 35 个,合计 56 个。基于这两个子样本的回归结果见表 9-2 中的回归方程 (5) 和 (6)。我们发现,与回归方程 (4) 相比,两个子样本的回归结果并没有发生任何实质性的改变。这从一个侧面印证了本小节的发现是稳健的。

9.4.2　区域一体化与区域协调发展

虽然在长江三角洲地区仍然存在着地方市场分割,这也阻碍了长江三角洲地区的协调发展,但由表 9-1 可知,进入 20 世纪 90 年代,特别是 14 个城市于 1997 年自发成立长江三角洲城市经济协调会后,长江三角洲区域一体化进程明显加快。因此,在本部分,我们将重点考察,随着长江三角洲一体化进程的推进,式 (9-5) 中的回归系数 α_2 是否显著地越来越小。显然,如果回答是肯定的,则意味着表 9-1 中所描述的长江三角洲一体化进程确实促进了长江三角洲地区的协调发展。

考虑到 1997 年自发成立长江三角洲城市经济协调会后,长江三角洲区域一体化进程明显加快,我们尝试以 1997 年为界把样本区间分为两段,分别回归分析,考察地方市场分割对长江三角洲城市间协调发展的阻碍作用是否越来越小。

表 9-3 报告的回归结果显示,在 1997 年成立长江三角洲城市经济协调会后,方市场分割对长江三角洲城市间协调发展的阻碍作用已经下降了近 50%;而且上海开始带动整个长江三角洲地区的协调发展。对比回归方程 (7) 和 (10),有三点值得强调:第一,lny 的回归系数都显著为负,即在 1990~1996 年和 1997~2002 年,长江三角洲城市间都存在趋同。第二,dum 的回归系数仍然显著为正,但从回归系数大小上看,1990~1996 年为 0.035,1997~2002 年为 0.019,下降了 45.7%。[②] 这表明,长江三角洲城市经济协调会成立后,尽管每两年召开一次协调会议,长江三角洲地区仍然存在地方市场分割,但地方市场分割对长江三角洲城市间协调发展的阻碍作用已下降了 45.7%。因此,回归结果揭示了,长江三角洲城市经济协

---

① 由后面的分析可知,这种情况确实存在。

② 计算公式是 0.457=(0.035-0.019)/0.035。

调会成立后,区域一体化进程促进了长江三角洲城市间的协调发展。第三,lnshh 的回归系数发生了根本性的变化,1990～1996 年为 0.048,1997～2002 年则为 −0.044,而且二者都能够通过显著水平为 1％的检验。回归系数的符号为负则意味着,当其他条件不变时,上海对其他长江三角洲城市的影响,有利于缩小其他长江三角洲城市间的差距。因此,回归结果揭示了,长江三角洲城市经济协调会成立后,上海在长江三角洲协调发展进程中的辐射作用日益凸现,开始能够带动长江三角洲地区实现协调发展。

为了稳健起见,我们同样把样本进一步细分两类:不考虑江苏省内城市横比的 45 个子样本和不考虑浙江省内城市横比的 56 个子样本。基于第一类子样本的回归结果如表 9-3 中的回归方程(8)和(11)所示。对比这两个回归方程可知,长江三角洲城市经济协调会成立后,地方市场分割对城市间协调发展的阻碍作用下降了 51.9％,上海开始带动长江三角洲其他城市的协调发展。基于第二类子样本的回归结果如表 9-3 中的回归方程(9)和(12)所示可知,1997 年后,地方市场分割对城市间协调发展的阻碍作用下降了 41.7％,上海开始带动长江三角洲其他城市的协调发展。

表 9-3 区域一体化与协调发展:分段考察

因　素	回归方程(7)	回归方程(8)	回归方程(9)	回归方程(10)	回归方程(11)	回归方程(12)
	1990～1996			1997～2002		
城市固定效应	有	有	有	有	有	有
lny	−0.012	−0.025	−0.006	−0.061	−0.058	−0.043
	(1.84)*	(−2.79)***	(−0.70)	(−4.87)***	(−5.20)***	(−3.92)***
dum	0.035	0.027	0.036	0.019	0.013	0.021
	(8.48)***	(5.30)***	(8.04)***	(3.63)***	(3.18)***	(3.20)***
lnshh	0.048	0.044	0.039	−0.044	−0.047	−0.047
	(7.50)***	(7.44)***	(9.40)***	(−7.94)***	(−8.27)***	(−9.66)***
lns	−0.009	0.002	−0.008	0.144	0.136	0.077
	(−1.02)	(0.29)	(−0.87)	(10.1)***	(7.42)***	(3.78)***
$\bar{R}^2$	0.720	0.720	0.713	0.886	0.810	0.720
N	66	56	45	66	56	45

注:lny 为相应时间段的初始值;s 在 1990～1996 年和 1997～2002 年的取值分别为 1990～1992 年的平均投资率和 1990～1996 年的投资率;其他同表 9-2。

为了进一步检验本研究发现的稳健性,我们引入外商直接投资,①回归结果如表 9-4 所示。

---

① 匿名审稿人认为,本文的发现,"可能更多的与该地区 20 世纪 90 年代中期以来,外资企业大举进入有关","通过投资率这个控制变量有所体现,但不具体"。对此,我们表示感谢。

表 9-4　区域一体化与协调发展：引入外商直接投资

时　间	城市固定效应	lny	dum	lnshh	lns	lnFDI	$\bar{R}^2$	N
1990~1996 年	有	0.08 (2.6)**	0.066 (4.2)***	0.009 (0.4)	0.032 (1.5)	−0.07 (−2.4)**	0.812	66
1997~2002 年	有	−0.06 (−6.1)***	0.035 (13.5)***	−0.03 (−8.7)***	0.11 (9.6)***	0.02 (9.4)***	0.939	66

注：FDI 为外商直接投资占固定资本投资的比重，1990~1998 年的数据来自《新中国城市 50 年》，1999~2002 年的数据则来自《中国城市统计年鉴》(2000~2003)；其他同表 9-2

　　引入外商投资后，回归结果并没有发生任何实质性的变化。对比表 9-4 中的两个回归方程可知，长江三角洲城市经济协调会成立后，地方市场分割对城市间协调发展的阻碍作用下降了 46%，上海开始带动长江三角洲其他城市的协调发展。

　　至此，我们可以得出结论，长江三角洲城市经济协调会成立后，市场分割对长江三角洲城市间协调发展的阻碍作用已经下降了近 50%，即区域一体化促进了长江三角洲城市间的协调发展，而且这个结论是稳健的。

9.5　结论性评述

　　逐步消除地方市场分割、建立完善全国统一开放的市场是否有利于我国区域经济的协调发展？围绕这个问题，本章从理论和实证两个方面展开讨论。

　　在理论上，我们提供了一个从行政性边界视角度量地方市场分割的方法，并把其引入 Barro 回归方程，提供了一个定量分析区域一体化对区域经济协调发展影响的方法。

　　在实证分析上，我们以长江三角洲城市群为例，定量分析地方政府自愿成立协调组织、主动推动区域一体化进程对地区协调发展的影响。结果发现：1990~2002年，市场分割确实阻碍了长江三角洲地区的协调发展；但随着地方政府自愿成立协调组织、主动推动区域一体化进程，市场分割对区域协调发展的阻碍作用几乎逐年下降。这表明区域一体化有利于区域协调发展。本章的另外一个发现也值得强调，即上海是长江三角洲地区的龙头，并于 1997 年开始带动长江三角洲地区的协调发展。

　　本章的发现是相当稳健的，有助于进一步增进人们对我国如何早日实现区域协调发展的理解。本章提供的方法可以用来考察全国范围内区域一体化对区域协调发展的影响，这也应该是一个很好的进一步研究方向。

第 10 章 区域一体化、经济增长与政治晋升

10.1 引 言

建立全国统一开放的市场是我国经济转轨的重要目标之一。从我国区域开放实践来看,一方面,我国区域间恶性竞争、重复建设、市场保护等市场分割问题一直比较突出(银温泉和才婉如,2001);另一方面,国内区域经济一体化(regional integration)的出现、增多已成为一个重要现象,如长江三角洲和泛珠三角地区目前的自发实践。因此,一个有意思的问题是,在我国经济转轨过程中,为什么有些省区选择市场分割,而有些省区却开始致力于区域经济一体化? 现有文献大致从以下两个方面展开:

主流的解释是从财政分权的视角探索我国市场分割的根源。众多文献将我国市场分割归因于分权改革,如沈立人和戴园晨(1990)、Young(2000)、银温泉和才婉如(2001)、平新乔(2003)、林毅夫和刘培林(2004)等。但大量文献也揭示,财政分权为地方政府发展当地经济提供了适宜的激励,如 Qian 和 Weingast(1997)、Qian 和 Roland(1998)和 Jin 等(2005)等。

最新文献的进展是从地方政府官员所面临的政治激励展开的,如 Maskin 等(2000)、Blanchard 等(2000)、周黎安等(2005)和 Li 和 Zhou(2005)等。自 20 世纪 80 年代初以来,我国地方官员升迁标准由过去以政治表现为主变为以经济绩效为主。周黎安(2004)进一步明确指出,在这种政绩观下,"地政官员合作困难的根源并不主要在于地方官员的财税激励及其他们所处的经济竞争性质,而是在于嵌入在经济竞争当中的政治晋升博弈的性质",并尝试从政治晋升博弈出发对我国的市场分割和恶性竞争等问题给出一个全新的解释。但是,如果说,政治晋升博弈中的政府官员不愿意合作,那么,为什么同样面临晋升竞争的某些省区却选择了区域经济一体化? 其实,张军(2005)已明确指出,在这种政绩观下,地方官员为增长而竞争,会带来地方保护主义、重复建设等问题,但是区域之间的"贸易"联系却是不断加强的。[1]

---

[1] 国务院发展研究中心最近组织的一项全国性的调查表明,无论是企业还是非企业单位都认为,20 多年来,地方保护的严重程度呈现逐步减轻之势(李善同等,2004)。大量实证文献都发现,我国市场分割程度是不断下降的,较详细的综述请参阅朱希伟等(2005)。另外,桂琦寒等(2004)较好的综述了度量市场分割程度的方法。

　　总之,现有文献主要是从地方政府所面临的财政、政治激励的角度论述我国市场建设问题,正如 Jin 等(2005)所明确指出的,这两种研究思路是互补的。但这两种思路还没有系统性研究面临相同的激励时,为什么有些省区选择市场分割,而有些却开始致力于区域经济一体化。沿着后一条思路,本书从中央政府按照经济绩效晋升地方政府官员的假设出发,构建了一个简单的地方政府官员晋升博弈模型,证明了理性的地方政府官员为了晋升最大化,既可能会选择市场分割也可能会选择区域经济一体化,因条件而异,从而为地方政府在区际关系的迥异行为提供了一个具有内在一致性的解释。具体而言,在中央政府按照经济绩效晋升地方政府官员的情况下,当地方政府官员的努力具有正外部性或正溢出效应时,地方政府官员会理性地选择区域一体化,从而将正溢出效应内部化,获得更快的经济增长以及更高的晋升可能性;反之,当存在负外部性或负溢出效应时,地方政府官员会理性地选择市场分割,从而将负溢出效应外部化,以免殃及自身经济增长以及相应的晋升可能性。基于长江三角洲的实证分析支持理论模型的预测。

　　本章从政治激励的角度探索中国地方政府在区际关系上的行为,但政治激励并不是中国特有的现象。例如,转轨经济体的俄罗斯也存在这种现象,Blanchard 和 Shleifer(2000)发现,中俄对地方政府的政治激励不同,由此带来财政分权的经济绩效迥异;美国也存在这种现象,Besley 等(1995)和 Besley 等(2005)从理论和实证两个方面分析美国各州州长连任可能性(各州间的政治竞争)与其经济政策、经济绩效之间的关系,发现二者显著正相关。

　　本章的模型类似于 Bester 和 Güth(1998)、Possajennikov(2000)和 Bolle(2000),但解决的问题完全不同。Bester 和 Güth(1998)、Possajennikov(2000)和 Bolle(2000)提供了一个简洁的处理偏好内生的方法,并基于该方法探索理性的经济活动主体为什么会选择利他行为。本章模型的基本假设更多地来源于中国的经验观察,采用他们所开创的方法,探索理性的地方政府官员为了晋升最大化,是选择区域一体化还是市场分割。当然,Bester 和 Güth(1998)、Possajennikov(2000)和 Bolle(2000)的工作更具有一般性,但通过引入新的因素——基于中国的经验观察修正原模型的基本假设——完全可能得到一些新的结论或解释一些新的现象。

　　以下部分的结构安排是,第二节是模型;第三节是实证;第四节是结论性评述。

10.2　模　　型

10.2.1　基本假定

1. 经济增长与政治晋升

　　我们考察由 n 个相邻区域构成的经济体。经济体存在一个中央政府,它雇用

n 个同质的地方官员管理其下辖的 n 个区域。

由于无法观察到每个地方官员的努力程度,因此,中央政府依据每个区域经济增长的快慢升迁任免该地方政府官员。为简单起见,我们把经济体的地方官员晋升函数表示为

$$v = g \tag{10-1}$$

式中,v 和 g 分别为地方官员晋升的可能性和经济增长速度。式(10-1)的经济含义非常直观,即地方官员管辖区域的经济增长速度越快,其得到晋升的可能性就越大。就我国而言,自 20 世纪 80 年代初,我国地方官员激励方式发生重大变化,官员升迁的考核标准由过去以政治表现为主变为以经济绩效为主,形成了今天流行的基于地方经济发展的可度量的政绩观。周黎安等(2005)以及 Li 和 Zhou(2005)采用我国省级官员晋升数据发现,省级官员在任期间的平均增长速度对其晋升有显著的正的影响。

每个地方政府官员都是理性的,因此会为晋升而展开两两竞争。为追求晋升最大化,地方政府官员尽可能促进本地区的经济增长。[①] 张军(2005)把这种现象称之为我国地方官员"为增长而竞争"。假定地区 i 的经济增长取决于地方官员 i 的努力程度($x \geqslant 0$),即

$$\bar{g}_i = mx - x^2 \tag{10-2}$$

式中,$m > 0$,且为常数。式(10-2)表明,在一定范围内,区域的经济速度随着地方官员努力程度的增加而提高。确切地说,地方官员的努力每增加 1 个单位,经济增长速度就会提高($m - 2x$)个单位。该假定是合理的,原因有二:一是,无论新古典经济增长理论还是新经济增长理论都证明了经济增长的引擎是技术进步,因此,经济速度不可能随着地方官员努力程度的增加而一直提高。二是,大量增长文献揭示了政府行为确实影响到经济增长速度,如 Rebelo(1991),特别是 Easterly(2005),基于欠发达国家实践给出了大量证据。

地方官员的努力存在外部性,即地方官员 i 的努力能够影响到其他区域的经济增长速度。大量的经济增长文献揭示了外部性对经济增长的影响,如 Romer(1986)和 Lucas(1988)等。同理,其他地方政府官员的努力也会影响到区域 i 的经济增长。由于晋升竞争是成对进行的,我们假定区域 i 的经济增长速度也受到其竞争对手努力程度($y \geqslant 0$)的影响,即

$$\underline{g}_i = \theta xy \tag{10-3}$$

---

① "我们也无须否认,在一些地方的确可能出现"官员出数字,数字出官员"的问题,可如果数字全是"吹"出来的,像 20 世纪 50 年代流行的"浮夸风"那样,我想我们的经济早就因为数字的膨胀而崩溃了,还能坚持到今天?"(张军,2005)。

式中，$\theta \in (-1, 1)$，且为常数，用来度量竞争对手的努力对区域 i 的经济增长速度的影响程度。限制 $|\theta| < 1$ 旨在强调区域 i 经济增长主要是靠自身的努力，周黎安（2004）也采取同样的限制。显然，当 $\theta = 0$ 时，经济体里不存在外部性。当 $\theta \in (0, 1)$ 时，竞争对手的努力有利于区域 i 的经济增长，即存在正外部性或正溢出效应；当 $\theta \in (-1, 0)$ 时，竞争对手的努力不利于区域 i 的经济增长，即存在负外部性或负溢出效应。

　　式（10-2）和式（10-3）相加，则得到区域 i 的经济增长表达式，即

$$g_i = \bar{g}_i + \underline{g}_i = mx - x^2 + \theta xy \qquad (10\text{-}4)$$

　　地方政府官员 i 的竞争对手 j 也会为追求晋升最大化而尽可能促进本地区 j 的经济增长。由于地方政府官员是同质的，地区 j 的经济增长速度就可以表示为

$$g_j = my - y^2 + \theta yx \qquad (10\text{-}5)$$

　　在基于经济绩效的人事考核体系下，中央政府根据经济增长速度晋升地方官员，众多的地方官员为晋升而展开竞争。由式（10-1）、式（10-4）和式（10-5）可知，地方政府官员 i 和 j 的晋升可能性可以表示为

$$v_i = g_i; \quad v_j = g_j$$

2. 地方政府官员的偏好

　　地方政府官员关注的是晋升。因此，地方政府官员 i 和 j 的偏好 U 定义为

$$U_i = v_i + \alpha v_j \quad U_j = v_j + \beta v_i \quad -1 \leqslant \alpha \leqslant 1, -1 \leqslant \beta \leqslant 1 \qquad (10\text{-}6)$$

　　显然，当 $\alpha = \beta = 0$ 时，则表明地方政府官员只关注自己晋升的可能性；当 α 与 β 均大于 0 时，则表明不仅关注竞争对手的升迁，而且竞争对手的升迁能够增进自身的福利；当 α 与 β 均小于 0 时，则表明竞争对手的升迁会降低自身的福利。基于此，本章依据 α 的大小，把地方政府官员 i 在处理区域关系的选择定义为当 $\alpha > 0$ 时，地方政府官员 j 的晋升能够增进地方政府官员 i 的福利，称地方政府官员 i 偏好区域一体化的发展战略；当 $\alpha < 0$ 时，地方政府官员 j 的晋升将降低地方政府官员 i 的福利，称地方政府官员 i 偏好市场分割的发展战略。同理，地方政府官员 j 在处理区域关系上也有上述两种选择。

　　显然，市场分割和区域一体化都是地方政府通过发展经济获得晋升的策略。在以下具体分析中，我们首先视 α 和 β 给定，考察地方政府官员最优的努力水平；其次分析地方政府官员为了实现晋升最大化，是选择区域一体化还是市场分割，还是因条件而异。

　　需要强调的是，这并不同于经济文献中的一般做法。通常，人们是给定刻画经济活动主体偏好的效用函数，然后考察经济活动主体效用最大化的行为。在本章，首先给定地方官员的偏好，地方政府官员选择最优的努力程度，官员的努力关系到

该地区的经济增长并在最终决定其晋升可能
性;其次考察为了实现晋升最大化,地方政府
官员是选择区域一体化还是区域市场分割,
从而将其偏好内生,如图 10-1 所示。我们这
么做是可行的,地方政府官员为了实现晋升

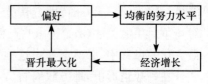

图 10-1　地方政府内生偏好

最大化,完全可以有时偏好区域一体化有时偏好市场分割。其实,这正是 Bester
和 Güth(1998)、Possajennikov(2000)、Bolle(2000)所开创的一种内生偏好的
方法。

10.2.2　基准模型

所谓基准模型是指 $\alpha = \beta = 0$ 的情形。在这种情形下,地方政府官员既不会选
择区域一体化也不会选择市场分割。

当 $\alpha = 0$ 时,地方政府官员 i 晋升函数等同于其效用函数,即

$$U_i = v_i = mx - x^2 + \theta yx$$

地方政府官员 i 效用最大化的条件是

$$\frac{\partial U_i}{\partial x} = 0 \Rightarrow m - 2x + \theta y = 0 \tag{10-7}$$

由于地方政府关于 i 和 j 为了晋升而竞争,式(10-7)显然是地方政府官员 i 最
优努力程度的反应函数。同理,我们可以得到,当 $\beta = 0$ 时,地方政府官员 j 最优努
力程度的反应函数为

$$m - 2y + \theta x = 0 \tag{10-8}$$

联立式(10-7)和式(10-8)就得到了地方政府关于 i 和 j 均衡的努力程度和均
衡的晋升可能性,即

$$\bar{x} = \bar{y} = \frac{m}{2 - \theta} \quad v_i(\bar{x}, \bar{y}) = v_j(\bar{x}, \bar{y}) = \left(\frac{m}{2 - \theta}\right)^2 \tag{10-9}$$

式(10-9)表明,两个理性的地方政府官员为晋升展开竞争,当均衡时,最优努力程
度相同,晋升可能性相同。

10.2.3　一般情形

所谓一般情形是指 $\alpha \neq 0$ 且 $\beta \neq 0$。在一般情况下,地方政府效用最大化问题
可以表示为 $\max_x U_i = v_i + \alpha v_j$。

需要强调的是,在我们构造的经济体里,地方官员的努力存在外部性。在基准
情况下,地方官员显然无法把这种外部性内部化,但在一般情形下,则存在这种可

能性。因为,当 $\alpha\neq0$ 时,地方官员 i 努力对地区 j 增长速度的影响为 θxy,就通过 i 对竞争对手的关注(αv_j)进入自己的效用函数。这时,地方官员 i 在实现自身效用最大化的过程中,必然会考虑这种外部性。

在一般情形下,地方政府官员 i 效用最大化的条件为

$$\frac{\partial U_i}{\partial x} = 0 \Rightarrow m - 2x + \theta y + \alpha\theta y = 0 \tag{10-10}$$

式(10-10)显然是地方政府官员 i 最优努力程度的反应函数。与式(10-7)相比,式(10-10)等式右边多了一项 $\alpha\theta y$,它反映了地方政府官员 i 考虑到了其自身的努力对地区 j 经济增长的影响。

同理,可得地方政府官员 j 最优努力程度的反应函数为

$$m - 2y + \theta x(1+\beta) = 0 \tag{10-11}$$

联立式(10-7)和式(10-8)就可得地方政府 i 和 j 的均衡努力程度,即

$$\begin{aligned} x^* &= m\frac{2+\theta(1+\alpha)}{4-\theta^2(1+\alpha)(1+\beta)} \\ y^* &= m\frac{2+\theta(1+\beta)}{4-\theta^2(1+\alpha)(1+\beta)} \end{aligned} \tag{10-12}$$

式(10-12)具有很强的经济含义,概括为命题10-1。

命题 10-1　当 $\theta\neq0$ 时,地方政府官员最优的努力程度具有以下性质:

(1) $\dfrac{\partial x^*}{\partial\beta}>0$;$\dfrac{\partial y^*}{\partial\alpha}>0$;

(2) 当 $\theta\alpha>0$ 时,$x^*(\alpha,\alpha)=y^*(\alpha,\alpha)>\bar{x}=\bar{y}$;

(3) 当 $\theta\alpha<0$ 时,$x^*(\alpha,\alpha)=y^*(\alpha,\alpha)<\bar{x}=\bar{y}$。

证明　由式(10-12)显然可得(1)。当 $\alpha=\beta$ 时,式(10-12)可以表示为 $x^*(\alpha,\alpha)=y^*(\alpha,\alpha)=m/(2-\theta(1+\alpha))$,与式(10-9)比较可得(2)和(3)。证毕。

命题10-1中的(1)揭示了当存在外部性时,竞争对手越关注,地方官员越努力。这符合人们的直观,通常,人们越被别人关注,越要好好表现,这样才可能在竞争中胜出。

命题10-1中的(2)和(3)揭示了,当地方政府可以把其外部性内部化时,可能会出现的四种结果。具体而言,当经济体里存在正外部性时($\theta>0$),如果进行区域一体化,即 $\alpha>0$,则地方政府官员均衡的努力水平高于基准水平;反之,如果进行市场分割,即 $\alpha<0$,则地方政府官员均衡的努力水平将低于基准水平。当经济体里存在负外部性时($\theta<0$),如果两个地区进行市场分割展,即 $\alpha<0$ 则地方政府官员的努力程度大于基准水平;而进行区域一体化合作,即 $\alpha>0$,则地方政府官员的努力程度将低于基准水平。

地方政府官员关注其竞争对手晋升是否会提高自身晋升可能性呢？命题 10-2 给出了回答。

命题 10-2　当 $\alpha=\beta$ 且 $\theta\neq0$ 时，$v_i=v_j$ 且 $\dfrac{\partial v_i(x^*(\alpha,\alpha),y^*(\alpha,\alpha))}{\partial\alpha}>0$；

当 $\alpha<\beta$ 且 $\theta\neq0$ 时，$v_i(x*(\alpha,\beta),y*(\alpha,\beta))>v_j(x*(\alpha,\beta),y*(\alpha,\beta))$。

证明　当 $\alpha=\beta$ 时，$x^*(\alpha,\alpha)=y^*(\alpha,\alpha)=m/(2-\theta(1+\alpha))$，代入晋升函数，得 $v_i=v_j=m^2(1-\alpha\theta)/[2-\theta(1+\alpha)]^2$，对 α 求导即得。当 $\alpha\neq\beta$ 时，把 x^* 和 y^* 代入晋升函数可得，$v_i-v_j\geqq[m^2\theta^2(\beta-\alpha)(1-\alpha\beta)]/[4-\theta^2(1+\alpha)(1+\beta)]^2$。因此，当 $\beta>\alpha$ 且 $\theta\neq0$ 时，$v_i>v_j$。证毕。

命题 10-2 揭示了，地方政府官员在晋升竞争中相互关注对方的晋升，对自身晋升可能性的影响大致有两种情况。

第一种情况是，当两个地方政府官员相互关注的程度一样时，在均衡情况下，二者的晋升可能性是一样的。这时，如果两个地方政府选择区域一体化，那么二者的经济增长将更快，从而比不选择区域一体化的其他地方政府官员具有更多的晋升可能性，即当 $0<\alpha=\beta$ 时，$v_i(\bar{x},\bar{y})=v_j(\bar{x},\bar{y})<v_i(x^*,y^*)=v_j(x^*,y^*)$。其实，如果我们根据地方政府官员在晋升竞争中的相互关注程度把 n 个地方政府官员划分几大类，第一种情况揭示了每类地方政府官员的晋升可能性是一样的，但不同类的地方政府官员的晋升可能性是不一样的，它随着相互关注程度的增加而增加。

第二种情况是，在晋升竞争中，地方政府官员更多地关注竞争对手的晋升，这会降低自身的晋升可能性、增进对手的晋升可能性。这也是文献里通常强调的合作者具有偏离的动机，就本书而言，每个地方政府官员为了自身晋升最大化有降低关注对手程度的动机。需要强调的是，这并不意味着地方政府在晋升竞争中一定选择市场分割。因为，由第一种情况可知，一群选择市场分割的地方政府官员，大家的晋升可能性皆比较低，这时如果一个地方政府选择区域合作而获得更大晋升可能性，那么其他地方政府官员也会理性地选择合作，结果区域一体化地区就会在晋升竞争中脱颖而出。当然，在区域一体化的地方政府间，如果一个地方政府选择市场分割从而获得更大晋升可能性，那么其他地方政府官员也会理性地选择市场分割，从而使区域一体化的地区在晋升竞争中土崩瓦解。

10.2.4　晋升最大化的发展战略

在均衡时，地方政府官员的努力程度及其晋升可能性皆取决于竞争双方的偏好参数 α 和 β，即对不同发展战略的偏好程度。在本部分，我们将着重考察地方政府选择哪种类型的发展战略才能够在晋升竞争中胜出，即寻找使地方政府晋升最大化的 α^* 和 β^*。

在晋升竞争中,地方政府官员 i 和 j 的偏好参数分别是 α 和 β。为了表达方便,我们把地方政府官员 i 的晋升函数表示为 $R(\alpha,\beta)\equiv v_i(x^*(\alpha,\beta),y^*(\alpha,\beta))$,其中 $R(\alpha,\beta)$ 中的第一、二个参数分别是地方政府官员 i 和 j 的偏好参数。显然,这时地方政府官员 j 的晋升函数就可以表示为 $R(\beta,\alpha)$,即晋升竞争是一个对称博弈。

我们将采用进化稳定策略(evolutionarily stable strategy,ESS)来刻画地方政府官员在晋升竞争中能够实现晋升最大化的发展战略。所谓进化稳定策略是指地方政府官员的偏好参数 α^* 满足

$$R(\alpha^*,\alpha^*) \geqslant R(\alpha,\alpha^*) \quad \forall \alpha \in [-1,1] \tag{10-13}$$

$$当 R(\alpha^*,\alpha^*) = R(\alpha,\alpha^*) 时,R(\alpha^*,\alpha) > R(\alpha,\alpha) \tag{10-14}$$

式(10-13)表明,在一群偏好参数为 α^* 的地方政府官员中,选择 α^* 最利于晋升,其他选择不会带来更多的晋升机会。式(10-14)表明,即使其他选择与选择 α^* 一样能够带来相同的晋升可能性,选择 α^* 仍然是最优反应,因为当其他地方政府官员选择 α 时,选择 $\alpha*$ 的地方政府官员将获得更大的晋升可能性。联合起来,式(10-13)和式(10-14)其实揭示了进化稳定策略构成了在晋升竞争中能够经得起"优胜劣汰"选择的稳定状态,即进化稳定均衡。

进化稳定策略是由 Smith 和 Price(1973)提出的一个基本均衡概念,能够较好地刻画地方政府晋升竞争的情况。因为,在中央政府根据经济绩效晋升地方政府官员的过程中,如果选择 $\alpha*$ 的地方政府官员具有很大的晋升可能性,其他地方政府官员就会学习模仿,那么选择 $\alpha*$ 一群地方政府官员就在晋升竞争中胜出。

到底哪种类型的发展战略才能够在晋升竞争中胜出呢？命题 10-3 给出了回答。①

命题 10-3　当 $\theta \in (-1,0) \bigcup (0,1)$ 时,$\alpha^* = \theta/(2-\theta)$ 是唯一的进化稳定策略。

命题 10-3 揭示了,地方政府在晋升竞争中所选择的发展战略因条件而异。具体而言,当地方政府官员的努力具有正外部性或正溢出效应时,地方政府官员会理性地偏好于区域一体化,从而将正溢出效应内部化,获得更快的经济增长以及更高的晋升可能性；反之,当存在负外部性或负溢出效应时,地方政府官员会理性地偏好于区域间市场分割,从而将负外部性外部化,以免殃及自身经济增长以及相应的晋升可能性。

命题 10-3 为长江三角洲城市在 20 世纪 80 年代、20 世纪 90 年代两种截然不同的选择提供了一个使内在逻辑一致的解释,即根源于长江三角洲城市间溢出效应的变化。在 20 世纪 80 年代,中央极力推进长江三角洲一体化,1984 年国务院还成立上海经济区规划办公室。但各个地方政府却选择了市场分割,例如,Young

---

① 证明见附录。

(2000)在其论文中所列举的我国省区采取地方保护、行进各种贸易战的例子,几乎都来源于长江三角洲。到了 1989 年,上海经济区规划办公室被撤销,长江三角洲第一次整合热潮就此结束。但进入 20 世纪 90 年代,长江三角洲却自发地选择了区域一体化。1992 年,14 个城市发起成立了长江三角洲 14 城市经济协委(办)主任联席会议,①1997 年,14 个城市政府又自发组成长江三角洲经济协调会,到 2003 年,已有 16 个正式成员。周边的一些城市也纷纷表示要加入这一轮的长江三角洲一体化进程。地方政府的迥异行为根源于长江三角洲城市间溢出效应的变化。"在 20 世纪 80 年代,长江三角洲地区可谓群龙无首,领先发展的江浙地区互不买账,更不把上海放在眼里。浦东新区的开发结束了这一离心状态。以上海为龙头、江浙为腹地,长江三角洲地区的经济结构、市场体系、基础设施和城市布局之间的合作分工趋势日益明显。"(洪银兴和刘志彪,2003)

命题 10-3 同时还揭示了,地方政府官员选择的区域一体化程度与市场分割的程度并不是对称的。当经济体里存在负外部性或负溢出效应时,区域间市场分割的程度会随着负外部性程度的增加而增加,最严重时,α^* 接近 $-1/3$,即 $\inf \alpha^* = -1/3$;当经济体里存在正外部性或正溢出效应时,区域间一体化程度会随着正外部性程度的增加而增加,最大时,α^* 接近 1,即 $\sup \alpha^* = 1$。这表明,当经济体里的正外部性足够大时,地方政府自下而上的区域一体化行为几乎就可以建立起全国统一开放的大市场。②

在命题 10-3 的基础上,可以得到两个有意义的推论。

推论 10-1　当 $\theta \in (-1,0) \bigcup (0,1)$ 时,$x^*(\alpha^*,\alpha^*) > \bar{x}$ 总成立。

证明　当 $\theta \in (-1,0)$ 时,$\alpha^* = \theta/(2-\theta) < 0$。因此,$\theta \alpha^* > 0$。由命题 1 可知,$x^*(\alpha^*,\alpha^*) > \bar{x}$。当 $\theta \in (0,1)$ 时,$\alpha^* = \theta/(2-\theta) > 0$。因此,$\theta \alpha^* > 0$。由命题 1 可知,$x^*(\alpha^*,\alpha^*) > \bar{x}$。证毕。

推论 10-1 其实是对命题 10-1 的精练。它揭示了在中央政府按照经济绩效晋升地方政府官员的情况下,如果经济体里存在正外部性,地方政府官员为了晋升最大化则会理性的选择区域一体化,尽量把正外部性内部化,这时均衡的努力程度大于基准的努力程度;反之,地方政府官员则会理性的选择区域市场分割,尽量把负外部性外部化,这时均衡的努力程度也大于基准的努力程度。这表明,在基于经济增长绩效的人事考核体系下,无论地方政府官员是选择市场分割还是区域一体化都会努力工作。从这种意义上说,中央基于经济绩效晋升地方政府官员能够有效

---

① 这 14 个城市是上海、无锡、宁波、舟山、苏州、扬州、杭州、绍兴、南京、南通、常州、湖州、嘉兴和镇江。

② 当 $\alpha^* = 1$ 时,每个地方政府的偏好是一样的,而且对其他地方政府官员晋升的偏好程度恰好等于对自己晋升的偏好程度,即 $U_i = v_i + v_j \ \forall \ i$。

的激励地方政府官员努力工作。[①] 其实,这一点正是文献的最新进展所强调的,如 Li 和 Zhou(2005)、周黎安等(2005)等。张军(2005)更是明确指出,基于经济绩效晋升地方政府官员解决了我国经济增长的动力和动能问题。

推论 10-2　当 $\theta=\{\theta_1,\theta_2\}$ 且 $\theta_1>0\geqslant\theta_2$ 时,经济体将分为一体化和非一体化区域,且 $g(\alpha^*(\theta_1),\alpha^*(\theta_1))>g(\alpha^*(\theta_2),\alpha^*(\theta_2))$;$v(\alpha^*(\theta_1),\alpha^*(\theta_1))>v(\alpha^*(\theta_2),\alpha^*(\theta_2))$。

由命题 10-3 和命题 10-2 显然可得推论 10-2。推论 10-2 明确了地方政府官员在区际关系上晋升最大化的发展战略的绩效。具体而言,它不仅指出,当经济体里同时存在正、负外部性时,一部分地方政府官员则会理性地选择一体化,而另外一部分则选择非一体化,从而经济体里出现一体化区域与非一体化区域并存的现象;而且明确指出,一体化区域将比非一体化区域增长的更快,从而一体化区域的地方政府官员具有更多的晋升可能性。[②] 这与新经济增长文献中的结论是一致的,如 Rivera 和 Romer(1991)证明了发达国家间的经济一体化能够提高经济增长速度。

10.3　实　证　分　析

本书的实证分析还是初步的,因为我们暂时还无法直接从命题 10-3 出发实证分析我国地方政府在区际关系上的行为。尽管如此,推论 10-2 还是为实证检验本文的理论预测提供了一种可能性。基于此,本部分重点实证分析地方政府官员选择区域一体化是否具有更多的晋升可能性。考虑到 Li 和 Zhou(2005)、周黎安等(2005)已经发现,我国省级官员在任期间的平均增长速度对其晋升有显著的正的影响,我们将重点实证分析,地方政府官员选择区域一体化时,是否可能取得更高的平均经济增长。

10.3.1　实证模型

结合式(10-4)、式(10-5)与实证经济增长文献中的通常做法,我们把区域 i 的平均增长速度表示为

$$g_{t,t+T}^i = mx - x^2 + \theta xy + \beta \ln ay_t^i + X^i\Psi \qquad (10\text{-}15)$$

式中,$g_{t,t+T}^i$ 为区域 i 在 t 到 $t+T$ 期的平均增长速度;等式右边的前三项其实就是式(10-4)、式(10-5),刻画地方政府官员的努力程度;ay_t^i 为区域 i 在初始时刻 t 的人均 GDP;$X^i=(\ln x_1^i,\ln x_2^i,\cdots,\ln x_K^i)'$ 是刻画区域 i 稳定状态的列向量(一组对数

---

① 　这为我国各级地方政府整日忙于改善当地投资环境、招商引资,甚至经营城市等提供了一个脚注。

② 　勿庸置疑,一体化的市场将会带来自由贸易论者所强调的部分或全部好处。

形式的控制变量）；β 和 $\Psi = (\alpha_1, \alpha_2, \cdots, \alpha_K)'$ 均为参数。其实如果 $\beta < 0$，则式（10-15）就是著名的 Barro 回归方程。因此，每个区域为式（10-15）所刻画意味着，每个区域的经济增长速度与其自身初始状态到其稳定状态的差距大致成反比。采用式（10-15）刻画每个区域的经济增长是比较符合实际的。因为，跨国趋同文献揭示了在跨国层面上存在条件 β 趋同，具有代表性的文献如 Barro 和 Sala-i-Martin（1992）、Mankiw 等（1992）；国内大量文献揭示了，不仅我国省区间存在条件 β 趋同，如蔡昉等（2002）；而且地级及以上城市间也存在趋同，如徐现祥等（2004）。

式（10-15）和推论 10-2 可得命题 10-4。①

命题 10-4　当 $\theta = \{\theta_1, \theta_2\}$ 且 $\theta_1 > 0 \geqslant \theta_2$ 时，

$$g_{t,t+T}^{i} - g_{t,t+T}^{-i} = \gamma \text{dum} + \beta \ln \frac{ay_t^i}{ay_t^{-i}} + (X^i - X^{-i})\Psi \qquad (10\text{-}16)$$

式中，$\gamma > 0$；$-i$ 为岛屿 i 以外的其他经济体；dum 为对地方政府官员努力的一种度量，具体取值是，当一体化区域与非一体化区域比较时为 1，其他为 0。

证明　由推论 10-2 可知，当 $\theta = \{\theta_1, \theta_2\}$ 且 $\theta_1 > 0 \geqslant \theta_2$ 时，经济体分为一体化区域（记为 $A = \{j | \theta^j = \theta_1\}$）和非一体化区域（记为 $B = \{j | \theta^j = \theta_2\}$）。设 $i \in A$，则 $-i \in A$ 或 $-i \in B$。将式（10-15）代入式（10-16）得 $g_{t,t+T}^{i} - g_{t,t+T}^{-i} = m(x-y) - (x^2-y^2) + \beta \ln(y_t^i / y_t^{-i}) + (X^i - X^{-i})\Psi$。当 $-i \in A$ 时，由命题 10-1 可知，地方政府官员 i 和 $-i$ 的均衡努力水平相等，因此 $\{m(x-y) - (x^2-y^2)\} = 0$。不妨记 $\gamma \text{dum} = m(x-y) - (x^2-y^2)$，其中 dum$=0$，$\forall \gamma$。当 $-i \in B$ 时，由推论 2 可知，$\{m(x-y) - (x^2-y^2)\}$ 是大于零的常数，同样可表示为 $\gamma \text{dum} = m(x-y) - (x^2-y^2)$，其中 dum$=1$，$\gamma > 0$。证毕。

命题 10-4 的经济含义值得我们强调。一是它提供了一种度量地方政府官员均衡努力程度的可能性，尽管我们在模型中已经求出均衡状态的努力水平，但是在实证分析中，我们很难直接度量它。二是它提供了一个考察区域一体化与经济增长、官员晋升的实证分析框架。式（10-16）中，等式左边刻画的是区域间平均增长速度的差距，显然，如果等式右边中的系数 γ 显著大于零，则表明地方政府官员选择区域一体化有利于本区域的经济增长，从而有利于自身的晋升。三是它保持了 Barro 回归方程的基本性质。如果在式（10-15）中 $\beta < 0$ 成立，那么在式（10-16）中显然也成立。考虑到本文主题，我们最关心的系数当然是 γ，预期 $\gamma > 0$。

10.3.2　实证分析对象与数据来源

实证分析对象是我国的长江三角洲地区。选择长江三角洲地区主要是因为，

---

① 命题 4 与徐现祥等（2005）中的命题 2 类似。

长江三角洲地区不仅是我国经济发展发展水平最高的区域,而且围绕着长江口形成了一个发展的自然整体;1992 年,长江三角洲 14 个市经协委(办)发起成立长江三角洲 14 城市经协委(办)主任联席会,开始了自下而上的一体化进程;1997 年,14 市政府通过平等协商,自愿组成新的协调组织——长江三角洲城市经济协调会,目前是我国区域一体化发展最好的地区。[①] 基于此,全国省区可分为一体化区域和非一体化区域,[②]前者包括江苏省、浙江省和上海;后者是全国的其他省区。

本章所采用省区数据全部来源于刘明兴和章奇整理的《1970～1999 中国经济增长数据》,样本区间是 1992～1999 年。[③] 该数据库包括除港澳台、西藏和海南以外的 28 省区,[④]由于式(10-16)采用的是横向比值,我们实证分析中的样本是 378 个($C_{28}^2 = 378$),其中一体化区域的是 3 个($C_3^2 = 3$)、非一体化区域的是 300 个($C_{25}^2 = 300$)、跨区的是 75 个($C_3^1 C_{25}^1 = 75$)。

10.3.3　回归结果

在实证分析中,我们把式(10-16)具体表示为

$$g_{t,t+T}^i - g_{t,t+T}^{-i} = c + \gamma \text{dum} + \beta \ln \frac{ay_t^i}{ay_t^{-i}} + \alpha_1 \ln \frac{s^i}{s^{-i}} + \alpha_2 \ln \frac{\text{FDI}^i}{\text{FDI}^{-i}} + \alpha_3 \ln \frac{\text{TCI}^i}{\text{TCI}^{-i}} + \varepsilon$$

$$(10\text{-}17)$$

式中,g、s、FDI 和 TCI 分别为 1992～1999 年平均的人均实际收入的增长率、投资率(资本形成总额占 GDP 比重)、外商投资与 GDP 之比和发展战略选择指数;[⑤]ay 是 1992 年的人均实际 GDP。回归结果如表 10-1 所示。

表 10-1　回归结果

因　素	回归方程(1)	回归方程(2)	回归方程(3)	回归方程(4)	回归方程(5)	回归方程(6)	回归方程(7)	回归方程(8)
省区固定效应	无	无	有	有	有	有	有	有
dum	0.011 (7.4)***	0.015 (6.4)***	0.016 (3.5)***		0.016 (2.7)***	0.016 (3.2)***		0.015 (3.0)***
dum7891				0.020 (4.2)***			0.030 (6.6)***	

① 关于长江三角洲一体化的详细发展历程请参阅徐现祥等(2005)。

② 泛珠三角地区是 2003 年底提出,2004 年开始实践的。考虑到本文采用的是 2004 年以前的数据,我们还是把泛珠三角地区的 9 省区视为非一体化区域。

③ 数据库的原始样本区间本来是 1970～1999 年,选择 1992～1999 年是因为长江三角洲一体化的实践始于 1992 年。

④ 重庆仍然被视为四川的一部分。

⑤ 发展战略选择指数是按照各省各工业部门总产值加权计算的工业技术选择指数。

因　素	回归方程(1)	回归方程(2)	回归方程(3)	回归方程(4)	回归方程(5)	回归方程(6)	回归方程(7)	回归方程(8)
dum9299				0.027 (5.5)***			0.036 (5.8)***	
The Inverse Mill's Ration					−0.014 (−2.4)**			−0.008 (2.8)***
lnay		−0.027 (−11.2)***	−0.037 (−14.3)***	−0.028 (−15.2)***	−0.046 (−9.2)***			
ln$y$						−0.011 (−6.2)***	−0.007 (−5.9)***	−0.020 (−5.1)***
lnFDI		0.010 (15.5)***	0.012 (17.8)***	0.009 (20.1)***	0.013 (14.1)***	0.013 (12.4)***	0.009 (18.7)***	0.017 (9.7)***
ln$s$		0.038 (6.0)***	0.063 (9.6)***	0.043 (10.3)***	0.078 (8.7)***	0.027 (2.6)***	0.020 (4.3)***	0.024 (2.5)**
lnTCI		−0.008 (−2.5)**	−0.01 (−3.6)***	−0.006 (−2.0)***	−0.003 (−0.7)	0.008 (1.5)	0.009 (5.8)***	0.019 (3.1)***
Adj-R^2	0.04	0.54	0.71	0.58	0.71	0.54	0.47	0.55
F	18.0***	88.7***	29.7***	333***	29.4***	14.8***	21.6***	19.0***
N	378	378	378	756	378	378	756	378
H_0:dum7891 =dum9299				7.7***			2.8*	

注:括号内是 T 值;***、** 和 * 分别为通过显著水平为 1%、5% 和 10% 的检验;(5)和(8)是采用 Heckit 法估计

　　由表 10-1 中的回归方程(1)可知,与命题 4 预期的一致,γ 显著为正。具体而言,在 1992~1999 年,长江三角洲一体化区域的平均增长速度显著比全国其他非一体化区域高 1.1 个百分点。

　　当引入初始收入水平等控制变量后,由回归方程(2)可知,γ 仍然能够通过显著水平为 1% 的检验,而且大小几乎没有变化。就控制变量而言,与实证分析我国省区趋同文献中的发现完全一致,lnay 的回归系数显著为负,即我国省区间存在条件趋同;其他控制变量如 lnFDI、ln$s$ 和 lnTCI 也是显著的,而且回归系数的符号与现有文献的发现一致。另外,随着这些常见控制变量的引入,回归方程的拟合度从 4% 上升到 54%。

　　考虑到在实证分析中如果忽视各个省区的个体固定差异,回归结果可能是有偏的(Islam,1995),我们进一步估计 28 个省区的固定效应。具体做法是,在式(10-17)中,用 $\sum c_i d_i$ 取代 c 刻画每个城市的固定效应,d_i 的取值是在横比中,与 i

相比的为1,其他为0。[①] 从回归方程(3)看,与回归方程(2)对比,引入各省区固定效应后,γ仍然能够通过显著水平为1%的检验,而且大小几乎没有变化。控制变量仍然显著,回归系数确实都发生了变化,回归方程的拟合度也上升到71%。

不可否认,长江三角洲一直是我国增长较快的地区之一。回归方程(4)揭示了,长江三角洲在自发选择区域一体化之前的增长速度就比其他地区高,但选择区域一体化后,增长速度比其他地区更高。在回归方程(4)中,我们把各省区的数据追溯到1978年。考虑到长江三角洲在1978～1991年没有自发选择区域一体化,而在1992～1999年自发选择了区域一体化,从而构成一个两阶段的面板数据,样本个数是756($2 \times 378 = 756$),采用广义最小二乘法的估计结果见表10-1中的回归方程(4)。从回归结果看,长江三角洲在选择一体化之前,其增长速度显著的比其他地区高2个百分点,选择一体化之后,比其他地区高2.7个百分点;而且由表10-1中最后一行的Wald检验可知,二者显著不同。这表明,尽管长江三角洲一直保持了快速增长,但自发选择区域一体化后,增长速度比其它地区更高,大致提高了0.7个百分点。其他控制变量,与回归方程(2)和(3)相比,并没有发生实质性变化。

总之,回归方程(1)到(4)揭示了,长江三角洲的地方政府官员自1992年自发选择区域一体化实践后,平均增长速度显著比全国其他非一体化区域高。

10.3.4　稳健性检验

上小节中的回归结果是否稳健? 我们将从以下三个方面进一步验证。

1. 一体化的内生性问题

实证分析旨在考察,地方政府官员选择区域一体化时,是否能取得更高的经济增长。为了实现这一点,我们不得不处理地方政府选择一体化的内生性问题。因为,加入一体化并不是随机选择的,而是满足一定条件时(如定理10-3),地方政府才会选择,这是典型的由样本选择所带来的偏差问题。我们运用Heckman(1979)的两步法(the two step procedure)即通过构造逆米尔斯比率(the inverse mills ratio)对地方政府的自我选择进行控制。[②]

回归方程(5)报告了引入逆米尔斯比率的回归结果。[③] 逆米尔斯比的T值为

---

① 徐现祥等(2005)在考察长江三角洲一体化对区域协调发展时采取了这种做法,Engel和Rogers(1996)在考察美国、加拿大间边界效应时也采取了这种做法。

② 在计量经济学文献中,这种方法也被称做Heckit方法(Wooldridge,2005)。

③ Probit的回归结果为$P(\text{dum}=1|z)=\Phi(z\bar{a})$。其中$z\bar{a} = -2.1 + 0.85\ln ay - 0.07\ln\text{FDI} - 1.75\ln s$
${}_{(4.2)}{}_{(-1.3)}{}_{(-3.1)}$
$-0.8\ln\text{TCI} + 0.57\text{share}$,share是全国28个省区通过铁路运输的省间贸易的比重,转引自叶裕民(2000)中
${}_{(-3.0)}{}_{(2.4)}$
的表10-1,原始数据是根据1998年《中国交通年鉴》计算。括号内是Z值。LR统计量是75,能够通过显著水平为1%的检验。

—2.4,能够通过显著水平为 5％的检验,这意味着,确实存在样本选择问题,回归方程(3)的估计结果有偏。但是,当我们控制了地方政府的自我选择行为后,回归结果没有发生实质性的变化。γ 仍然能够通过显著水平为 1％的检验,而且大小根本没有变化;控制变量大都显著,只是回归系数略微变化;回归方程的拟合度也没有发生变化,仍然为 71％。

2. 实际 GDP 增长速度与实际人均 GDP 增长速度

考虑到 Li 和 Zhou(2005)、周黎安等(2005)采用的是实际 GDP 增长率,而不是实际人均 GDP 增长率,我们同样采用实际 GDP 增长率为被解释变量,回归结果见回归方程(6)到(8)。需要明确的是,在回归分析中,由于被解释变量是实际 GDP 增长率,相应的初始水平也就是各省区 1992 年的实际 GDP。

采用实际 GDP 增长率度量经济绩效,结果并没有发生实质性变化。与回归方程(3)相比,回归方程(6)同样揭示了,γ 能够通过显著水平为 1％的检验,而且大小没有变化;控制变量没有发生多少实质性变化,唯一的变化是,lnTCI 的回归系数不显著或者符号与现有文献中的发现相反。与回归方程(4)相比,回归方程(7)同样揭示了,尽管长江三角洲一直保持了快速增长,但自发选择区域一体化后,增长速度比其他地区更高,大致提高了 0.6 个百分点。就其他控制而言,也没有发生多少实质性变化。

在回归方程(8)中,我们还是运用 Heckman(1979)的两步法对地方政府的自我选择进行控制。[①] 从回归方程看,逆米尔斯比的 T 值为—2.8,能够通过显著水平为 5％的检验,确实存在样本选择问题,但是回归结果并没有发生任何实质性变化。

3. 基于江浙沪下辖的城市样本

确切的说,长江三角洲一体化是江苏省中部的 8 市、浙江省北部的 7 市和上海市的实践,并非江苏省、浙江省全部城市的实践。因此,江苏省、浙江省和上海市本身就可以划分为由 16 个城市组成的一体化区域和其他 8 个地级城市组成的非一体化区域。这时,样本总数是 276 个,其中一体化区域的是 120 个($C_{16}^2=120$),非一体化区域的是 28 个($C_8^2=28$),跨区的是 128 个($C_{16}^1 C_8^1=128$)。本部分所采用的原始数据是市区人均 GDP,样本区间是 1992～2002,其中 1998 年以前的数据来源于《新中国城市 50 年》,1999～2002 年的数据来自《中国城市统计年鉴》(2000～2003)。由于没有找到样本区间内按可比价格计算的 GDP,GDP 是按照名义价格

---

① Probit 的回归结果为 $P(\text{dum}=1|x)=\Phi(x\beta)$。其中 $x\beta=\underset{(7.1)}{-3.8}+\underset{(-6.3)}{1.77\ln y}-\underset{(-1.2)}{0.76\ln\text{FDI}}-0.69\ln s-$ $\underset{(-6.4)}{2.17\ln\text{TCI}}+\underset{(5.3)}{1.59\text{share}}$,括号内是 Z 值。LR 统计量是 130,能够通过显著水平为 1％的检验。

计算的。回归结果如表 10-2 所示。

表 10-2　基于城市样本的回归结果

因　素	回归方程(9)	回归方程(10)	回归方程(11)	回归方程(12)	回归方程(13)
城市固定效应	无	无	有	无	有
dum	0.017	0.029	0.031		
	(2.4)**	(5.3)***	(6.2)***		
dum9297				0.016	0.017
				(2.3)**	(2.5)**
dum9702				0.044	0.044
				(6.6)**	(7.5)***
lnay		−0.057	−0.056	−0.54	−0.059
		(−11.2)***	(−12.4)***	(−10.7)***	(−11.9)***
A_{dj}-R^2	0.02	0.353	0.63	0.20	0.44
F	5.9**	68.7***	19.9***	46.0***	17.8
N	276	276	276	552	552
H_0:dum9297=dum9702				25.7***	64.3***

　　注:括号内是 T 值;***、** 和 * 分别为通过显著水平为 1%、5% 和 10% 的检验

　　由回归方程(9)可知,与基于省区样本的回归结果一致,γ 显著为正,仍然在 0.015 左右。具体而言,1992~2002 年,长江三角洲一体化的 16 个城市的经济增长比其他城市显著高了 1.7 个百分点。

　　当引入初始人均收入水平后,如回归方程(10)所示,$\gamma=0.03$,而且能够通过显著水平为 1% 的统计检验。lnay 的回归系数显著为负,即江苏省、浙江省和上海市下辖的 24 个地级及以上城市间存在趋同。这与我国趋同文献中的发现是一致的,徐现祥等(2004)已经发现我国 202 个地级及以上城市间存在绝对趋同。当进一步引入各城市固定效应后,如回归方程(11)所示,与回归方程(10)相比,回归结果没有发生任何实质性变化。

　　考虑到 1997 年,长江三角洲城市成立了长江三角洲城市经济协调会,进一步推动长江三角洲地区一体化进程,我们把样本区间限定为 1992~1997 年和 1997~2002 年,从而构成一个面板数据,采用广义最小二乘法的估计结果如表 10-2 中的回归方程(12)和(13)所示。从回归结果看,在成立长江三角洲城市经济协调会之前,长江三角洲一体化的 16 个城市的经济增长比其他城市显著高了 1.7 个百分点左右,但成立之后,比其他城市显著高 4.4 个百分点,提高了 2.7 个百分点。由表 10-2 中最后一列的 Wald 检验可知,这种变化是显著的。这表明,随着一体化进程的推进,一体化地区的经济增长速度更快,从而地方政府获得更多的晋升可能性。显然,这与命题 10-2 相吻合。

至此,我们可以得出结论,长江三角洲的地方政府官员自发选择区域一体化实践后,平均增长速度显著比全国其他非一体化区域高,而且这个发现是稳健的。结合 Li 和 Zhou(2005)、周黎安等(2005)的实证发现,我们可以推论出,在当前的政绩观下,长江三角洲的地方政府官员选择区域一体化实践后确实可获得更高的晋升可能性。[①]

4. 直接的微观证据[②]

作为补充,我们将进一步考察如果地方政府官员选择区域一体化,消除地方保护、市场分割,那么企业的经济收益是否显著增加,从而提供直接的微观证据。

世界银行和中国国务院发展研究中心曾在 2003 年发起一次关于地方保护的调查,在调查中特意询问了企业如下的问题:如果消除地方保护主义,经济产出将会发生怎样的变化? 龚冰琳等(2005)基于 12 个省区 1101 家企业的回答发现,如果消除地方保护、市场分割,那么企业总收入(等于产品价格与销售量的乘积)预计将平均增长 3.5%～9%,每个省区的情况如表 10-3 所示。

表 10-3　预计平均收入增长率

省　份	企业数量	平均收入增长率	省　份	企业数量	平均收入增长率
贵州	92	9.12	山东	105	6.84
江苏	47	8.74	陕西	74	6.41
青海	22	7.98	四川	110	5.04
河南	71	7.61	福建	64	4.36
云南	73	7.57	上海	83	3.91
湖南	186	6.98	黑龙江	84	3.51

资源来源:龚冰琳等,2005(表 5)

以上分析表明,直接的微观证据与本书基于长江三角洲所发现的宏观层面的证据是一致的。因为,在地方政府官员选择区域一体化、消除地方保护的过程中,如果企业的经济收益预计显著增加了,那么我们有理由相信经济体在宏观层面上的经济绩效也应随之改善,从而地方政府的财政收入和政治晋升可能性也应随之提高。

10.4　结论性评述

建设全国统一开放的大市场是我国经济转轨的重要目标之一,但在转轨过程中,不仅存在市场分割问题,而且还存在区域一体化现象。理性的地方政府应何时

---

① 《南方周末》先后在《政坛瞩目"苏州现象"》(2004 年 11 月 18 日)和《任职中西部的东部高官们》(2006 年 7 月 6 日)中报道了这种现象。

② 感谢匿名审稿人的建议。

选择市场分割,何时选择区域一体化? 本文从地方政府官员晋升竞争的角度展开讨论。

在理论上,我们构造了一个简单的地方政府晋升博弈模型,证明了在中央根据经济绩效晋升地方政府官员的情况下,地方政府官员为了晋升最大化,既可能选择市场分割也可能选择区域一体化,因条件而异,从而为地方政府官员在区际关系上的迥异行为提供了一个具有内在逻辑一致性的解释。另外两个结论也值得强调。一是我们证明了中央基于经济绩效晋升地方政府官员能够有效地激励地方政府官员努力工作,为现有的实证文献(如 Li 和 Zhou,2005;周黎安等,2005)提供了理论基础。二是我们还证明了当条件成熟时,一群理性的地方政府会自发地选择区域一体化,而且最终几乎可以成就全国统一开放的大市场。

在实证上,考虑到 Li 和 Zhou(2005)、周黎安等(2005)已经发现省级官员在任期间的平均增长速度对其晋升有显著的正的影响,我们着重分析已选择区域一体化的地方政府是否取得了更快的经济增长。以长江三角洲为例,我们发现,长江三角洲的地方政府官员自 1992 年选择区域一体化实践后,平均增长速度显著地比全国其他非一体化区域高,而且我们采用 Heckman(1979)两步法克服了样本选择所带来的偏差,该发现是稳健的。这意味着,与理论模型的预期一致,当条件成熟时,地方政府官员选择区域一体化可获得更快的经济增长、更高的晋升可能性。

当然,本书的实证分析还是初步的。如何从政治晋升的角度直接检验地方政府在区际关系上的行为,还有待进一步研究。

附录　命题 10-3 的证明

命题 10-3 的证明分为以下六步。

第一步:证明当 $\theta \neq 0$ 时, $\frac{\partial R}{\partial \alpha}=0$ 的内点解是 $\alpha^{*}=\frac{\theta}{2-\theta}$ 或 $\alpha^{*}=-\frac{\theta+2}{\theta}$。

$R(\alpha,\beta)$ 对 α 求导,令一阶条件 $\frac{\partial R}{\partial \alpha}=0$,整理得

$$\frac{\theta}{2+\theta(1+\alpha)} + \frac{2\theta^{2}(1+\beta)}{4-\theta^{2}(1+\alpha)(1+\beta)} = \frac{\theta+\theta^{2}(1+\beta)}{2+\theta(1-\alpha)-\theta^{2}\alpha(1+\beta)} \quad (1)$$

令 $\alpha^{*}=\alpha=\beta$,式(1)整理可得,当 $\theta \neq 0$ 时,$\alpha_{1}^{*}=\frac{\theta}{2-\theta}$,$\alpha_{2}^{*}=-\frac{\theta+2}{\theta}$。

第二步:证明 $\alpha_{2}^{*}=-\frac{\theta+2}{\theta}$ 不是进化稳定策略。

当 $\alpha_{2}^{*}=-\frac{\theta+2}{\theta}$ 时,$R\left(\alpha,-\frac{2+\theta}{\theta}\right)=\frac{m^{2}}{4}$,$\forall \alpha$,满足式(10-13),但不满足式

(10-14)，因为 $R\left(-\dfrac{2+\theta}{\theta},\alpha\right)>R(\alpha,\alpha)\Rightarrow 0>\dfrac{1-\alpha\theta}{[2-\theta(1+\alpha)]^2}\Rightarrow \alpha\theta>1$。所以矛盾。

第三步：证明边界值 $\alpha=1$ 不是进化稳定策略。

$R(1,1)=\dfrac{m^2}{4(1-\theta)}\geqslant R(\alpha,1)$，$\forall\alpha$。显然 $R(1,1)\geqslant R(\alpha,1)$ 并不是总是成立，即不满足式(10-13)。

第四步：证明当 $\theta=0$ 时不存在进化稳定策略。当 $\theta=0$ 时，$R(\alpha,\beta)\equiv\dfrac{m^2}{4}$，不满足式(10-14)。

第五步：证明当 α^* 是进化稳定策略时，α^* 唯一，且 $\alpha^*=\dfrac{\theta}{2-\theta}$。由以上四步显然可得。

第六步：证明当 $\theta\in(-1,0)\bigcup(0,1)$ 时，$\alpha^*=\dfrac{\theta}{2-\theta}$ 是进化稳定策略。当 $\alpha^*=\dfrac{\theta}{2-\theta}$ 时，式(13)$R\left(\dfrac{\theta}{2-\theta},\dfrac{\theta}{2-\theta}\right)\geqslant R\left(\alpha,\dfrac{\theta}{2-\theta}\right)$ 等价于

$$\frac{m2\theta^2(2+\theta)(2-\theta)[\theta(1+\alpha)-2\alpha]^2}{16(1-\theta)[\theta^2(1+\alpha)+2\theta-4]^2}\geqslant 0 \tag{2}$$

显然，当 $\theta\in(-1,0)\bigcup(0,1)$ 时，对 $\forall\alpha$ 式(2)恒成立。另外，式(2)同时还揭示了，当 $\alpha\neq\alpha^*$ 时，$R\left(\dfrac{\theta}{2-\theta},\dfrac{\theta}{2-\theta}\right)>R\left(\alpha,\dfrac{\theta}{2-\theta}\right)$ 恒成立。这表明式(10-14)成立。证毕。

第11章 结 束 语

市场范围在经济发展中是重要的。在理论上,斯密在《国富论》的开篇就强调,市场范围的大小决定经济体的富裕程度,后人把此总结为斯密定理。在现实中,中国一直致力于建设全国统一的大市场。市场范围的扩大有两个纬度:一是城乡一体化,二是区际之间的市场整合。前者通常称之为城市化,后者通常称之为区域一体化。

本书从城市化和区域一体化的角度探索中国的经济增长,拟回答三个问题:中国城市化的动力机制是什么? 中国区域一体化的动力机制是什么? 它们在中国城市经济增长中将扮演什么角色?

在中国,城市是资源配置的平台,城市经济增长是国家经济增长的核心空间。城市化作为经济增长的伴随现象,城市化过程中的主体行为不可避免地会受到转型阶段经济体制特点的影响。世界城市化过程不仅是在经济发展过程中农业人口向非农人口转化的过程,也是农业用地向城镇用地的转化过程。但与西方城市化过程不同的是,中国转型时期承袭了计划经济下的城乡二元结构,土地所有权性质表现为城市土地为国家所有,农村土地为集体所有。从产权角度看,城市化的用地转化过程就是农村集体用地产权向城镇国有土地产权的转化过程。传统的城乡二元结构正逐渐被打破,却形成了城乡土地产权的二元结构。土地二元产权结构导致了"土地租金剩余"的产生,在财政分权和政府官员考核体制下,"土地租金剩余"对城市政府建设新城区,快速推进自上而下的城市化产生了激励,同时也推动了农村集体组织扩大农村集体建设用地,自我实现"土地租金剩余"的积极性,形成自下而上的农村城市化。最大化"土地租金剩余"的获取,促进了城市化的进程,也产生了不少城市问题。

Lucas 在其 1988 年的经典文献中早已强调了城市在经济增长中的作用,认为城市是人力资本的集中地,城市的存在与发展是人力资本外部性的体现,可以作为人力资本存量的一种度量形式(Lucas,1988)。Lucas 对城市在经济增长中作用的理解,暗示了可能存在着不同于以国家或省为单位的经济增长特性。基于此,本书采用趋同分析的标准方法,就我国 216 个地级以及以上城市经济增长的趋同情况展开讨论,结果发现,在 20 世纪 90 年代城市间的经济增长存在 δ 趋同和绝对 β 趋同,这与我国省区间的趋同模式明显向左。我们进而探索其背后的趋同机制,发现不仅存在新古典增长理论所强调的趋同机制(资本边际报酬递减),而且还存在新增长理论所强调的趋同机制(技术扩散、转移),这也有别于省区趋同机制。

我们还考察了中国城市效率在经济增长过程中的时空变化,发现目前中国城市效率较低,而且呈现与三大地带经济发展格局和城市行政等级相一致的空间格局;规模效率是影响中国城市效率空间格局和时空变化的主要因素。无论是从中国城市效率目前的空间格局还是从 1990～2000 年的时空变化看,规模效率都主导着中国城市效率的变化。

建立全国统一开放的市场是我国经济转轨的重要目标之一。从现实看,一方面,我国区域间恶性竞争、重复建设、市场保护等市场分割问题一直比较突出(银温泉和才婉如,2001);另一方面,国内区域经济一体化(regional integration)的出现、增多已成为一个重要现象。因此,一个有意思的问题是,在我国经济转轨过程中,为什么有些省区选择市场分割,而有些省区却开始致力于区域经济一体化? 本书从中央政府按照经济绩效晋升地方政府官员的假设出发,构建了一个简单的地方政府官员晋升博弈模型,证明了理性的地方政府官员为了晋升最大化,既可能会选择市场分割也可能会选择区域经济一体化,因条件而异,从而为地方政府在区际关系的迥异行为提供了一个具有内在一致性的解释。具体而言,在中央政府按照经济绩效晋升地方政府官员的情况下,当地方政府官员的努力具有正外部性或正溢出效应时,地方政府官员会理性地选择区域一体化,从而将正溢出效应内部化,获得更快的经济增长以及更高的晋升可能性;反之,当存在负外部性或负溢出效应时,地方政府官员会理性地选择市场分割,从而将负溢出效应外部化,以免殃及自身经济增长以及相应的晋升可能性。

区域都是有边界的,在这个界限内,存在行政管理的一致性、经济政策的一致性,构成一个天然的关于发展条件、政策的一致性空间。在区域经济市场一体化的过程中,省际边界具有重要的影响。打破省际边界、实现跨省区协调往往成为区域市场一体化的主要目标,比如我国长江三角洲、泛珠三角地区当前一体化进程的实践。基于此,本书从行政边界的视角考察市场一体化进程,分析市场一体化在区域经济协调发展中的作用。在理论上,本书证明,当地方市场分割时,行政边界不仅是一条地理界线,还是地方政府分割地方市场的边界,从而把地方市场分割引入 Barro 回归方程,提供了一个定量分析地方市场分割(市场一体化)影响区域协调发展的新方法。在实证上,以长江三角洲城市群为样本,定量分析地方政府自愿成立协调组织、主动推动市场一体化进程对地区协调发展的影响。我们发现,1990～2002 年,市场分割确实阻碍长江三角洲地区的协调发展,但随着地方政府自愿成立协调组织、主动推动市场一体化进程,市场分割对区域协调发展的阻碍作用已下降了近 50%。

总之,城市是经济增长的核心地区,区域一体化是经济增长的政策,城市化是区域一体化与经济增长的过程。本书以中国的城市化、区域一体化和经济增长为研究对象,探讨中国区域经济增长的内在过程和动力机制,从而为实现区域持续的经济增长指出道路。

主要参考文献

白重恩,杜颖娟,陶志刚等.2004.地方保护主义及产业地区集中度的决定因素和变动趋势.经济研究,(4):29~40

保罗·克鲁格曼.1997.国际经济学.海闻等译.北京:中国人民大学出版社

保罗·克鲁格曼.2000.地理和贸易.张兆杰译.北京:中国人民大学出版社,北京大学出版社

蔡昉等.2002.制度、趋同与人文发展.北京:中国人民大学出版社

蔡昉,都阳.2000.中国地区经济增长的趋同与差异.经济研究,(10):30~37

蔡昉,王德文,王美艳.2002.渐进式改革进程中的地区专业化趋势.经济研究,(9):24~30

陈波翀,郝寿义,杨兴宪.2004.中国城市化快速发展的动力机制.地理学报,59(6):168~165

陈东其.2002.打破地区市场分割.北京:中国计划出版社

陈广汉.2000.刘易斯的经济思想史研究.广州:中山大学出版社

陈建军.2004.长江三角洲地区的产业同构及产业定位.中国工业经济,(2):19~26

陈剑波.2006.农地制度:所有权问题还是委托~代理问题.经济研究,(7):83~91

陈抗,Hillman A L,顾清扬.2002.财政集权与地方政府行为变化——从援助之手到攫取之手.经济学(季刊),2(1):111~130

陈雯.1996.论我国城市发展的方针.地理研究,(3):16~23

程玉鸿,许学强.2003.珠江三角洲三次产业演变及广州区域地位的变化.经济地理,23(5):671~676,680

崔功豪,马润潮.1999.中国自下而上城市化的发展及其机制.地理学报,54(2):106~115

杜德斌,宁越敏.1999.论上海与长江三角洲城市带的协调发展.华东师范大学学报,(4):99~90

范剑勇.2004.市场一体化、地区专业化与产业集聚趋势——兼谈对地区差距的影响.中国社会科学,(6):39~51

房庆方,马向明,宋劲松.1999.城中村:从广东看我国城市化进程中遇到的政策问题.城市规划,(9):18~18,20

封小云.2003.香港与内地:CEPA效益的思考.开放导报,7:14~16

冯邦彦.2002.台商在广东珠三角地区的投资及发展前景.特区经济,6:33~36

冯振环,赵国杰.2000.基于DEA和广义BCG模型的中国区域投资有效性评价.经济地理,(7):10~15

傅高仪.1991.先行一步:改革中的广东.广州:广东人民出版社.187~189

龚冰琳,徐立新,陈光炎.2005.中国的地方保护主义:直接的微观证据.经济学报,1(2):1~18

顾朝林,张敏.2000.长江三角洲城市连绵区发展战略研究.城市研究,(1):7~11

广州市天河区石牌村民委员会编.2003.石牌村志.广州:广东人民出版社

桂琦寒,陈敏,陆铭等.2006.中国国内商品市场趋于分割还是整合:基于相对价格法的分析.世

界经济,(2):20~30

国家统计局城市社会经济调查司.1991~2001.中国城市统计年鉴.北京:中国统计出版社

国家统计局城市社会经济调查总队编.1999.新中国城市50年.北京:新华出版社

国家统计局人口就业统计司.1992.全国第四次人口普查资料.北京:中国统计出版社

国家统计局人口就业统计司.2002.中国乡、街道人口资料.北京:中国统计出版社

洪银兴,刘志彪.2003.长江三角洲地区经济发展的模式和机制.北京:清华大学出版社.33,99

胡华军.2004.对内地与香港CEPA合作效应的评估.经济管理,1:17~20

胡序威,周一星等.2000.中国沿海城镇密集地区空间集聚与扩散研究.北京:科学出版社

黄季焜,Rozelle S,解玉平等.2002.从农产品价格保护程度和市场整合看入世对中国农业的影响.管理世界,(9):84~94

黄佩华.2003.中国:国家发展与地方财政.北京:中信出版社,30~34

霍列斯·钱纳里.1988.发展的型式1950~1970.李新华译.北京:经济科学出版社

吉利斯,波金斯,罗默等.1989.发展经济学.北京:经济科学出版社.107

贾康,白景明.2002.县乡财政解困与财政体制创新.经济研究,(3):3~9

蒋省三.2005.土地资本化与农村工业化.山西:山西经济出版社

敬东.1999.“城市里的乡村”研究报告——经济发达地区城市中心区农村城市化进程的对策.城市规划,(9):8~14

李郇.2000.港澳直接投资企业在广东的发展与影响.广东经济,58:35~37

李郇.2002.珠江三角洲城市竞争模式.广东社会科学,(03):115~121

李郇.2003.中国城市中的经济增长.中山大学博士学位论文

李郇等.2005.农村集体所有制与分散式农村城市化空间 城市规划,29(7):39~41,74

李郇,丁行政.2007.空间集聚与外商直接投资的区位选择——基于珠江三角洲地区的实证分析.地理科学,27(5):636~641

李惠武.2003.CEPA与大珠三角和泛珠三角经济协作区.南方经济,12:9~10

李杰,孙燕群.2004.从啤酒市场整合程度看WTO对消除地方保护的影响.世界经济,(6):37~45

李立勋.2001.广州市城中村形成及改造机制研究.中山大学博士论文

李立勋,温锋华,许学强.2007.改革开放以来珠三角城市规模结构及其分形特征.热带地利,27(3):239~244

李培林.2002.巨变:村落的终结——都市里的村庄研究.北京:中国社会科学出版社

李善同,侯永志,刘云中等.2004.中国国内地方保护问题的调查与分析.经济研究,(11):78~84

联合国开发署.2001.2001年人类发展报告.北京:中国财政经济出版社.45

林江,夏育松.2004.CEPA效应下香港与内地贸易流量的实证分析.广东社会科学,(6):47~52

林毅夫,刘培林.2003.中国的经济发展战略与地区收入差距.经济研究,(3):19~25

刘培林.2005.地方保护和市场分割的损失.中国工业经济,(4):69~76

刘强.2001.中国经济增长的收敛性分析.经济研究,(6):70~77

刘盛和等.2005.半城市化地区形成的动力机制与发展前景初探——以浙江省绍兴县为例.地理研究,24(4):602~610

鲁勇.2002.行政区域经济.北京:人民出版社

陆大道.2003.中国区域发展的新因素与新格局.地理研究,22(3):261~271

陆大道,刘毅,樊杰.1999.我国区域政策实施效果与区域发展的基本态势.地理学报,54(6):496~508

陆玉琪,董平.2005.明清时期太湖流域的中心地结构.地理学报,60(7):587~596

马树才,宋丽敏.2003.我国城市规模发展水平分析与比较研究.统计研究,(7):30~34

宁越敏.1998.长江三角洲经济一体化研究.世界地理研究,(2):57~61

帕杜拉.1998.欧元时代.城市时代,(2):6

潘佐红,张帆.2001.中国城市生产率.见:陈解,陈爱民编.中国城市化:实证分析与对策研究.厦门:厦门大学出版社

平新乔.2003.政府保护的动机与效果——一个实证分析.北京大学中国经济研究中心内部讨论稿 No. C2003032

普兰纳布·巴德汉.2002.发展微观经济学.陶然译.北京:北京大学出版社

钱纳里.1988.发展的型式 1950~1970.北京:经济科学出版社

乔中林.2001 中国乡镇企业二十年——新闻人物.北京:中国农业出版社

秦宛顺,欧阳俊.2001.中国商业银行业市场结构、效率和绩效.经济科学,(4):34~45

丘海雄,张永宏,王兴洲.1997.城郊结合部"二世祖"违法犯罪问题探讨.青年研究,(3):42~45

屈韬,李善民.2004.CEPA 对两地制造业发展的影响.国际经贸探索,4:67~69

沈坤荣,马俊.2002.中国经济增长的"俱乐部收敛"特征及其成因研究.经济研究,(1):33~39

沈立人,戴园晨.1990.我国"诸侯经济"的形成及其弊端和根源.经济研究,(3):12~19,67

沈玉芳.2003.长江三角洲一体化进展态势和产业发展的前景预测.上海综合经济,(11):43~46

石晓军.2003.国家软件产业基地制度效率与规模效率评价:基于 DEA 的方法.经济地理,23(5):597~600,605

史朝兴,顾海英.2005.贸易引力模型研究新进展及其在中国的应用.财贸研究,(3):27~32

史健,魏松龄.2004.DEA 方法在卫生经济学中的应用.数学的实践与认识,34(4):59~66

世界银行.2000.1999/2000 世界发展报告:跨入 21 世纪.北京:中国财政经济出版社

世界银行.2001.2001 人类发展报告.北京:中国财经出版社

世界银行.2006.2006 世界发展报告:公平与发展.北京:清华大学出版社

世界银行.2009.2009 世界发展报告:重塑世界经济地理.北京:清华大学出版社

嵩川.2000.用 DEA 法评价高校办学效益的研究.预测,(1):77~79

谈明洪,李秀彬,吕昌河.2003.我国城市用地扩张的驱动力分析.经济地理,23(5):635~639

田莉.1998."都市里的乡村"现象评析——兼论乡村—城市转型期的矛盾和协调发展.城市规划汇刊,(5):54~56

王小鲁,樊纲.2000.中国经济增长的可持续性.北京:经济科学出版社.2

王铮,武巍,吴静.2005.中国各省区经济增长溢出分析.地理研究,24(2):243~252

王志宪,虞孝感等.2005.长江三角洲可持续发展的态势与对策.地理学报,(5):381~391

魏后凯.1997.中国地区经济增长及其收敛性.中国工业经济,(3):31~37

魏后凯.2001.我国外商投资的区位特征及变迁.经济纵横,(6):23~28

魏立华,闫小培.2005."城中村":存续前提下的转型.城市规划,29(7):10～13

魏权龄.1998.评价相对效率的有效的方法.北京:人民出版社.6～131

吴晓.2003."边缘社区"探察——我国流动人口聚居区的现状特征透析.城市规划,(7):40～45

吴友仁.1979.关于我国社会主义城市化问题.城市规划,5:14～25

徐江.2008.香港与珠江三角洲空间关系的转变.国际城市规划,1:70～78

徐现祥,李郇.2004.中国城市经济增长的趋同分析.经济研究,(5):40～48

徐现祥,李郇.2005.市场一体化与区域协调发展.经济研究,(12):57～67

徐现祥,舒元.2004.中国省区增长分布的演进:1978～1998.经济学季刊(待刊)

徐现祥,舒元.2005.协调发展:一个新的分析框架.管理世界,(2):27～35

许学强.1986.城市化空间过程与空间组织和空间结合.城市问题,(3):2～6,24

许学强.1992.中国改革开放的典范——珠江三角洲的发展.经济地理,12(3):1～5

许学强.1998.珠江三角洲的发展与城市化.广州:中山大学出版社

许学强,程玉鸿.2006.珠江三角洲城市群的城市竞争力时空演变.地理科学,26(3):257～265

许学强,胡华颖.1988.对外开放加速珠江三角洲市镇发展.地理学报,43(3):201～212

许学强,黄丹娜.1989.近年来珠江三角洲城镇发展特征分析.地利科学,9(3):197～203

许学强,刘琦.1988.珠江三角洲的发展与城市化.广州:中山大学出版社.30～35

许学强,王欣.2004.粤港合作模式研究——以 TCL 集团为例.热带地理,24(3):246～250

许学强,张蓉.1995.珠江三角洲的工业化与城市化.地理学与国土研究,11(1):1～8

许学强,张文献.1988.对外开放地区农村城镇化的动力初探——以广东四邑为例.热带地理,
    6(2)

许学强,周春山.1994.论珠江三角洲大都会区的形成.城市问题,(3):3～6,24

薛凤旋.2000.都会经济区:香港与广东共同发展的基础.经济地理,20(1):37～42

薛凤旋,杨春.1997.外资:发展中国家城市化的新动力:珠江三角洲个案研究.地理学报,52(3):
    193～206

阎坤.2004.转移支付制度与县乡财政体制构建.财贸经济,(8):20～25

杨开忠,谢燮.2002.中国城市投入产出有效性的数据包络分析.地理学与国土研究,(18):45～
    47

杨培峰.2000.结合政府统筹与市场调控解决城市民房问题.规划师,16(6):24

杨晓光,樊杰,赵燕霞.2002.20 世纪 90 年代中国区域经济增长的要素分析.地理学报,57(6):
    701～708

杨重光,廖康玉.1984.试论具有中国特色的城市化道路.经济研究,8:57～63

姚士谋,陈爽.1998.长江三角洲地区城市空间演化趋势.地理学报,58(增刊):1～10

姚士谋,吴楚才.1982.我国农村人口城市化的一种特殊形式——试论我国的亦工亦农人口.地
    理学报,2:155～161

叶嘉安,黎夏.1999.珠江三角洲经济发展、城市扩展与农田流失研究——以东莞为例.经济地
    理,19(1):67～71

叶克林.1986.发展新型的小城镇是我国城镇化的合理模式.城市问题,3:7～11

叶世绮,莫剑芳.2002.四个经济特区宏观经济投入产解有效性分析.暨南大学学报(自然科学

版),6:15～19

叶裕民.2000.中国区际贸易冲突的形成机制与对策思路.经济地理,20(6):13～16

叶裕民.2002.全国及各省区市全要素生产率的计算和分析.经济学家,(03):115～121

易纲,樊纲,李岩.2003.关于中国经济增长与全要素生产率的理论思考.经济研究,(08):13～20

银温泉,才婉如.2001.中国地区间市场分割成因和治理.经济研究,6

俞燕山.2000.我国城镇的合理规模及其效率研究.经济地理,20(2):84～89

喻闻,黄季琨.1998.从大米市场整合程度看我国粮食市场改革.经济研究,(3):50～57

张建明.1998.广州都市村庄形成演变机制分析.中山大学博士学位论文

张军.2005.中国经济发展:为增长而竞争.世界经济文汇,(4～5):101～105,135

张军,施少华.2003.中国经济全要素生产率变动:1952～1998.世界经济文汇,(02):17～24

张敏,顾朝林.2002.农村城市化:"苏南模式"与"珠江模式"比较研究.经济地理,22(4):482～
  286

张庭伟.1983.对城市化发展动力的探讨.城市规划,5:59～62

张维迎,栗树和.1998.地区间竞争与中国国有企业的民营化.经济研究,(12):13～22

赵玉馨.1983.论中国式的城市化道路.未来与发展,3:13～15

甄峰,顾朝林,沈建法等.2000.改革开放以来广东省空间极化研究.地理科学,20(5):403～410

郑静.2002.论广州城中村的形成、演变与整治对策.规划与观察,(1):

郑新奇,王筱明.2004.城镇土地利用结构效率数据包络分析.中国土地科学,18(02):34～39

郑玉歆.1995.全要素生产率的测度及经济增长方式的"阶段性"规律——由东亚经济增长方式
  的争论谈起.经济研究,(5):55～60

郑毓盛,李崇高.2003.中国地方分割的效率损失.中国社会科学,(1):64～72

中央人民政府颁布.1950.中华人民共和国土地改革法

钟水映.2002.经济结构、城市结构与中国城市化发展.见:武汉大学经济发展研究中心.发展经
  济学与中国经济发展国际研讨会论文集

钟水映,李晶.2002.经济结构、城市结构与中国城市化发展.人口研究,26(5):63～70

周大鸣.1992.珠江三角洲外来劳动人口研究.社会学研究,5:71～79

周黎安.2004.晋升博弈中政府官员的激励与合作.经济研究,(6):33～40

周黎安,李宏彬,陈烨.2005.相对绩效考核:中国地方官员晋升机制的一项经验研究.经济学报,
  1(1):83～96

周一星.1998.中国城市工业产出水平与城市规模的关系.经济研究,(5):74～78

周一星,曹广忠.1999.改革开放20年来的中国城市化进程.城市规划,23(12):8～12

周一星,孙则昕.1997.再论中国城市的职能分类.地理研究,16(01):11～22

朱乔,盛昭瀚,吴广谋.1994.DEA模型中的有效性问题.东南大学学报,2:78～82

朱文晖.2003.走向竞合——珠三角与长三角经济发展比较.北京:清华大学出版社

朱希伟,金祥荣,罗德明.2005.国内市场分割与中国的出口贸易扩张.经济研究,(12):68～76

邹德慈等.2004.城市土地扩展问题大家谈.城市规划,28(7):43～48

邹军,徐海贤.2004.以统筹规划促进统筹发展——刍议长江三角洲一体化规划.城市规划,28
  (11):47～52

Dêmurger,杰夫•萨克斯,胡永泰等. 2002. 地理位置与优惠政策对中国地区经济发展的相关贡献. 经济研究,(9):14～23

Easterly W. 2005. 在增长的迷雾中求索. 北京:中信出版社

刘明兴,章奇. 2005. China's Economic Growth Data:1970～2002. http://www. fed. org. cn / data_private. asp

Poncet S. 2002. 中国市场正在走向"非一体化"——中国国内和国际市场一体化程度的比较分析,世界经济文汇,(1):3～17

Wooldridge J. 2005. Introductory Econometrics:a modern Approach(2nd ed). 北京:清华大学出版社. 589

Abramovitz M. 1986. Catching up,forging ahead,and falling behind. Journal of Economic History,46:385～406

Ades A,Glaeser E. 1995. Trade and circuses:explaining urban giants. Quarterly Journal of Economics,110(1):195～228

Anderson J,Wincoop E. 2003. Gravity with gravitas:a solution to the border puzzle. American Economic Review,93:170～192

Barro R,Sala-i-Martin X. 1992. Convergence. Journal of Political Economy,100:223～251

Barro R,Sala-i-Martin X. 1998. Economic Growth. New York:McGraw-Hill,Inc

Barro R,Sala-i-Martin X. 2002. Economic Growth(2nd ed). McGraw-Hill,Inc

Barro R,Sala-i-Martin X. 1995. Economic Growth. New York:McGraw-Hill

Barro R,X Sala-i-Martin X. 2002. Economic Growth(Second edition). The MIT Press,462～464

Barro R. 1995. Economic Growth. McGraw-Hill

Baumol W. 1986. Productivity growth,convergence,and welfare:what the long-run data show. American Economic Review,76:1072～1085

Bellandi M. 2000. Local Development,Big Firms and Social Capital. ERSA Conference Paper enaoo,380

Ben-David D. 1993. Equalizing exchange:trade liberalization and income convergence. The Quarterly Journal of Economics,108(3):653～679

Ben-David D. 1994. Convergence clubs and diverging economies,CEPR Working paper:922

Bernard A,Jones C. 1996. Technology and convergence. The Economic Journal,106:1037～1044

Berthelemy J C,Pémurger s. 2000. Foreign direct investment and economic growth:theory and application to China. Review of Development Economics,(4):140～155

Bertinelli L,Black D. 2002. Urbanization and Growth CORE Discussion Papers 2002004

Bertinelli L,Black D. 2004. Urbanization and Growth. Journal of Urban Economics,56(1):80～96

Besley T,Case A. 1995. Incumbent behavior:vote-seeking,tax-setting,and yardstick competition. American Economic Review,85(1):25～45

Besley T,Persson T,Sturm D. 2005. Political competition and economic performance:theory and evidence from the United States. NBER Working Paper 11484

Bester H,Güth W. 1998. Is altruism evolutionarily stable. Journal of Economic Behavior and Organization,34:193~209

Blanchard O,Shleifer A. 2000. Federalism with and without Political Entralization:China versus Russia. NBER Working Paper 7616

Bolle F. 2000. Is altruism evolutionarily stable? And envy and malevolence. Journal of Economic Behavior and Organization,42:121~124

Caselli F,Coleman W J. 2001. The USStructural Transformation and Regional Convergence: A Reinterp retation. Journal of Political Economy,109:587~616

Chang P L,Hwang S N,Cheng W Y. 1995. Using data envelopment analysis to measure the achievement and change of regional development in Taiwan. Journal of Environmental Management,43:49~66

Chant S,Mcilwaine C. 1995. Gender and export manufacturing in the philippines:continuity or change in female employment. The case of the Mactan Export Processing Zone. Gender, Place and Culture-A Journal of Feminist Geography,2(2):147~176

Charnes A,Cooper W W,Rhodes E. 1978. Measuring the efficiency of decision making units. European Journal of Operational Research,2:429~444

Charnes A,Cooper W W,Susan X L. 1989. Using data envelopment analysis to evaluate efficiency in the economic performance of Chinese cities. Socio-Economic Planning Sciences,23:325~344

Chenery H,Syrquin M. 1975. Patterns of Development. London:Oxford University Press,1950~1970

Coe D,Helpman E,Hoffmaister A. 1997. North-south R&D spillovers. Journal of the Economic, 107:134~149

DeLong J B. 1988. Productivity growth,convergence,and welfare:comment. The American Economic Review,78:1138~1154

Deng F F,Huang Y Q. 2004. Uneven land reform and urban sprawl in China:the case of Beijing. Progress In Planning 61:211~236

Dicken P. 2003. Global Shift:Reshaping the Global Economic Map in the 21st Century. London: Sage Publication

Dixit A K,Stiglitz J E. 1977. Monopolistic competition and optimum product diversity. American Economic Review,67(3):297~308

Dowrick S, Rogers M. 2002. Classical and technological convergence:beyond the solow-swan growth model. Oxford Economic Papers,54:369~385

Eaton J,Eckstein Z. 1996. Cities and growth:theory and evidence from France and Japan. Journal of Urban Economic,40:13~17

Engel C,Rogers J. 1996. How wide is the border. American Economic Review,86:1112~1125

Evans A W. 1972. The pure theory of city size in an industrial economy. Urban Studies,9(1): 48~78

Fan S, Robianson S, Zhang X. 2003. Structure changes and economic growth in China. Review of Development Economics, 7(3):366~377

Fagerberg J. 1994. Technology and international differences in growth rates. Journal of Economic Literature, 32:1147~1175

Färe R, Grosskopf S, Norris M et al. 1994. Productivity growth, technical progress, and efficiency change in industrialized countries, The American Economic Review, 84:66~83

Florida R. 1995. Toward the learning region, Future. 27(5):527~536

Goldstein G S, Gronberg G A. Economies of scope and economies of agglomerateion. Journal of Urban Economics, 1984, 39:255~281

Glaeser E L. 1997. Learning in Cities. Nber Working Paper 6271

Goldstein G S, Gronberg G A. 1984. Economies of scope and economies of agglomerateion. Journal of Urban Economics, 39:255~281

Grossman G, Helpman E. 1991. Innovation and Growth in the World Economy. Cambridge: MIT Press

Hall P G, Pain K. 2006. The Polycentric Metropolis: Learning from Mega-city Regions in Europe. London: James & James Earthscan. 3

Hall R, Jones C. 1999. Why some countries produce so much more output per worker than others. Quarterly Journal of Economics, 114:83~116

Head K, Mayer T. 2000. Non-Europe: the magnitude and causes of market fragmentation in th EU. Weltwirtschaftliches Archiv, 136(2):284~314

Head K, Ries J. 2002. Offshore production and skill upgrading by Japanese manufacturing firms. Journal of International Economics, 58(1):81~105

Heckman J. 1979. Sample selection bias as a specification error. Economectrica, 47(1):153~161

Helliwell J F. 1998. How Much Do National Borders Matter. Washington D C: The Brookings Institution

Helpman E, Krugman P. 1985. Market Structure and Foreign Trade: Increasing Returns, Imperfect Competition, and the International Economy, Cambridge: MIT Press

Henderson D, Attar P, Russell R. 2002. Modality Tests for Use in Applied Econometrics: Applicationto Macroeconomic Convergence. http://www.economics.ucr.edu/papers/2002 papers. html

Henderson J V. 1988. Locational pattern of heavy industries: decentralization is more efficient. Journal of Policy Modeling

Henderson J V. 2000. The effect of urban concentration of economic growth. NBER Working Paper: 7503

Islam N. 1995. Growth empirics: a panel data approach. Quarterly Journal of Economics, 110(4): 1127~1170

Jian T, Sachs J D, Warner A M. 1996. Trends in regional inequality in China. China Economic Review, 7(1):1~21

Jin H, Qian Y, Weingast B. 2005. Regional decentralization and fiscal incentives: federalism, Chinese style. Journal of Public Economics 89(9~10):1719~1742

Jones C. 1997. On the evolution of the world income distribution. Journal of Economic Perspectives, 11(3):19~36

Jorgenson D W, Griliches Z. 1967. The explanation of productivity change. Review of Economic Studies, 34(99)249~282

Kendrick J W. 1961. Productivity Trends in the United States. Princeton: Princeton University Press

Kevin. morgen. The learning region: institutions, innovationand regional renewal. Regional Studies, 31(5):491~503

Kim S J. 1991. Productivity of Cities: Theory, Measurement, and Policy Implications, The University of Texas at Dallas, Working Paper

Krugman P. 1994. The myth of Asia' miracleForeign affairs. 73

Krugman P. 1995. Development Geography and Economic Theory. Cambrige: The MIT Press

Kumar S, Russell R. 2002. Technological change, technological catch-up and capital deepening: relative contributions to growth and convergence. The American Economic Review, 92: 527~548

Larsen K. 1999. Learning cities: the new recipe in regional development OECD observer (217~218):73~76

Leamer E. 1988. Measures of openness, // Baldwin R. Trade Policy Issues and Empirical Analysis. Chicago: University of Chicago Press

Lee K, Pesaran M, Smith R. 1998. Growth Empirics: A Panel Data Approach: A Comment. Quarterly Journal of Economics, 113:316~320

Levine R, Renelt D. 1992. A sensitively analysis of cross-counties growth regression. American Economic Review, 82:942~963

Li H, Zhou L A. 2005. Political turnover and economic performance: the incentive role of personnel control in China. Journal of Public Economics, 89:1743~1762

Lucas R E JR. 1988. On the mechanics of economic development. Journal of Monetary Economics, 22(1):3~42

Lucas R. 1988. On the mechanics of economic development. Journal of Monetary Economic. 22: 3~42

Lucas R. 2002. Life earnings and rural-urban migration working paper. http://home. uchicago. edu/~sogrodow/homepage/life_earnings. pdf

Ma L J C, Wu F. 2005. Restructuring the Chinese City: Changing Society, Economy and Space. London and New York: Routledge

Mankiw N G, Romer D, Weil D. 1992. A contribution to the empirics of economic growth. Quarterly Journal of Economics, 107:407~437

Markusen J R. 1989. Trade in producer seveices and in other specializad intermediate inputs.

American Economic Review,79(1):85~95

Maskin E,Qian Y, Xu C. 2000. Incentives,information,and organizational form. Review of Economic Studies,67(2):359~378

McCallum J. 1995. National borders matter:Canada-US regional trade patterns. American Economic Review,85(3):615~623

McGee T G. 1988. The Emergence of the Desakota Regions in Asia. UBC Cmimeo

McGee T G. 1997. Five decades of urbanization in Southeast Asia:a personal encounter. Hong Kong Institute of Asia-Pacific Studies

Mellinger A D,Sachs J D,Gallup J L. 1999. Climate,water navigability and economic development. Center for International Development Working Paper:24

Moomaw R,Shatter A. 1996. Urbanization and economic development:a bias toward large cities? Journal of Urban Economics,40(1):13~37

Naughton B. 1999. How much can regional integration do to unify China's markets. Conference for Researchon Economic Development and Policy Research,Stanford University

Pao L C,Hwang S N,Cheng W Y. 1995. Using data envelopment analysis to measure the achievement and change of regional development in Taiwan. Journal of Environmental Management,43:49~66

Parente S L,Prescott E C. 1994. Barriers to technology adoption and development. Journal of Political Economy,102(2):298~321

Park A,Du Y. 2003. Blunting the Razor's Edge:Regional Development in Reform China. Mimeo,Hong Kong

Paul R K. 1980. Scale economics,product differentiating and the pattern of trade. American Economic Review,70:950~959

Possajennikov A. 2000. On the evolutionary stability of altruism and spiteful preferences. Journal of Economic Behavior and Organization,42:125~129

Psacharopoulos G,Patrinos H A. 2002. George psacharopoulos,harry anthony patrinos,returns to investment in education:a further update. Worldbank Policy Research Working,(12):1~28

Qian Y,Roland G. 1998. Federalism and the soft budget constrain. American Economic Review,88:1143~1162

Qian Y,Weingast B. 1997. Federalism as a commitment to preserving market incentives. Journal of Economic Perspectives,11:92

Quah D. 1996. Twin peaks:growth and convergence in models of distribution dynamics. The Economic Journal,106:1045~1055

Rauch J E. 1993. Productivity gains from geograpnic concentration of human capital:evidence from the cities. Journal of Urban Economics,(34):380~400

Rebelo S. 1991. Long-run policy analysis and long-run growth. Journal of Political Economy,99:500~521

Richard P G,Pick J B. 2006. Exploring the Urban Environment Through GIS. NJ,USA:Pearson

Education

Rivera L, Romer P. 1991. Economic integration and endogenous growth. Quarterly Journal of Economics, 106:531~555

Rodrik D. 1988. Imperfect competition, Scale Economies, and Trade Policy in Developing Countries//Robert E, Baldwin. Empirical Studies of Commercial Policy. Chicago: U. Chicago Press for NBER.

Romer J R. 1986. Increasing return and long-run growth. The Journal of Political Economy, 94(5):1002~1037

Romer P M. 1986. Increasing return and long-run growth. Journal of Political Economy, 94:1002~1037

Sala-i-Martin X. 1996. The classical approach to convergence analysis. The Economic Journal, 106(437):1019~1036

Shishido H, Wheaton W. 1981. Vrban concentration, agglomeration economrics and the level of economic development. Economic Development and Cultural Change, 30(1):17~30

Simon J, Nardinelli C. 2002. Human capital and the rise of American cities, 1900~1990. Regional Science and Urban Economics, 32:59~96

Sit V F S, Yang C. 1997. Foreign-investment-induced exo-urbanisation in the pearl river delta, China. Urban Studies 34(4):647~677

Smith J, Price G. 1973. The logic of animal conflict. Nature, 246:2:15~18

Solow R. 1957. Technical change and the aggregate production function. Review of Economics and Statistics, 39:312~320

Stigler G J, 1951. The division labor is limited by the extent of the market. Journal of Political Economy, 59(3):185~193

Sueyoshi T. 1992. Measuring the industrial performance of Chinese cities by data envelopment analysis. Socio-Economic Planning Sciences, 26(2):75~88

Sveikauskas. 1975. Urban productivity: city size or industry size. Journal of Regional Science, 28(2):185~202

Temple J. 1999. The new growth evidence. Journal of Economic Literature, 37(1):112~156

Wei S J. 1996. Intra-national versus international trade: how stubborn are nationals in global intergration. NBEE Working Paper, No. 5531

Wolf H C. 2001. International home bias in trade. The review of Economics and Statistics, 82, (4):555~563

Wolf. 1997. International home bias in trade. The review of Economics and Statistics, 82(4):555~563

Wu F. 2000. The global and local dimensions of place~making: remaking Shanghai as a world city. Urban Studies. 37(8):1359~1377

Xu X, Voo J P. 2002. Regional integration in China: a statistical model. Economic Latters, 79(1):35~42

Yeh A G O, Wu F. 1995. Internal structure of Chinese cities in the midst of economic reform. Urban Geography, 16(6):521~554

Young A. 2000. The Razor's edge: distortions and incremental reform in the People's Republic China. Quarterly Journal of Economics, 115(4):1091~1136

Zhu J. 1998. Data envelopment analysis vs. principal component analysis: an illustrative study of economic performance of Chinese cities. EuropeanJournal of Operational Research, 111(1): 50~61